U0740643

新文科·新传媒·新形态 精品系列教材

AIGC与新媒体运营技能实战

慕课版

黄芙蓉 王润东 ◎主编

人民邮电出版社

北 京

图书在版编目（CIP）数据

AIGC 与新媒体运营技能实战：慕课版 / 黄芙蓉，王
润东主编. -- 北京：人民邮电出版社，2024. --（新文
科·新传媒·新形态精品系列教材）. -- ISBN 978-7
-115-65475-5

Ⅰ. G206.2-39

中国国家版本馆 CIP 数据核字第 2024ZL7899 号

内 容 提 要

近年来，AIGC 技术迅速发展，成为各行各业高质量发展和生产效率提升的重要创新手段。对新媒体运营人员来说，不仅要掌握各类新媒体运营工具的使用方法，还要熟练使用各类 AIGC 工具辅助新媒体运营工作。本书以人工智能时代为背景，从新媒体运营人员的工作需求出发，全面且系统地介绍了新媒体运营工作中涉及的各类新媒体运营工具和 AIGC 工具的应用，以期让读者熟练地使用各类工具开展新媒体运营，并提升新媒体运营技能。

本书内容覆盖范围广，技能讲解透彻，既可作为高等院校新媒体、新闻传播、电子商务等相关专业的教材，也可作为自媒体、新媒体运营等相关从业人员的参考用书。

◆ 主　编　黄芙蓉　王润东
　　责任编辑　林明易
　　责任印制　胡　南
◆ 人民邮电出版社出版发行　　北京市丰台区成寿寺路 11 号
　　邮编　100164　电子邮件　315@ptpress.com.cn
　　网址　https://www.ptpress.com.cn
　　三河市君旺印务有限公司印刷
◆ 开本：787×1092　1/16
　　印张：14.75　　　　　　　　2024 年 12 月第 1 版
　　字数：367 千字　　　　　　 2025 年 1 月河北第 4 次印刷

定价：49.80 元

读者服务热线：(010)81055256　印装质量热线：(010)81055316
反盗版热线：(010)81055315
广告经营许可证：京东市监广登字 20170147 号

前 言

AIGC（Artificial Intelligence Generated Content，人工智能生成内容）的兴起是人工智能技术在内容创作领域的一次深度探索与应用。从简单的文本生成、图像设计到复杂的视频编辑、音乐创作，AIGC 技术正逐步展现出卓越的创造力。这一技术的不断成熟，不仅极大地提高了内容创作的效率，更为新媒体运营人员提供了全新的灵感来源。

作为新质生产力的代表，AIGC 技术已经成为人们提高生产效率、降本增效的强大助力，现在很多工作岗位都已经开始利用 AIGC 工具来辅助办公。在人工智能时代，AIGC 工具已经成为人们工作和生活中需要熟练掌握的工具之一。

党的二十大报告提出："加强全媒体传播体系建设，塑造主流舆论新格局。"随着科技的发展和市场环境的变化，新媒体行业也在不断发展变化，新媒体运营人员不仅需要具备扎实的媒体素养和敏锐的市场洞察力，更需要掌握信息获取与分析、内容策划与创作、活动策划与执行等一系列技能，熟悉各大新媒体平台的功能，能运用各类工具开展新媒体运营工作，并能熟练掌握各种 AIGC 工具的操作技巧。在 AIGC 工具的加持下，新媒体运营人员的工作效率将进一步提升。

为了满足新媒体运营人员学习新媒体运营工具和 AIGC 工具的使用技巧、提升新媒体运营技能的需求，帮助相关从业人员提升人工智能时代所需的职业技能，增加核心竞争力，尽快成为掌握 AIGC 技术的复合型人才，我们精心策划并编写了本书。

本书特色

- 内容全面，知识丰富：本书根据新媒体运营的工作内容，全面、系统地介绍了信息获取、图片与图表制作、文案写作与图文排版、新媒体视频制作、网络直播、新媒体活动策划与执行等方面的实用技能。

- 多种工具，实战导向：本书从新媒体运营工作涉及的工具出发，通过理论讲解与实战案例相结合的形式详细介绍了多个新媒体运营工具和 AIGC 工具的功能，帮助新媒体运营人员熟练掌握应用各类新媒体运营工具和 AIGC 工具进行内容创作和运营管理的方法。

- 注重实训，学用结合：本书理论与实践并重，每章均设有"课堂实训"模块，将案例代入实训，并以清晰的实训思路引导读者进行实训，将理论知识转化为实践技能，提升读者的实践应用能力。

学时安排

本书作为教材使用时，课堂教学建议安排 28 学时，实训教学建议安排 20 学时。各章的学时安排如表 1 所示，用书教师可以根据实际情况进行调整。

表 1　各章的学时安排

章序号	章名	课堂教学/学时	实训教学/学时
1	新媒体运营与 AIGC 概述	2	1
2	信息获取技能	3	2
3	图片与图表制作技能	3	3
4	文案写作与图文排版技能	4	3
5	新媒体视频制作技能	6	4
6	网络直播技能	4	3
7	新媒体活动策划与执行技能	3	2
8	其他新媒体运营工具与 AIGC 工具的运用	3	2
学时总计		28	20

本书资源

为了方便教师教学，我们为本书配备了丰富的教学资源，包括教学大纲、电子教案、课程标准、PPT 课件、素材文件。用书教师如有需要，请登录人邮教育社区（www.ryjiaoyu.com）搜索本书书名或书号获取相关教学资源。

本书教学资源及数量如表 2 所示。

表 2　教学资源及数量

编号	教学资源	数量
1	教学大纲	1 份
2	电子教案	1 份
3	课程标准	1 份
4	PPT 课件	8 个
5	素材文件	174 个

为了帮助读者更好地使用本书，本书编者为书中的案例和重点内容录制了配套的慕课视频，读者可以通过扫描书中的二维码观看。

本书慕课视频名称及二维码所在页码如表 3 所示。

表3 慕课视频名称及二维码所在页码

章节	慕课视频名称	页码	章节	慕课视频名称	页码
2.1.1	设置百度搜索引擎"搜索工具"	15	5.4.1	添加字幕与贴纸	129
2.1.1	设置百度搜索引擎"高级搜索"	16	5.4.2	创建项目与序列	131
2.1.2	使用秘塔 AI 搜索进行信息搜索	17	5.4.2	粗剪视频	133
2.2.1	多渠道收集热点	18	5.4.2	添加视频效果	136
2.2.2	使用 360AI 浏览器获取热点并总结信息	22	5.4.2	添加字幕	139
2.3.3	使用百度指数分析关键词	26	5.4.2	制作人物介绍字幕	142
2.4.1	使用飞瓜抖音分析单场直播数据	31	5.4.3	剪辑视频素材	144
2.4.1	使用八爪鱼采集器采集抖音短视频达人账号数据	35	5.4.3	编辑音频	145
3.2.1	使用稿定设计的"AI 设计"功能制作微信公众号封面图	50	5.4.3	视频调色	146
3.2.2	使用稿定设计的"AI 设计"功能制作新品上市海报	52	5.4.3	添加视频效果	147
3.2.3	使用美图设计室的"AI 商品图"功能制作商品展示图	53	5.4.3	添加字幕	148
3.2.4	使用通义万相和 Photoshop 制作信息长图	55	5.5.3	使用剪映专业版进行图文转视频	151
3.2.5	使用豆包制作表情包	58	5.5.4	使用度加创作工具生成视频片段	153
3.2.6	使用通义万相和美图秀秀制作动态图	61	课堂实训	使用 Premiere 剪辑美食探店短视频	155
3.3.3	使用办公小浣熊制作数据图表	69	6.3.1	开始抖音直播	170
课堂实训	制作吉利汽车微信公众号封面图	72	7.1.5	使用稿定设计制作活动邀请函	188
4.3.3	使用简单 AI 撰写短视频脚本	92	7.3.1	使用 Teambition 进行项目协同	198
4.3.6	使用文心一言的"小红书营销文案"功能撰写笔记	96	7.3.2	使用滴答清单规划事务	202
4.3.8	使用 AIGC 创作创意故事	98	8.1.1	使用讯飞语记编辑文字	208
4.4.2	快速图文排版	101	8.1.1	使用夸克扫描王图片转文档	210
4.4.2	使用 AI 排版功能一键排版	104	8.1.2	使用石墨文档处理文档	212
4.4.3	使用"锦书-创新艺术字"应用制作艺术字	106	8.1.3	使用幕布制作文案大纲和思维导图	215
4.4.3	使用词云文字生成器制作文字云图片	107	8.1.3	使用 Xmind 制作思维导图	217
课堂实训	使用 135 编辑器进行图文排版	108	8.1.4	使用易媒助手管理新媒体账号	219
5.4.1	剪辑视频素材	124	8.2.1	使用有道翻译进行文本/文档翻译	221
5.4.1	添加视频效果	127	8.2.2	使用 AiPPT 自动生成 PPT	222
5.4.1	视频调色	129	课堂实训	使用 AiPPT 制作"双 11"直播活动方案 PPT	226

本书编者

本书由黄芙蓉、王润东担任主编。本书为教育部产学合作协同育人项目《中国文化课程数字化资源开发与应用》（编号 202102490006）、湖北省教育厅教学研究项目《荆楚文化融入中小学课堂的数字化路径创新研究》（编号 2022445）的研究成果之一。在本书的编写过程中，编者参考了新媒体业界的大量企业案例，借鉴了部分学者的学术成果，在此对他们表示真诚感谢。尽管编者在编写过程中力求准确、完善，但书中难免有疏漏与不足之处，恳请广大读者批评指正。

编　者

2024 年 10 月

目　录

第1章 新媒体运营与 AIGC 概述

学习目标

➢ 了解新媒体的概念、特点。
➢ 了解新媒体运营的内容与新媒体运营人员的能力要求。
➢ 了解 AIGC 的概念、发展历程与工具的使用规范。
➢ 掌握设置 AIGC 提示词的技巧。

本章概述

新媒体运营涵盖了内容创作、数据分析、活动策划等多方面的内容，新媒体运营人员需要借助各种技术、工具来提高工作的效率和质量。人工智能时代，AIGC 工具的应用，不仅极大地提升了新媒体运营人员的内容创作效率，更为新媒体运营注入了前所未有的活力与创造力。本章主要介绍了新媒体运营的内容、价值，以及 AIGC 的应用场景、设置 AIGC 提示词的技巧、AIGC 工具的使用规范与风险等内容。

本章关键词

新媒体运营　AIGC　提示词　使用规范

案例导入

AIGC 重塑脑力工作模式

近年来，随着 ChatGPT、Midjourney、文心一言、通义千问等 AIGC 产品不断出现，使得 AIGC 技术的应用范围不断扩大，从生成文案、图片、音乐、视频，到职场中 AIGC 工具辅助工作，AIGC 技术正给人们的工作和生活带来前所未有的变化和机遇，其正在成为各个行业高质量发展和提升生产效率的重要手段。

AIGC 技术具备认知、分析、推理能力，很多脑力工作都可以由 AIGC 工具来辅助完成，如整理法律案件资料、设计营销海报、生成营销文案、辅助医疗诊断等。在 AIGC 时代，很多脑力工作者正借此技术重塑脑力工作模式。在未来，具有创造力、深度思考和探索能力的人更容易享受到 AIGC 技术带来的效率优势，成为 AIGC 的驾驭者。

案例思考：如何评价 AIGC 技术对社会的价值与影响？

1.1 初识新媒体运营

互联网和数字技术的发展催生了更加符合用户需求的新媒体，其打破了各个媒介之间的信息传播壁垒，使信息传播者与信息接收者之间的界限逐渐变得模糊，为企业和品牌提供了多渠道、多模式的运营思路，帮助企业和品牌获得更好的运营效果。

1.1.1 新媒体的概念与特点

新媒体是继报刊、广播、电视等之后出现的全新媒介形态，它融合了互联网、移动通信等先进技术，以更加多元、互动、即时的特点，为信息的生产、传播与接收开辟了前所未有的广阔空间。

1．新媒体的概念

新媒体有狭义和广义之分。从狭义上来讲，可以将新媒体看作继报刊、广播、电视等传统媒体之后，随着网络技术的发展而出现的一种媒体形态，如数字电视、手机媒体等，它是相对于传统媒体而言的。

从广义上来讲，可以将新媒体看作在各种数字技术和网络技术支持下，以互联网、宽带局域网和无线通信网等为渠道，利用计算机、手机和数字电视等各种终端，向用户提供信息和服务的传播形态。在广义层面，新媒体既包括传统媒体的新形态，也包括一切利用新技术、新手段传播信息的载体，如微博、微信、抖音、快手等新媒体平台。

新媒体是数字化时代的各种媒体形态，是一种处于不断发展、变化的事物。

2．新媒体的特点

与传统媒体相比，新媒体具有以下特点。

（1）信息传播的双向性

传统媒体传播信息的方式是单向的、线性的，信息发布者负责通过报纸、电视、杂志等媒介将信息传播出去，信息接收者负责接收信息，信息接收者较难与信息发布者进行互动。在传统媒体环境下，虽然信息接收者可以通过热线电话、来信等与信息发布者进行互动，但这些互动比较零散和烦琐，没法进行实时反馈。

在新媒体环境下，信息的传播是双向的，信息接收者可以随时对信息做出评论和补充，能够与信息发布者进行实时互动，并快速地参与到信息的传播中来。新媒体改变了传统媒体中信息发布者单向发布信息，信息接收者被动接收信息的模式，在新媒体环境下，信息接收者也可以是信息发布者，信息的来源包括信息发布者和信息接收者。这样有利于最大限度地调动信息接收者的主动性，推动信息的传播，扩大信息的传播范围。

（2）信息表现形式的多样性

在传统媒体环境下，信息的表现形式比较单一。例如，在报纸中，信息主要以文字、图片的形式表现；在广播中，信息主要以声音的形式表现。

在新媒体环境下，信息表现形式更具多样性，可以是文字、图片、音频、视频等任意一种形式，也可以是多种形式的组合。例如，在一篇微信公众号的文章中，信息可以以文字、图片、视频的形式表现。

（3）信息传播行为的个性化

在传统媒体环境下，信息接收者只能被动地接收事先安排好的信息，且每个人接收到的信息都是一样的。而在新媒体环境下，信息的传播与信息接收者的个人需求和喜好密切相关，更具个性化的特点。新媒体可以在分析不同信息接收者行为特点、需求的基础上，为其推送能够满足其个性化需求的信息。此外，信息接收者也可根据自己的需求自主选择信息、搜索信息，甚至定制信息。

（4）信息传播方式的移动化

在移动互联网技术的支持下，信息发布者可以使用各种移动设备随时随地发布、传播信息，信息的发布和传播较少受到地点的限制，信息的传播带有明显的移动化特点。

（5）信息传播速度的即时性

传统媒体上的信息传播速度相对较慢。例如，在报纸上发布新闻，通常需要经过采编、排版、印刷、发行等多个环节，从新闻事件的发生到信息接收者阅读到新闻需要经过较长的时间。

在网络技术和数字技术的支持下，新媒体上信息的传播速度非常快，信息发布者发布信息后，信息接收者可以实时接收到信息，并对信息做出实时反馈。例如，信息发布者在直播平台进行直播，信息接收者可以实时观看直播，并在直播间的评论区发表评论。

1.1.2　新媒体运营的内容

新媒体运营是企业利用微信、微博、短视频、直播等进行营销、推广等一系列活动。从新媒体运营的工作重点来看，主要包括用户运营、产品运营、内容运营、活动运营等内容。

1. 用户运营

在用户运营中，新媒体运营人员要以用户为中心进行产品研发、活动策划等一系列活动。用户运营的主要内容包括进行用户日常管理，制订用户拉新、留存、促活及转化方案，收集并分析用户运营相关数据等。

2. 产品运营

对新媒体运营人员来说，产品不仅指用来销售的产品，还包括企业的各个新媒体账号、开展的各类营销活动等。新媒体运营人员要能在精准把握不同产品特点的基础上开展差异化运营，提高产品的竞争优势。此外，新媒体运营人员要能够实施产品生命周期管理，清晰地判断产品当前属于哪个生命阶段，并制订合理的运营策略。

3. 内容运营

新媒体时代的内容以质为重，以质取胜，内容运营包括内容定位、内容生产、内容包装、内容展现、内容扩散等内容。

4. 活动运营

新媒体运营人员需要能够策划并执行活动方案。例如，制订详细的活动策划方案，根据策划方案准确地执行活动，并对活动过程进行监督和控制，活动结束后对活动进行复盘，总结经验教训，用于指导后续的活动运营。

1.1.3　新媒体运营的价值

对企业来说，新媒体运营的价值主要体现在以下 4 个方面。

1. 提高产品的曝光率

企业可以采用文字、图片、短视频、直播等形式展示和宣传产品，以多样化的宣传方式使产品获得个性化的展现，提高产品的曝光率。

2．获取精准用户

新媒体平台可以根据用户的使用习惯有针对性地为其推送内容，而企业也可以在掌握目标用户群体特征的基础上，在新媒体平台上发布符合目标用户群体需求的内容，以获取精准用户。

3．活跃与维护用户

在新媒体平台上，企业可以通过多元化的方式与用户进行互动，活跃与维护用户。例如，企业可以发起直播，在直播间发放红包、福袋及进行抽奖等活动与用户进行互动，并引导用户在直播间发表评论；企业可以创建粉丝群，在群内不定期地举办各种活动，增强粉丝黏性；企业可以在抖音平台发起挑战赛吸引用户参与，借助挑战赛来加深用户对企业的认知等。

4．提高用户满意度

企业可以通过新媒体运营为用户提供更符合他们需求的内容，并为用户提供各项服务。此外，企业还可以借此挖掘用户需求，根据用户需求来开发产品，从而不断提高用户对产品的满意度。

1.1.4　新媒体运营人员的能力要求

随着新媒体的广泛应用，越来越多的企业开始设置新媒体运营的相关岗位，新媒体运营的行业规模不断扩大。从业人员要想从事新媒体运营的工作，并取得一定的成绩，应当与时俱进地把握市场对新媒体运营人员的能力要求和素养要求，并有针对性地进行学习，不断提升自己。

一名合格的新媒体运营人员通常需要具备以下能力。

1．产品理解能力

产品是运营的基础，新媒体运营人员要具备较强的产品理解能力，能够对产品进行清晰的定位，挖掘产品的卖点，把握产品吸引用户的关键点。在综合考虑产品特征与用户行为特征的基础上，设计出符合用户个性化需求的运营方案。

2．用户洞察能力

新媒体运营人员要具备用户洞察能力，能够敏锐地洞察用户的需求、兴趣点等，精准把握用户特征，在用户的需求和兴趣点的基础上制作运营内容，这样的运营内容更容易吸引用户的关注，并获得良好的运营效果。

3．内容创作能力

优质的内容是实现新媒体运营目标的要素之一，新媒体运营人员必须具备较强的内容创作能力，如文案创作能力、图片创作能力、视频创作能力等。

虽然不同的企业对新媒体运营人员内容创作能力的要求有所不同，例如，有的企业可能要求新媒体运营人员具备编辑、发布原创图片和视频的能力，有的企业可能要求新媒体运营人员能够对图片进行简单的美化即可。

一些企业配有专门的内容创作人员，对新媒体运营人员的内容创作能力的要求可能会有所降低。但在实际工作中，新媒体运营人员难免会遇到一些与内容创作相关的工作，如撰写策划方案、撰写活动规则等。因此，新媒体运营人员应注重培养与提升自身的内容创作能力，至少需要具备较强的文字表达能力，能够将自己的思路转化为文字，以书面的形式进行展示，与团队成员进行沟通。

4．追踪热点能力

热点是指比较受用户关注或欢迎的新闻或信息。热点容易吸引用户的关注，在新媒体运营中，追踪热点是提高内容曝光量、关注度的有效方法之一。新媒体运营人员要能够及时地从众多热点中发现可以与企业产品、品牌建立联系的热点并及时跟进，将热点融入自身的内容中，借助热点来提高内容的曝光量和关注度。

5．平台运营能力

新媒体运营的具体工作是围绕不同的新媒体平台来展开的，新媒体运营人员需要熟悉各个新媒体平台的规则和特点，根据不同平台的特点进行内容的创作、发布与推广，并不断积累运营不同新媒体平台的实战经验，提高自身运营水平。

6．资源整合能力

如今新媒体平台众多，且不同平台的运营规则、用户群体有所不同，新媒体运营人员可能需要同时在多个新媒体平台上开展运营活动。因此，新媒体运营人员需要具备良好的资源整合能力，避免多平台运营时出现资源分散、内容同质化的情况，从而导致内容原创性不足、质量降低，给用户带来不佳的体验。

新媒体运营人员要在充分了解企业新媒体运营目标的基础上，合理规划不同新媒体平台的运营侧重点，从网络上收集运营资源并对其进行整合，提高新媒体运营效率。

7．数据分析能力

在大数据时代，新媒体运营人员进行新媒体运营离不开数据的支持。因此，新媒体运营人员要具备一定的数据分析能力，能够根据实际需求完成数据的记录、查找、分析等工作，并能够运用数据调整与优化运营策略。

> **素养课堂**
>
> 新媒体运营人员要培养专业化的职业精神并保持热爱，坚持学习和探索，掌握最前沿的行业动态和技术知识，提升自己的专业素养和竞争力。

1.2　初识 AIGC

随着数据的积累、算法效力的不断增强，以及算力性能的不断提升，人工智能（Artificial Intelligence，AI）工具的能力不断增强。它们除了能与人类进行对话、互动，还能根据人类的指令自动生成文本、图片、音视频等，在内容创作领域发挥了巨大作用，人工智能生成内容（Artificial Intelligence Generated Content，AIGC）成为备受瞩目的一项技术。

1.2.1　AIGC 的概念与发展历程

AIGC 的出现不仅让人们将 AI 的能力融入现实应用中的愿景得以实现，更让未来产业发展模式产生重大变革。AIGC 的发展和应用正在推动生产力与创造力的更新迭代。

1．AIGC 的概念

目前，业内尚未对 AIGC 形成统一、规范的概念。从内容生产者的角度来说，AIGC 是指人工智能生成内容，是除专业生成内容（Professional Generated Content，PGC）、用户生成内容（User Generated Content，UGC）之外的另一类内容；从内容生成方式的角度来说，AIGC 是指利用人工智能技术生成内容的一种新型生产方式；从技术的角度来说，AIGC 是指基于生成对抗网络、大型预训练模型等人工智能技术，通过对已有数据进行学习和识别，以适当的泛化能力自动生成相关内容的技术。本书所讲的 AIGC 主要侧重于技术角度，书中所说的 AIGC 主要是指其概念中的技术部分。

2．AIGC 的发展历程

随着技术的不断发展，AIGC 技术已经成为具有无限创造力的创作者，其不仅仅是对已知内容的模仿，而是基于已知内容创造新的内容，它是 AI 技术从模仿到创作的进步，是人类创造力的体现。

AIGC 的发展历程可以分为 3 个阶段，如表 1-1 所示。

表 1-1　AIGC 发展历程

发展阶段	发展特点	代表性事件
萌芽阶段（20 世纪 50 年代至 90 年代中期）	AIGC 的概念和技术开始形成，但由于当时科技水平的限制，AIGC 仅限于小范围的实验	• 1957 年，出现首支由计算机创作的音乐作品，展现了 AI 在艺术领域的初步应用，是 AIGC 技术发展的重要里程碑。 • 1966 年，世界上第一款能进行人机对话的机器人诞生。 • 20 世纪 80 年代中期，出现能用语音控制的打字机
积淀阶段（20 世纪 90 年代后期至 21 世纪 10 年代中期）	随着计算机技术的发展，AIGC 的性能得到显著提升，AIGC 逐渐从实验性应用向实用性应用发展，但受限于算法能力的限制，应用效果有待提升	• 2007 年，世界上第一部由 AI 创作的小说诞生，但该小说存在拼写错误、逻辑性不强、可读性不强等缺点。 • 2012 年，微软推出了能够将英文语音转化为中文语音的全自动同声传译系统
迅速发展阶段（21 世纪 10 年代后期至今）	深度学习技术的发展使得 AIGC 能够处理更加复杂、抽象的问题。同时，大数据、云计算等技术的发展为 AIGC 提供了更强大的计算和存储能力支持，出现众多大规模预训练模型	• 2014 年，生成式对抗网络（Generative Adversarial Network，GAN）被提出，其被广泛应用于图像生成、语音生成等场景。 • 2018 年，英伟达发布可自动生成图片的 StyleGAN 模型。 • 2019 年，DeepMind 发布用于生成连续视频的 DVD-GAN 模型。 • 2019 年，百度发布文心大模型 1.0；2023 年 10 月，百度发布文心大模型 4.0；2024 年 6 月，百度发布文心大模型 4.0 Turbo。 • 2020 年，Open AI 推出 GPT-3 模型，它能够答题、写论文、生成代码、编曲、写小说，使文本生成式人工智能获得重大突破。 • 2021 年，Open AI 推出主要应用于文本与图像交互生成内容的 DALL-E 模型；同年，Open AI 推出开源跨模态深度学习模型 Contrastive Language-Image Pre-Training（CLIP）。 • 2022 年，Open AI 推出主要应用于文本与图像的交互生成内容 DALL-E-2 模型，它可以根据简短的描述性文字生成与文字高度相符的高质量的绘画作品。 • 2022 年 11 月，OpenAI 推出聊天机器人 ChatGPT，其凭借强大的文字处理和人机交互功能迅速获得了众多关注。 • 2023 年 4 月，阿里云发布通义千问大模型；2024 年 5 月，阿里云发布通义千问 2.5 版本

1.2.2　AIGC 的应用场景

目前，AIGC 的应用主要体现在文本生成、图像生成、音频生成、视频生成、虚拟人生成等场景，具体如表 1-2 所示。

表 1-2　AIGC 的应用场景

应用场景	应用表现		
文本生成	非交互式文本生成	结构化文本写作	撰写新闻稿件、撰写公司财报等
		非结构化写作	撰写微信公众号软文、写作诗词、续写小说等
		辅助性写作	对文本内容进行润色、纠错等
	交互式文本生成	聊天机器人	系统信息自动提醒、智能客服机器人等
		文本交互游戏	线上社交角色，如游戏里的非玩家角色
图像生成	图像编辑	根据提示词对图像进行修复、转化、增强等编辑	修复图像、去除图像背景、去除图像上的水印、人脸替换等
	图像自动生成	根据提示词自动生成插画、卡通、素描等不同类型、不同风格的图像	根据文本生成图像、用真实图像生成卡通风格的图像、用参照图像生成绘画风格的图像等
音频生成	音频编辑	根据提示词对音频进行分离、合成、转换等编辑	语音克隆
	音频自动生成	根据提示词生成特定的音频	根据提示词生成乐曲、歌曲等
视频生成	视频编辑	根据提示词对视频进行转换、剪辑等编辑	剪辑视频素材、修复视频画面等
	视频自动生成	根据提示词自动生成视频内容	用描述性文本生成视频、用参照图像生成视频等
虚拟人生成	生成虚拟数字人主播、生成虚拟二次元人物等		

1.2.3　设置 AIGC 提示词的技巧

提示词就是新媒体运营人员向 AIGC 工具发出的指令，告诉 AIGC 工具自己希望得到什么样的回答或生成什么样的内容。高质量的提示词能够显著提高 AIGC 工具生成内容的质量。新媒体运营人员可以参考表 1-3 所示的技巧设置提示词。

表 1-3　设置 AIGC 提示词的技巧

提示词公式	操作要点	示例
按照以下指示生成回答/一份介绍	通过设置特定指令引导 AIGC 工具回答问题，就是将 AIGC 看作一个百科全书，向其直接提出问题	按照以下指令生成一份介绍：AIGC 是什么
设定角色 + 描述需求 + 具体要求	通过描述具体情境、指明具体要求帮助 AIGC 做出回答	你是一名产品经理，现在有一款酸奶，请你帮我设计产品名字、产品包装、产品卖点，要求 130 字以内
设定角色 + 描述问题 + 提出要求 + 补充问题	通过描述具体的情境帮助 AIGC 工具更好地理解问题、背景	假设你是一名导游（设定角色），需要制作一份关于重庆的旅游攻略（描述问题）；攻略的基本信息：旅游时间 5 天，人数 3 人，预算 5000 元（提出要求）；补充：攻略以美食为主，能让游客吃到当地的特色美食（补充问题）

续表

提示词公式	操作要点	示例
根据（参考信息）+ 完成（动作）+ 达成（目标）+ 满足（要求）	参考信息即 AIGC 工具生成内容时要参考的必要材料，如"请参考××数据库""请参考××对话""请参考××报告"等； 动作即需要 AIGC 工具完成的任务，如"回答""生成""撰写""总结"等； 目标即需要 AIGC 工具生成的内容类型，如"文案""视频""脚本""图表""直播话术"等； 要求即需要 AIGC 工具遵循的具体要求，如"按照××格式输出""给出具体解题步骤及相关知识点""严格遵循××投稿格式"等	请参考主流短视频平台的用户喜好（参考信息），制作（动作）一个打卡海底捞火锅店的短视频脚本（目标），要求标明对应镜号（要求）

知识链接

在设置 AIGC 的提示词时，我们需要注意以下事项。

● 使用完整的句子：提示词尽量使用结构完整的句子，以便于 AIGC 工具更好地理解语义。

● 描述简洁且具体：提示词的描述要简洁且具体，避免含糊其词。例如，不要使用"提高营销效果"之类的通用描述，而要使用"提出 3 种有效的数字营销策略"或"提出提高抖音短视频营销效果的技巧"之类的具体描述。

● 指定语言风格：我们可以指定语言风格，引导 AIGC 的回答内容。例如，"请以小红书笔记的风格撰写""请以一种诗意的方式描述这个场景"等。

1.2.4　AIGC 工具的使用规范与风险

AIGC 工具的应用有利于提高新媒体运营人员的工作效率，并为新媒体运营人员提供更多的创作思路。为了更好地发挥 AIGC 工具的效用，新媒体运营人员在应用 AIGC 工具时应遵循一定的使用规范，并注意规避一些风险。

1．AIGC 工具的使用规范

为了正确使用 AIGC 工具，新媒体运营人员需要遵循以下规范。

（1）定义明确的目标

在使用 AIGC 工具之前，新媒体运营人员要为自己想要生成的内容定义明确的目标，这有助于 AIGC 工具生成更加符合新媒体运营人员需求的内容。

（2）选择正确的数据集

AIGC 工具依赖于数据输入来生成内容，因此，新媒体运营人员要选择正确的且可靠的数据集，这有助于确保 AIGC 工具生成准确和高质量的内容。

（3）定期监测和评估

新媒体运营人员要对 AIGC 工具的使用效果进行定期监测和评估，以确保其生成的内容符合自身的需求和目标。

（4）使用人工监督

虽然 AIGC 工具可以自动完成许多任务，但其工作也离不开人工监督，以确保生成的内容准确且符合相关标准。

（5）确保合法合规

AIGC 工具生成的内容必须符合所有相关的法律法规，如版权、数据保护和广告标准，新媒体运营人员要确保 AIGC 工具生成的内容符合这些要求，并且不侵犯任何第三方权利。

2．使用 AIGC 工具应注意的风险

目前，AIGC 工具本身仍然存在着技术上的局限性，其应用落地存在一定的风险，新媒体运营人员在使用 AIGC 工具时应当注意这些风险。

（1）数据安全和隐私保护

AIGC 工具的运行需要大量数据的支持，这些数据可能涉及个人隐私、商业机密等敏感信息。新媒体运营人员在使用 AIGC 工具的过程中，要确保数据的安全，并注意保护隐私，防止数据泄露和滥用。

（2）算法偏见与歧视

AIGC 算法存在固有缺陷，在透明性、稳健性、偏见性等方面存在尚未克服的技术缺陷，容易导致 AIGC 工具生成存在偏见或歧视的结果，这可能会对社会公平性产生负面影响。新媒体运营人员在使用 AIGC 工具时，需要关注 AIGC 算法的公平性和透明度，避免产生歧视性结果。

（3）系统漏洞与攻击

AIGC 工具在模型训练、数据管理、算法设计等环节都可能存在漏洞。一旦这些漏洞被攻击者利用，可能会对整个工具系统造成灾难性影响。因此，新媒体运营人员在使用 AIGC 工具时，需要加强系统的安全防护和漏洞修复工作。

（4）道德和法律问题

AIGC 工具的应用可能涉及道德和法律问题。例如，AIGC 工具生成的内容可能会侵犯知识产权，AIGC 工具可能会伪造信息等。新媒体运营人员在使用 AIGC 工具时一定要遵守道德规范和相关法律法规，避免产生法律风险和合规性问题。

1.2.5　AIGC 对就业的影响

AIGC 技术正在以惊人的速度发展，给社会和就业环境带来了变化和机遇。在 AIGC 技术的支持下，AIGC 工具能够自动执行许多重复性、机械性的任务，如数据录入、文案撰写、图像设计等，受到 AIGC 技术的冲击，相关工作岗位数量逐渐减少。

随着 AIGC 技术的逐渐普及和应用，一些传统岗位开始要求求职者具备一些使用 AIGC 工具的基本能力。同时，AIGC 技术的发展也催生了一些新兴岗位，如 AI 训练师、数据标注员、AIGC 算法工程师等，这些岗位通常要求求职者掌握 AIGC 的相关知识和技能。例如，能够熟练掌握主流 AIGC 工具的使用方法；能够通过撰写提示词实现复杂的需求目标，并熟练掌握各类优化方法；能够结合业务场景，制订 AIGC 模型落地应用的基本方案等。

AIGC 技术推动了就业市场的变革和转型，为求职者带来了新的机遇和挑战。求职者应积极学习 AIGC 技术及其相关知识，提升自己应用 AIGC 技术的水平，通过参加培训课程、阅读专业书籍等方式，掌握 AIGC 技术的核心原理和应用方法。

求职者可以通过关注行业报告、参加专业论坛等方式，获取最新的行业信息，了解 AIGC 技术的发展动态和行业趋势，了解新兴岗位和领域的需求和发展前景。此外，求职者还要积极寻求跨界发展，将 AIGC 技术与其他行业相结合，为自己创造新的就业机会。

课堂实训：体验 AIGC 大模型的功能

1．实训背景

近年来，我国的 AIGC 大模型取得了显著的发展，多家科技企业和研究机构纷纷推出了自己的大模型产品，如文心一格、文心一言、通义、360 智脑、讯飞星火、日日新等，这些大模型各具特色，为各行各业的发展提供了有力支持。

2．实训要求

登录文心一格、文心一言、通义、360 智脑、讯飞星火、日日新等 AIGC 大模型的官方网站，了解这些大模型的功能、相关产品及其落地应用情况，并使用这些大模型进行内容创作。

3．实训思路

（1）了解大模型的功能、落地应用情况

分别登录文心一格、文心一言、通义、360 智脑、讯飞星火、日日新的官方网站，从官方网站上了解大模型的相关信息，如大模型使用的技术、功能、应用场景等。

（2）体验大模型

在大模型的官方网站上，体验各个大模型的功能。为了更好地使用大模型的功能，可以先通过大模型的"帮助中心""使用指南"相关板块了解其使用方法。

课后练习

1．打开求职类网站（如智联招聘、猎聘网等）并搜索"新媒体运营"岗位，了解该岗位的工作内容、任职要求，尝试分析该岗位所需要的主要技能。

2．下面是通过设置提示词使用文心一言写作的一条小红书笔记，结合本章所学内容，使用文心一言写作一条主题为"新疆旅游景点推荐"的小红书笔记。

提示词：

请你按照如下结构，基于我的主题，帮我撰写 1 条小红书笔记。

你有过……的经历吗（痛点场景）？这三个……你一定要知道，如果你希望……，那么我建议你……

字数不少于 300 字。

我的主题是：重庆美食推荐。

文心一言生成内容：

你有过到重庆，却仿佛置身于美食迷宫，不知道该从何下口的经历吗？面对满街的火锅、小面、串串，是不是既兴奋又迷茫？别担心，这三个重庆美食你一定要知道！

首先，重庆火锅，它不仅是麻辣的代名词，更是重庆人热情好客的象征。一锅红油翻滚，香气四溢，选对一家地道的火锅店，你就能感受到从舌尖到心底的温暖与满足。

　　其次，重庆小面，别看它只是一碗简单的面，却藏着重庆人对味道极致的追求。一碗好吃的重庆小面，面条筋道，汤底鲜美，辣而不燥，麻中带香，每一口都是对味蕾的极致挑逗。

　　最后，万州烤鱼，这道菜是重庆夜宵文化的代表。鱼肉鲜嫩多汁，外皮烤得金黄酥脆，搭配各种香料和配菜，在炭火的烘烤下，香气扑鼻，让人垂涎欲滴。

　　如果你希望体验重庆的美食魅力，那么我建议你一定要亲自去尝尝这三个美食。在热闹的夜市，或是藏在深巷的小店，与当地人一起，围坐一桌，大快朵颐，感受那份属于重庆的热烈与豪情！

第 2 章　信息获取技能

学习目标

➤ 掌握使用搜索引擎和 AI 工具搜索信息的方法。
➤ 掌握通过不同渠道收集热点的方法。
➤ 掌握获取关键词与分析关键词的方法。
➤ 掌握新媒体数据获取与分析常用工具的使用方法。

本章概述

在互联网时代，信息的种类与数量以前所未有的速度增长，能够在浩瀚的信息海洋中迅速定位、筛选、理解和利用有价值的信息，成为了衡量新媒体运营人员信息获取技能水平高低的重要标准。本章主要介绍信息搜索技能、热点的获取与分析、关键词的获取与分析、新媒体数据的获取与分析，帮助新媒体运营人员快速精准地获取所需的信息，并从中挖掘有价值的部分用于新媒体运营工作。

本章关键词

信息搜索　热点　关键词　新媒体数据

案例导入

AI 赋能媒体创新，助力打造智能媒体

技术是推动各行各业发展的重要驱动力。当下，人工智能、5G、云计算、大数据等技术与媒体行业深度融合，助力媒体行业加快实现工作模式升级、用户体验升级、服务模式升级，打造出具有强大传播力和影响力的智能媒体。

在百度公司的技术支持下，人民日报智慧媒体研究院研发出了人民日报"创作大脑"平台，该平台集轻应用平台、智慧媒体云、知识社区、开放生态于一身，能为媒体工作者提供覆盖全媒体策划、采编、审校等多个业务场景的服务。

在策划环节，该平台能高效汇聚海量创作资源，并对资源进行关联分析，快速发现热点，为媒体工作者提供精准的选题推荐；在采编环节，该平台能智能生成文章和视频，能将通稿式的标准化内容一键转化为快讯、短视频等多种形式的内容，并分发至不同平台，大幅提高了媒体工作者的创作效率；在审校环节，该平台支持采编素材、视频文字、图书稿件等场景的多维度审校，每十万字的内容仅需几秒即可完成审校，有效提

高媒体工作者的审校效率，让他们有更多的精力投入创造性的工作中。

案例思考：与传统的新闻生产模式相比，智能媒体的新闻生产模式有哪些优势？

2.1　信息搜索技能

信息搜索不是一种简单的查找行为，而是一个讲究策略的查找过程，涉及对信息源的理解、关键词的选择、搜索工具的运用，以及结果的评估与筛选等多个环节。新媒体运营人员熟练掌握高效的信息搜索技能后，就能够在短时间内获取到高价值的信息，从而有效提升工作效率。

2.1.1　使用搜索引擎搜索信息

搜索引擎是一种用于在互联网上查找信息的工具或系统，它根据一定的策略、运用特定的算法从互联网上采集信息，在对信息进行一定的整理后，将用户输入的搜索关键词与采集到的信息进行匹配，并将与用户使用的搜索关键词相关的信息按照一定的顺序和格式展现给用户。

百度搜索引擎是常用的搜索引擎之一，很多人在使用百度搜索引擎时通常是直接在搜索框中输入要搜索的关键词，然后在搜索结果中查找符合自己需求的信息，这种做法比较耗时。新媒体运营人员使用百度搜索引擎搜索信息时，可以采用如表 2-1 所示的方法，提高信息搜索的效率和准确性。

表 2-1　使用百度搜索引擎搜索信息的方法

搜索方法	关键词设置方法	作用	示例
使用"+"	关键词 A+关键词 B（关键词 A 和"+"之间有一个空格）	强制包含"+"后面的关键词，即搜索结果中必须出现与"+"后面的关键词相关的内容	在搜索框中输入"苹果 +食物"，搜索结果中必然会出现与苹果和食物相关的信息
使用"site:"	关键词 site:网址（关键词和 site 之间可以有空格，也可以没有；网址不要加 http:// 或 https://）	将搜索范围限定在特定网站中	在搜索框中输入"奥运会 site:weibo.com"，搜索结果中只会显示微博平台与奥运会相关的信息
使用"filetype"	关键词 filetype:文档扩展名（关键词和 filetype 之间必须有空格）	搜索某种特定格式的文档	在搜索框中输入"新媒体运营 filetype:ppt"，搜索结果将显示 PPT 格式的与新媒体运营相关的信息
使用"intitle:"	intitle:关键词	将搜索范围限定在网页标题中	在搜索框中输入"intitle:香云纱"，搜索结果中必然会显示标题中含有关键词"香云纱"的信息
使用"|"	关键词 A | 关键词 B（"|"前后可以有空格，也可以没有）	搜索包含关键词 A 或关键词 B 的信息，使用同义词作为关键词进行搜索，并在各个关键词之间添加"|"有利于提高搜索的全面性	在搜索框中输入"宣纸 | 香云纱"，搜索结果会显示包含宣纸或香云纱的信息

除了以上方法，新媒体运营人员在使用百度搜索引擎搜索信息时还可以采用以下技巧。

1．关键词精确化

新媒体运营人员尽量使用准确、具体的关键词进行搜索，避免使用模糊或过于宽泛的词汇作为关键词，这样可以帮助搜索引擎更准确地定位新媒体运营人员的需求。

2．使用百度其他工具

百度还提供了一些特色工具，例如，"百度学术"专注于提供学术论文、期刊等资源的搜索服务，"百度知道"和"百度百科"则分别提供问答和百科知识服务，新媒体运营人员合理利用这些功能可以更加全面地获取信息。

3．利用推荐词

在搜索框下方，百度会根据新媒体运营人员输入的关键词提供一系列推荐词，如图 2-1 所示。这些推荐词通常与新媒体运营人员搜索的信息相关，可以帮助新媒体运营人员更准确地表达搜索需求。

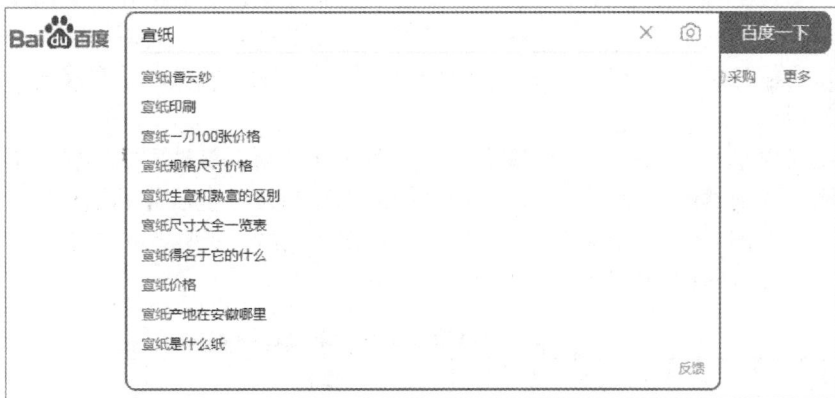

图 2-1　搜索框推荐词

4．利用"相关搜索""大家还在搜"

在搜索结果页面底部"相关搜索"（见图 2-2）板块和搜索结果页面中的"大家还在搜"（见图 2-3）板块，百度会显示一些与新媒体运营人员所使用的关键词相关的搜索词，单击这些关键词可以扩展搜索范围，帮助新媒体运营人员找到更多相关的信息。

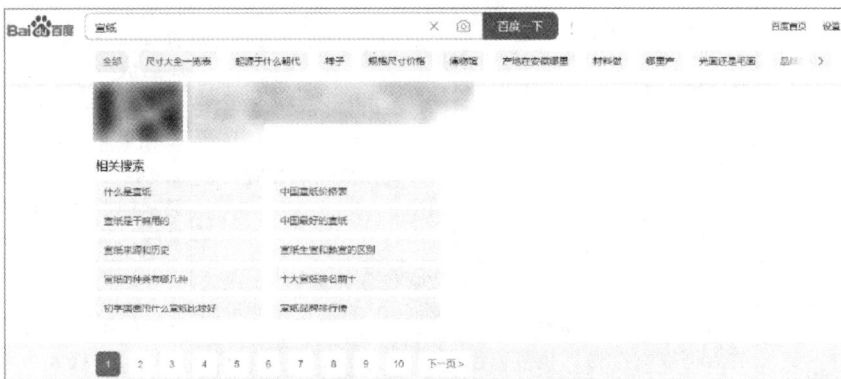

图 2-2　搜索结果页面底部"相关搜索"板块

图 2-3　搜索结果页面"大家还在搜"板块

5．过滤搜索结果

百度搜索引擎还会根据内容类型对搜索结果进行分类，如网页、图片、视频等。新媒体运营人员可以单击搜索结果页面上方的内容类型标签来过滤结果，如图 2-4 所示。

图 2-4　选择内容类型标签

6．使用百度快照

当某个网页的原始链接无法打开时，新媒体运营人员可以单击搜索结果中的"百度快照"链接来查看该网页的缓存版本，这对于查找已经下线或更改的网页内容非常有用。

7．使用搜索工具

在搜索结果页面上方有"搜索工具"选项，新媒体运营人员可以使用"搜索工具"对搜索结果进行时间、网页和文件格式、站点范围等设置。

案例在线

设置百度搜索引擎"搜索工具"

设置百度搜索引擎"搜索工具"的方法如下。

（1）单击"搜索工具"按钮，如图 2-5 所示。

图 2-5　单击"搜索工具"按钮

慕课视频

设置百度搜索引擎"搜索工具"

（2）单击"时间不限"下拉按钮，在弹出的下拉列表中选择时间范围，如图 2-6 所示。

图 2-6　设置时间范围

8．使用"高级搜索"功能

新媒体运营人员可以使用百度搜索引擎的"高级搜索"功能设置更加详细的搜索条件，如时间范围、文档格式、关键词位置、站内搜索等，以让搜索结果更加精准。

📋 案例在线

设置百度搜索引擎"高级搜索"

设置百度搜索引擎"高级搜索"的方法如下。

（1）进入百度搜索引擎首页，单击页面右上角的"设置"按钮，选择"高级搜索"超链接，如图 2-7 所示。

> 慕课视频
>
> 设置百度搜索引擎
> "高级搜索"

图 2-7　选择"高级搜索"超链接

（2）在弹出的"高级搜索"对话框中设置详细的搜索条件，如图 2-8 所示。单击"高级搜索"按钮，百度搜索引擎会按照设置的搜索条件展示搜索结果。

图 2-8　设置搜索条件

2.1.2　使用 AI 工具搜索信息

传统的搜索引擎通常是根据关键词的权重展示搜索结果，在某些情况下搜索引擎展示的搜索结果可能并不完全符合新媒体运营人员的需求。此外，有些搜索引擎会限制关键词的字数，如果新媒体运营人员在搜索时使用的关键词字数太多，搜索引擎可能无法识别。此时，新媒体运营人员可以使用 AI 工具来搜索信息。

在使用 AI 工具搜索信息时，新媒体运营人员可以详细描述自己的搜索需求，并根据 AI 工具提供的搜索结果提出新的搜索需求，要求 AI 工具不断完善搜索结果，最终找到最符合自身需求的信息。常用的 AI 搜索工具有天工 AI、秘塔 AI 搜索、通义（由通义千问更名而来）、文心一言等。

📖 案例在线

使用秘塔 AI 搜索进行信息搜索

秘塔 AI 搜索是一款简洁、高效的智能搜索工具，根据返回结果详细程度的不同，秘塔 AI 搜索分为简洁、深入和研究三个选项。使用秘塔 AI 搜索进行信息搜索的具体操作方法如下。

（1）在浏览器中搜索秘塔 AI 搜索，在搜索结果中找到秘塔 AI 搜索的官方网址，单击"立即使用"按钮，如图 2-9 所示。

慕课视频

使用秘塔 AI 搜索
进行信息搜索

图 2-9　单击"立即使用"按钮

（2）在搜索框中输入搜索需求，然后单击➡按钮，如图 2-10 所示。

图 2-10　输入搜索需求

（3）此时，秘塔 AI 搜索即可生成搜索内容，如图 2-11 所示。新媒体运营人员可以设置搜索范围，如全网、文库、学术、播客等，秘塔 AI 搜索就会在相应的范围内进行搜索并生成内容。搜索结果中的信息带有参考文献，将鼠标指针移至参考文献的序号标记处，即可查看参考文献的详情或跳转原文。在搜索结果页面右侧可以查看搜索结果的思维导图或大纲，单击"生成演示文稿"按钮，可以将搜索结果自动生成演示文稿。在搜索结果下方单击"延伸阅读"下拉按钮，可以查看相关参考资料。单击"追问"按钮，可以在搜索框中继续输入提示词或搜索需求进行追问，以获得更多资料。

图 2-11　生成搜索内容

2.2　热点的获取与分析

新媒体运营人员要想借助热点来策划运营方案，首先要能快速、准确地获得热点信息，并对热点进行分析，再深度挖掘其价值。

2.2.1　收集热点的渠道

热点分为常规性热点和突发性热点。常规性热点是指可预见的热点，是一些大众熟知的信息，如国家法定节假日、经常举办的大型赛事活动等；突发性热点是指无法预见、突然发生的事件或活动等。

针对常规性热点，新媒体运营人员可以将每月、每周会出现的节日、节气、体育赛事、颁奖典礼等事件整理出来，制成一个热点事件日历，之后按照这个热点事件日历来策划运营方案。

针对突发性热点，新媒体运营人员可以借助微博平台、百度热搜、知乎热搜、头条热榜、抖音热榜、第三方数据分析工具等各种工具来收集。

📋 案例在线

多渠道收集热点

一、微博平台

（1）在移动端登录微博账号，点击"发现"标签，在页面上方会显示"微博热搜"板块，如图 2-12 所示。点击"更多热搜"超链接，进入热搜页面，可以查看更多热搜。

慕课视频

多渠道收集热点

（2）在"发现"页面点击"趋势"标签，进入"微博趋势"页面，可以查看微博平台上 24 小时讨论的热门话题，如图 2-13 所示。

图 2-12　"发现"页面　　　　图 2-13　"微博趋势"页面

（3）点击趋势关键词，可以进入该关键词趋势分析详情页，如图 2-14 所示。

（4）在趋势分析详情页页面下方点击"数据"按钮，进入该关键词趋势数据分析详情页，如图 2-15 所示。

图 2-14　关键词趋势分析详情页　　图 2-15　关键词趋势数据分析详情页

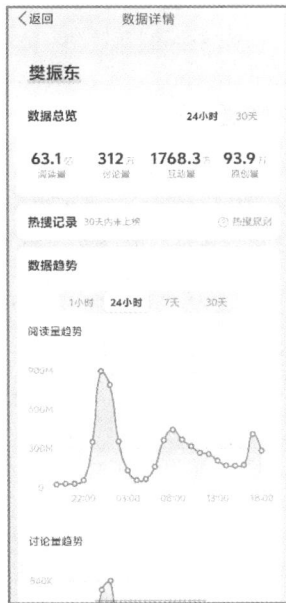

二、知乎热榜

知乎热榜是知乎根据平台内容热度值制订的排行榜，该榜单聚集了知乎平台上热门和具有讨论价值的内容。

（1）在 PC 端登录知乎账号，进入知乎首页，单击"热榜"标签，如图 2-16 所示。

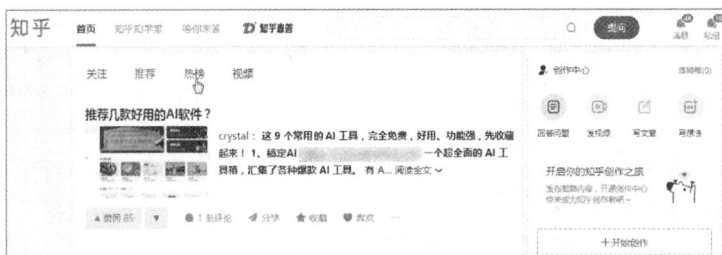

图 2-16　单击"热榜"选项卡

（2）进入"热榜"页面，如图 2-17 所示。单击热榜中的热点话题，即可进入话题讨论页面。

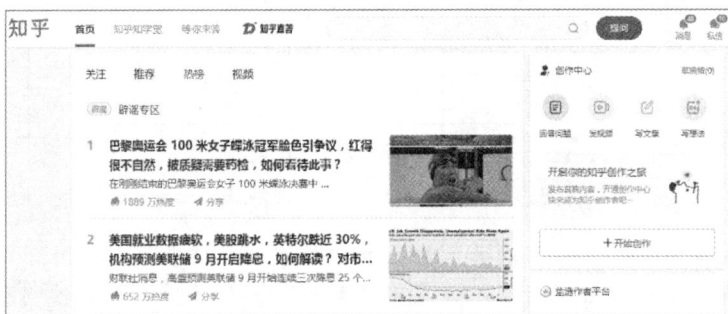

图 2-17　"热榜"页面

三、抖音热榜

（1）进入抖音 App 首页，点击 🔍 按钮，如图 2-18 所示。

（2）进入搜索页面，从"抖音热榜"中可以查找相关热点，如图 2-19 所示。

图 2-18　点击 🔍 按钮

图 2-19　抖音热榜

四、第三方数据分析工具

网络中有一些专门为用户提供数据分析服务的第三方数据工具，如飞瓜数据、蝉妈妈、达多多等，这些工具通常会提供与新媒体运营相关的数据监测、分析等服务，新媒体运营人员可以通过这些工具来搜集相关信息。

使用蝉妈妈收集热点的方法如下。

（1）在 PC 端进入蝉妈妈首页，在页面上方单击"视频"选项卡，在"榜单"中单击"官方热点榜"超链接，如图 2-20 所示。

图 2-20　单击"官方热点榜"超链接

（2）进入"视频榜"|"官方热点榜"详情页，如图 2-21 所示。新媒体运营人员可以按照时间查看实时热点榜、飙升热点榜。单击热点后面的"详情"超链接，可以查看该热点的详情分析。

图 2-21　"官方热点榜"详情页

（3）单击"热门话题榜"选项卡，进入"视频榜"|"热门话题榜"页面，新媒体运营人员可以通过该榜单了解抖音平台的每日热门话题，如图 2-22 所示。

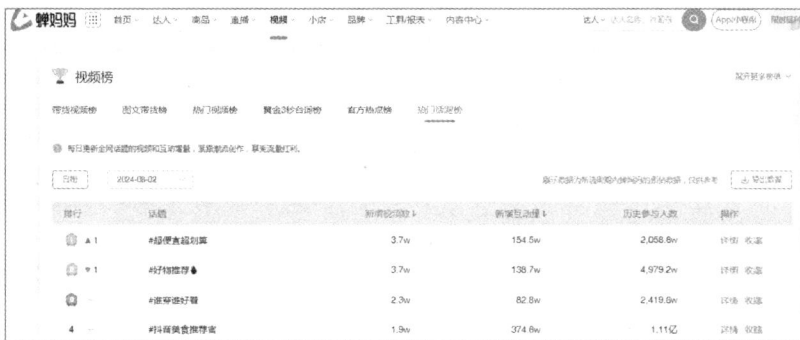

图 2-22　"热门话题榜"页面

知识链接

　　新媒体运营人员收集到热点后，需要对热点进行分析，以判断热点是否值得使用。通常来说，可以从以下 6 个角度来对热点进行分析。

　　（1）热点的真实性：详细了解热点的内容及其发生的始末，明白热点是如何发生的，其真实过程是什么。

　　（2）热点的时效性：对于突发性热点，需要判断该热点所处的传播阶段，分析该热点能否持续发酵，然后有针对性地根据热点策划运营方案。

　　（3）热点的话题性：判断热点是否具备可讨论性，具有话题性的热点更容易引起用户的关注。

　　（4）热点的受众范围：分析哪些领域、哪种类型的受众会对该热点感兴趣，以及这些受众群体的规模有多大。

　　（5）热点的相关度：分析热点与所策划的运营方案的关联程度，两者的关联程度越深越好。

　　（6）热点的风险性：分析热点是否涉及有悖于法律法规、道德伦理的信息，新媒体运营人员在运用热点时一定要保持理智，不能触碰红线，不能为了蹭热点而没有底线。

2.2.2　利用 AI 工具获取热点新闻并总结信息

　　利用 AI 工具获取热点新闻并总结信息，有利于提高新闻资讯的获取效率，节约新媒体运营人员筛选信息的时间与精力。

　　360 集团开发了多款具有信息搜索、信息总结等功能的 AI 产品，如 360AI 搜索、360AI 浏览器、360AI 助手等，新媒体运营人员可以使用这些工具获取热点新闻，并对新闻内容进行总结。

案例在线

使用 360AI 浏览器获取热点并总结信息

　　360AI 浏览器是 360AI 办公系列软件产品之一，分为 PC 端版本和移动端版本。该浏览器支持对视频、音频、网页和中英文论文等内容的处理，可以帮助用户自动总结要点、生成思维导图等。下面以 360AI 浏览器 PC 端版本为例进行介绍，其使用方法如下。

慕课视频

使用 360AI
浏览器获取热点并
总结信息

　　（1）在计算机上安装并运行 360AI 浏览器，进入浏览器首页，在左侧单击"AI 搜索"选项卡，进入 360AI 搜索页面，如图 2-23 所示。首页中的"大家正在搜""今日热搜"板块中的内容对运营人员也具有一定的参考价值。

　　（2）单击网页链接进入详情页面，如图 2-24 所示，在页面右侧会显示该网页中文章正文的思维导图。

图 2-23　360AI 搜索页面

图 2-24　网页链接详情页

（3）单击页面上方的"简介"选项卡，浏览器自动总结该页面的内容，如图 2-25 所示。

图 2-25　自动总结页面内容

（4）在左侧单击"知识库"按钮，进入"360AI 知识库"，单击"网页分析"按钮，如图 2-26 所示。

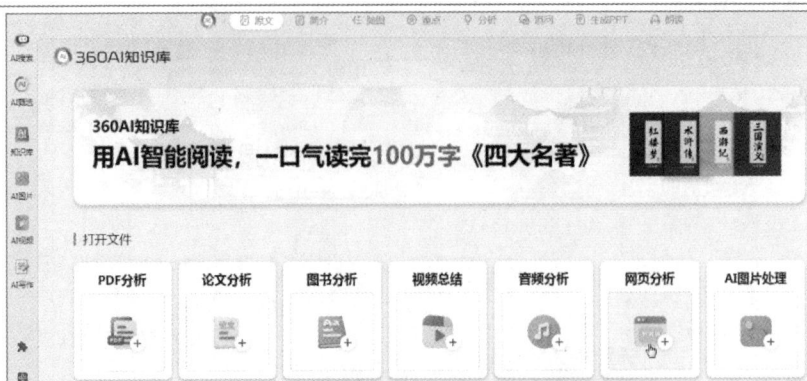

图 2-26　单击"网页分析"选项

（5）在弹出的"输入网址链接"对话框的文本框中输入网址链接，单击"AI 分析"按钮，如图 2-27 所示。此时，360AI 浏览器会自动总结网址链接中的内容，并形成思维导图。

图 2-27　输入网址链接

📚 **素养课堂**

我们要关注并正确运用社会热点，通过深入分析热点背后的社会现象、价值导向及潜在影响，以负责任的态度和创新的思维，创作和传播具有正面价值的内容。此外，在创作内容时，要确保内容的真实性、准确性和正向引导性，以免误导公众或造成不良影响。

2.3　关键词的获取与分析

关键词（Keywords）是图书馆学中的词汇，指单个媒体在制作使用索引时用到的词汇。在互联网领域，关键词通常指的是用户使用搜索引擎时，在搜索框中输入的、用以表达个人需求的词汇。在搜索信息时，用户通常会使用能概括自身核心需求的词汇进行搜索，因此，关键词能反映用户的需求。

2.3.1 关键词的类型

按照不同的标准，关键词可以分为不同的类型，如表 2-2 所示。

表 2-2 关键词的类型

分类标准	类型	说明
按照热度分类	热门关键词	搜索量较高的关键词
	一般关键词	搜索量一般的关键词
	冷门关键词	搜索量较小的关键词
按照长短分类	短尾关键词	通常由两个字到四个字组成的关键词
	长尾关键词	通常由四个字以上，两到三个词，甚至是短语组成的关键词
按照相关性分类	核心关键词	也称主要关键词或目标关键词，是网站或内容页面最想被搜索引擎识别的关键词，通常与网站或页面的主题紧密相关，最能反映网站或页面的核心内容
	相关关键词	与核心关键词或页面主题相关的其他关键词

2.3.2 获取关键词的方法

在新媒体运营中，获取关键词是一项重要任务，新媒体运营人员可以采用以下方法获取关键词。

（1）利用搜索引擎获取关键词

新媒体运营人员在使用搜索引擎时，可以灵活运用搜索引擎的相关功能获取关键词。

● 下拉列表：在搜索引擎中输入部分关键词，利用搜索引擎搜索框的下拉列表获取相关的长尾关键词和热门搜索建议。图 2-28 所示为百度搜索引擎搜索框的下拉列表。

图 2-28 百度搜索引擎搜索框的下拉列表

● 大家还在搜、相关搜索：查看搜索结果页面中间的"大家还在搜"板块和页面底部的"相关搜索"板块，这些推荐内容通常与新媒体运营人员所使用的搜索关键词紧密相关。

（2）热搜榜单

新媒体运营人员可以利用各个新媒体平台的热搜榜单（如百度热搜、微博热搜、抖音热榜等）了解当前的热门话题和搜索趋势。

（3）分析竞争对手

新媒体运营人员可以查看竞争对手的网站或内容页面，分析他们使用的关键词，了解他们的搜索引擎优化（Search Engine Optimization，SEO）策略。

（4）使用 AI 工具和网络爬虫工具

新媒体运营人员可以利用 AI 工具对关键词进行扩写和改写，生成更多的相关关键词和短语，还可以使用网络爬虫工具（如八爪鱼采集器、火车采集器等）批量获取关键词。

（5）使用关键词工具

新媒体运营人员可以使用关键词工具（如谷歌关键词规划师、5118、百度关键词规划师等）来获取关键词。

2.3.3　关键词的分析

新媒体运营人员可以对获取的关键词进行分析，了解关键词的热度、搜索趋势等情况，从中选择最佳的关键词。常用的关键词分析工具有百度指数、微信指数等。

案例在线

使用百度指数分析关键词

百度指数是以百度的海量用户行为数据为基础的数据分析平台。通过百度指数，新媒体运营人员可以分析关键词搜索趋势，洞察百度平台用户的需求变化，了解数字消费者的特征。

使用百度指数分析关键词的方法如下。

（1）在搜索引擎中输入"百度指数"，单击搜索按钮，在搜索结果页面中单击"百度指数"官网，进入百度指数官网首页。在搜索框中输入目标关键词，如"人工智能"，然后单击▷按钮，如图 2-29 所示。

> 慕课视频
>
> 使用百度指数分析关键词

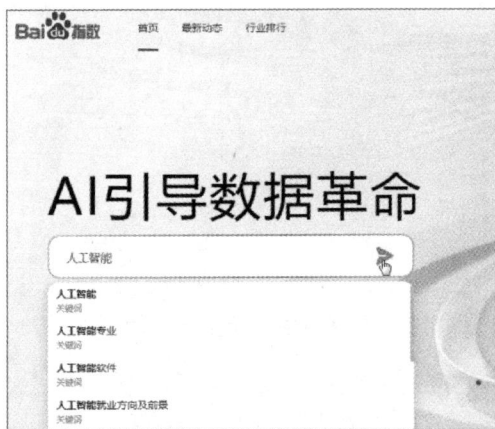

图 2-29　输入目标关键词

（2）进入关键词指数分析详情页面，包括趋势研究、需求图谱、人群画像等，如图 2-30 所示。

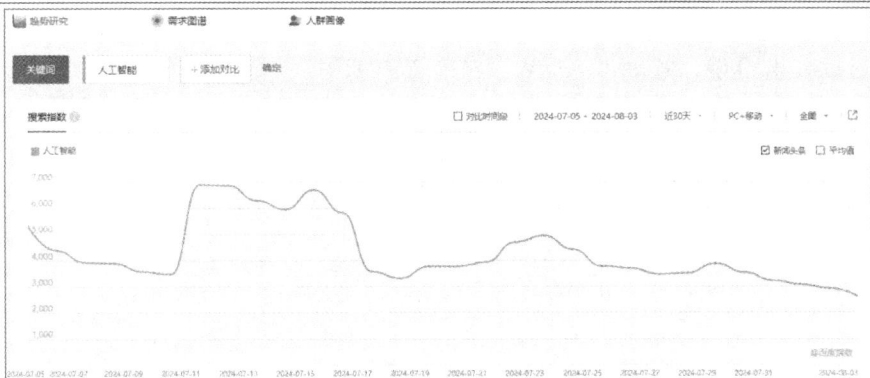

图 2-30   关键词指数分析详情页面

（3）趋势研究包括关键词搜索指数分析、关键词资讯指数分析，如图 2-31、图 2-32 所示。新媒体运营人员可以自定义时间段和地域进行查询。

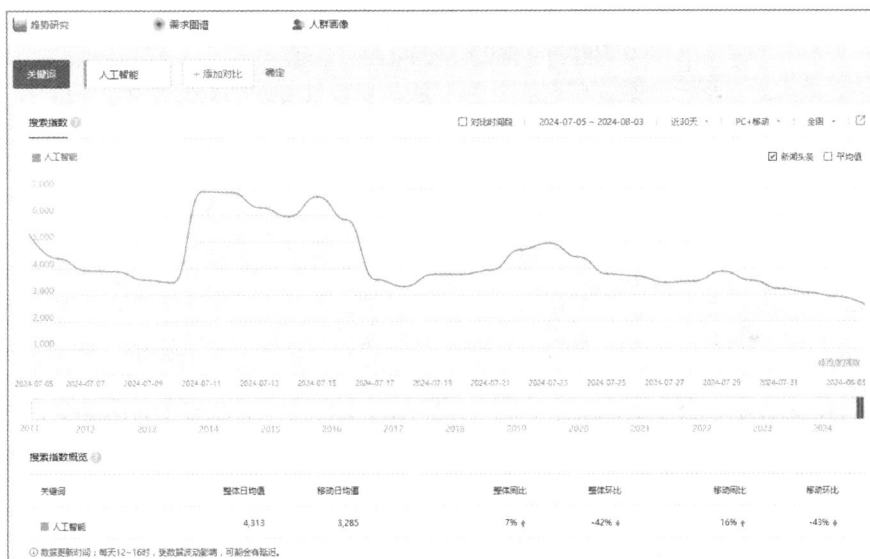

图 2-31   关键词搜索指数分析

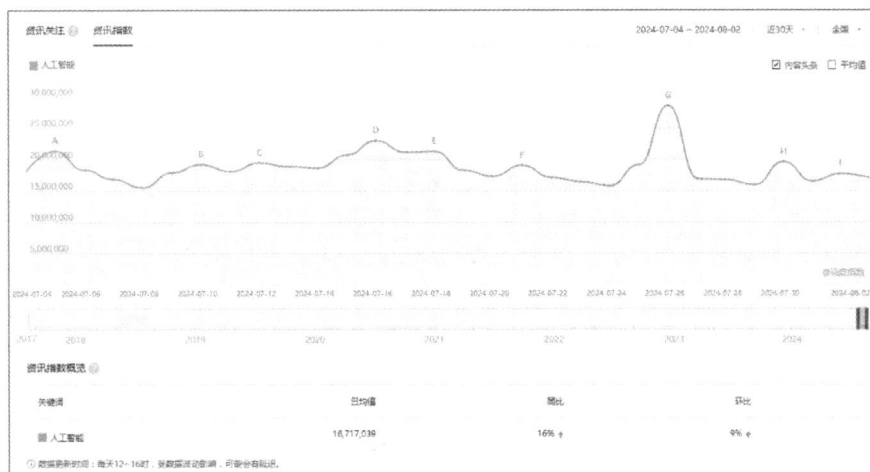

图 2-32   关键词资讯指数分析

（4）单击"需求图谱"选项卡，可以查看关键词需求图谱和相关词热度，如图 2-33 所示。通过需求图谱，新媒体运营人员可以了解用户关注的焦点，从而更好地分析用户需求。例如，从图中可以看出，关键词"人工智能专业""人工智能就业方向"与搜索关键词"人工智能"相关性较高，且搜索指数较高，搜索趋势呈上升趋势。在"相关词热度"分析板块中，这两个关键词的搜索热度也较高，说明用户在搜索"人工智能"时比较关注这两个方面的信息。

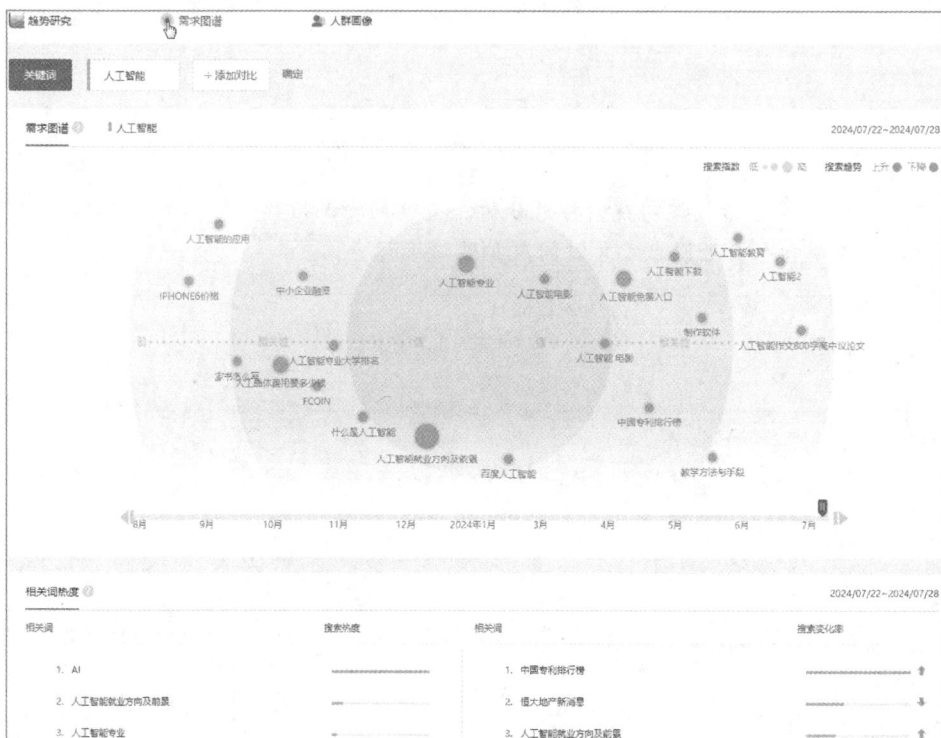

图 2-33　需求图谱分析

（5）单击"人群画像"选项卡，可以查看关键词的人群地域分布（见图 2-34）、人群属性（见图 2-35）、兴趣分布（见图 2-36），能够帮助新媒体运营人员了解关键词的人群特征

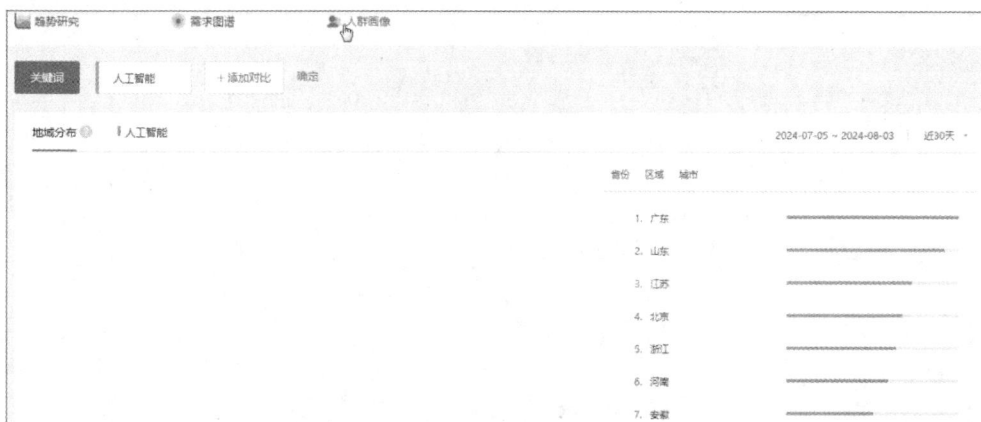

图 2-34　地域分布

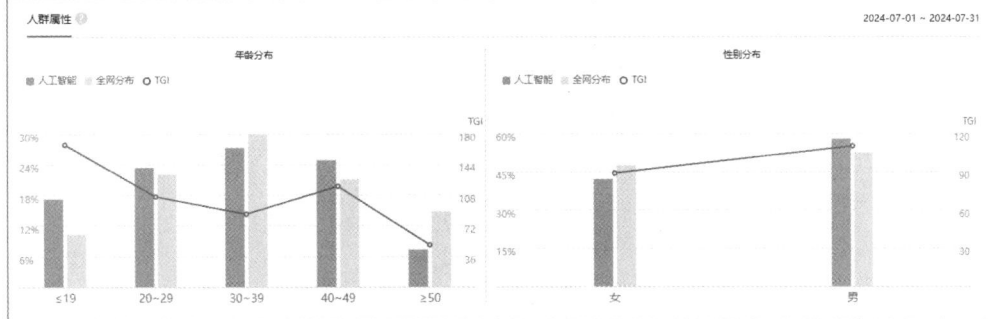

图 2-35　人群属性

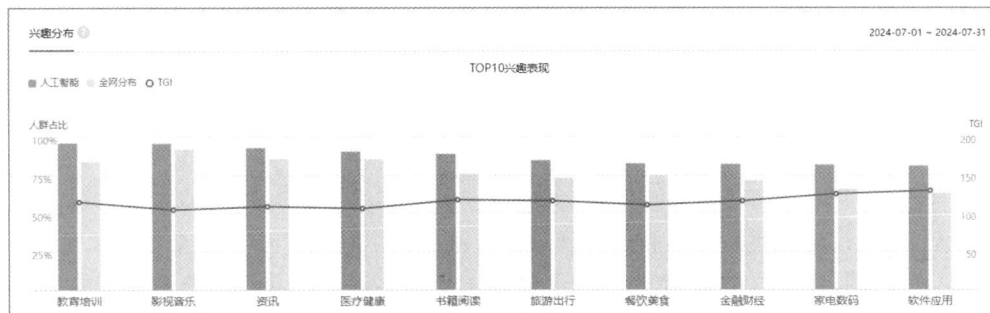

图 2-36　兴趣分布

（6）在百度指数搜索框中输入多个关键词，并使用半角逗号将不同的关键词隔开，可以实现关键词数据的比较搜索。例如，在搜索框中输入"人工智能，智能客服"，单击▶按钮，进入两个关键词的搜索结果页面，如图 2-37 所示。也可在搜索结果中单击"+添加对比"按钮，在文本框中输入想要对比的关键词。

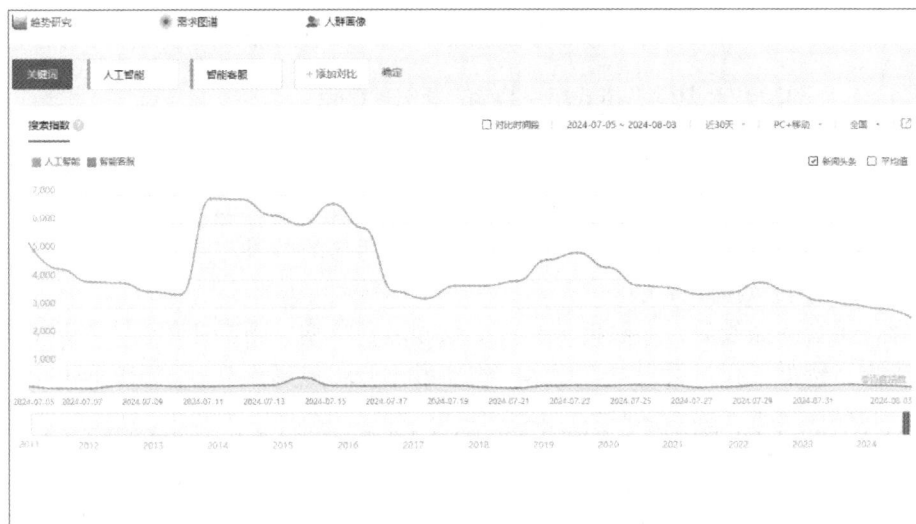

图 2-37　"人工智能，智能客服"比较搜索结果页面

（7）在搜索框中输入多个关键词，并在不同的关键词之间加上加号，可以实现不同关键词数据的累加搜索，即将多个关键词作为一个组合关键词，并展示该组合关键词的分析结果。例如，在搜索框中输入"人工智能+智能客服"，单击▶按钮，进入两个

关键词的累加搜索详情页面，如图 2-38 所示。新媒体运营人员可以利用这个功能，将若干同义词的数据相加。目前，百度指数最多支持 3 个关键词的累加检索。

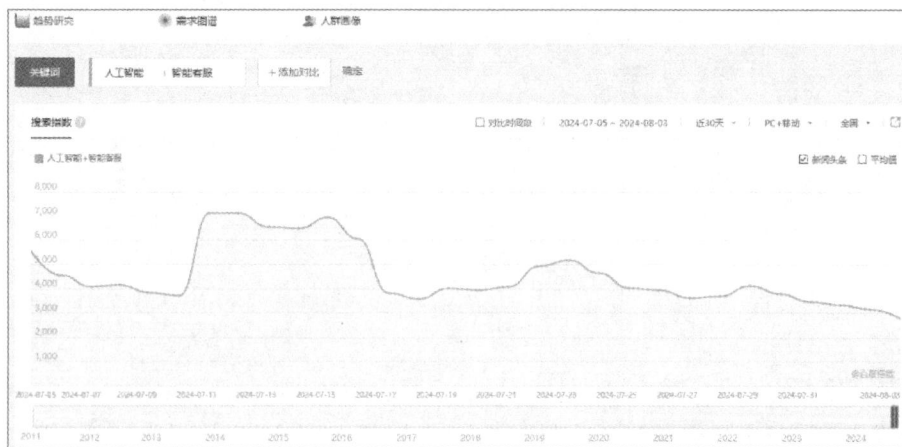

图 2-38 "人工智能+智能客服"累加搜索详情页面

（8）还可以将比较检索和累加检索组合起来使用。例如，可以搜索"人工智能+智能客服，人工智能+AIGC"。选定一个关键词，新媒体运营人员可以查看该关键词在特定地区、特定时间内的搜索指数。例如，可以搜索"人工智能 北京 最近 30 天"。

2.4 新媒体数据的获取与分析

在大数据时代，用数据驱动决策是做好新媒体运营的必选策略之一，新媒体运营人员应及时有效地获取数据，并将数据分析贯穿新媒体运营的始终。

2.4.1 新媒体数据获取与分析常用工具

数据分析工具通常具有强大的数据获取和分析能力，不仅能够帮助新媒体运营人员快速获取数据，还能为其提供详细的数据分析诊断建议。新媒体运营人员合理使用数据分析工具获取并分析新媒体数据，有利于达到事半功倍的效果。

1. 新媒体平台数据分析工具

新媒体平台的账号后台能够记录并分析账号运营数据，新媒体运营人员进入账号后台即可查看。例如，在抖音平台，进入"创作者中心"可以查看账号相关的运营数据及其分析。新媒体运营人员要及时关注账号表现，并定期对账号后台的数据进行收集、整理和归档，以便后期使用。

有的新媒体平台会为新媒体运营人员提供功能全面、专业的数据分析工具，如抖音电商的罗盘、快手小店的生意通等，新媒体运营人员可以充分利用这些工具获取并分析自己新媒体账号的运营数据。

2. 第三方数据分析工具

飞瓜数据、蝉妈妈、达多多等第三方数据分析工具能够为用户提供专业的数据监测、分析等服务，新媒体运营人员可以利用这些工具获取并分析数据。

案例在线

使用飞瓜抖音分析单场直播数据

飞瓜数据旗下产品飞瓜抖音、飞瓜快手、飞瓜 B 站，能够帮助新媒体运营人员获取并分析抖音、快手、B 站（哔哩哔哩的简称）等平台的运营数据。使用飞瓜抖音分析单场直播数据的方法如下。

（1）登录飞瓜抖音的账号，进入工作台首页，在搜索框中输入直播账号名称，然后单击○按钮，如图 2-39 所示。

（2）在搜索结果的"直播"板块找到要分析的账号，单击该账号中想要分析的直播标题，如图 2-40 所示。

慕课视频

使用飞瓜抖音分析
单场直播数据

图 2-39　搜索直播账号

图 2-40　单击直播标题

（3）进入直播账号详情数据分析页面，如图 2-41 所示。页面最上方展示直播标题、开播时间、下播时间、直播时长、直播账号名称、直播当日粉丝数、直播当日带货口碑等信息，下方是数据分析详情，包括数据概览、带货商品、观众画像、流量来源、观众互动等分析内容。新媒体运营人员可以综合带货商品、观众画像、流量来源、观众互动等维度的数据，了解账号单场直播的带货效果。

在数据概览板块，新媒体运营人员可以重点分析以下内容：①直播标题，分析直播标题的设置方法，标题中是否体现了大促、超值福利等信息点；②直播当日带货口碑，口碑分会影响直播间的流量获取。

图 2-41　数据概览—人气数据分析

（4）在数据概览的直播趋势板块，新媒体运营人员可以按照人气、带货、涨粉等维度查看本场直播趋势，图 2-42 所示为本场直播趋势中的人气趋势分析。通过分析人气趋势，新媒体运营人员可以了解本场直播的人气峰值点所处的时间段，分析导致人气到达峰值点的原因（如嘉宾进入直播间、上架引流款商品、发放福袋等）。在人气趋势分析中，将鼠标指针放在下方节点上，通过分析关键节点的商品上下架、商品讲解、福袋发放等动作了解直播间人气引流策略。

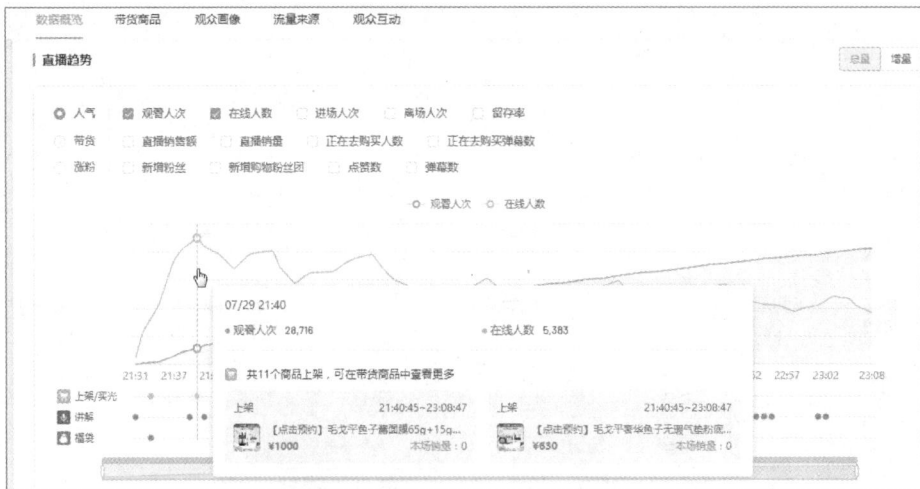

图 2-42　直播趋势—人气趋势分析

（5）单击"带货商品"选项卡，进入"带货商品"分析板块，如图 2-43 所示。通过分析带货商品，新媒体运营人员可以了解本场直播主要推广的商品品类、商品品牌分别是什么；直播间采用的商品讲解形式，是单一商品讲解形式，还是快速过品讲解形式；直播间热卖商品采用了哪些优惠策略，等等。

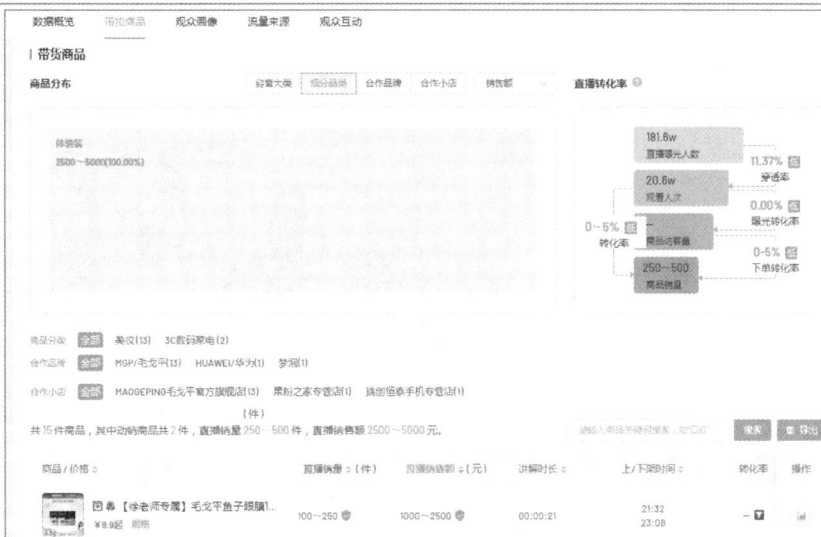

图 2-43 "带货商品"分析板块

（6）单击"观众画像"选项卡，进入"观众画像"板块。新媒体运营人员可以分别查看直播观众画像和粉丝团观众画像分析，观众画像和粉丝团观众画像分别包括性别分布、年龄分布、地域分布、消费需求分布、感兴趣的内容等分析内容，图 2-44 所示为直播观众画像分析中的性别分布和年龄分布。新媒体运营人员可以将观众画像与目标用户群体画像进行对比，为制订引流策略提供参考。

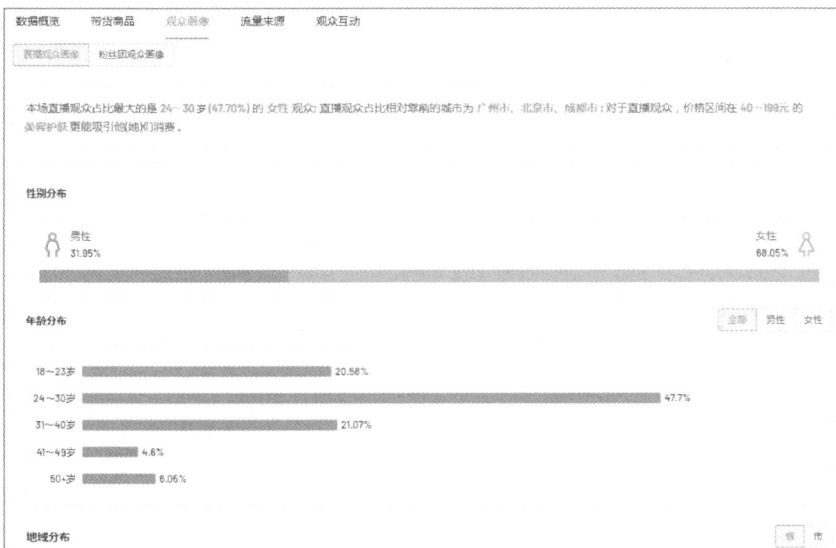

图 2-44 "观众画像"分析板块

（7）单击"流量来源"选项卡，进入流量来源板块（"流量来源"数据分析在直播结束 48 小时后才会展现），如图 2-45 所示。新媒体运营人员可以查看直播间流量结构分析和直播引流视频分析。通过分析直播间流量结构，可以直观地了解直播间的观众来源，结合分析行业均值数据，为后续直播引流提供思路；通过分析直播引流视频的相关数据，可以更好地分析直播间的高点赞引流视频的特点，以便跟进、学习这些引流视频的策划技巧。

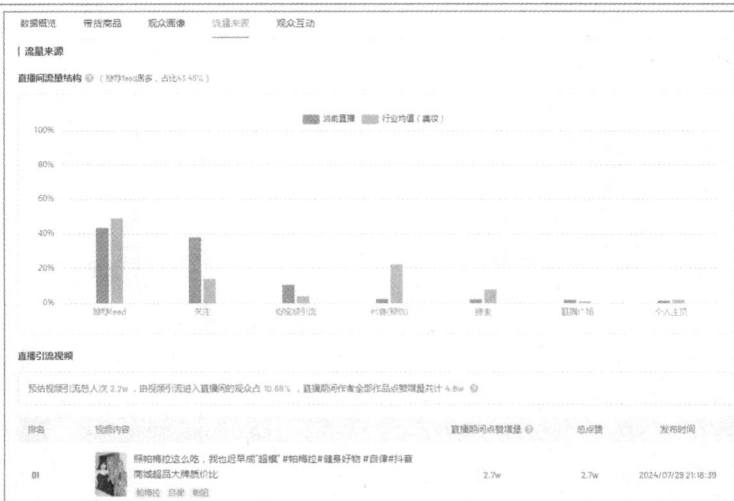

图 2-45 "流量来源"板块

（8）单击"观众互动"选项卡，可以查看直播间观众互动分析（互动趋势图、弹幕商品需求会在直播结束 48 小时后展现），如图 2-46 所示。新媒体运营人员可以对直播间观众弹幕词云和弹幕商品需求进行重点分析，了解本场直播观众的关注点和商品购买偏好，为后续直播选品提供参考。

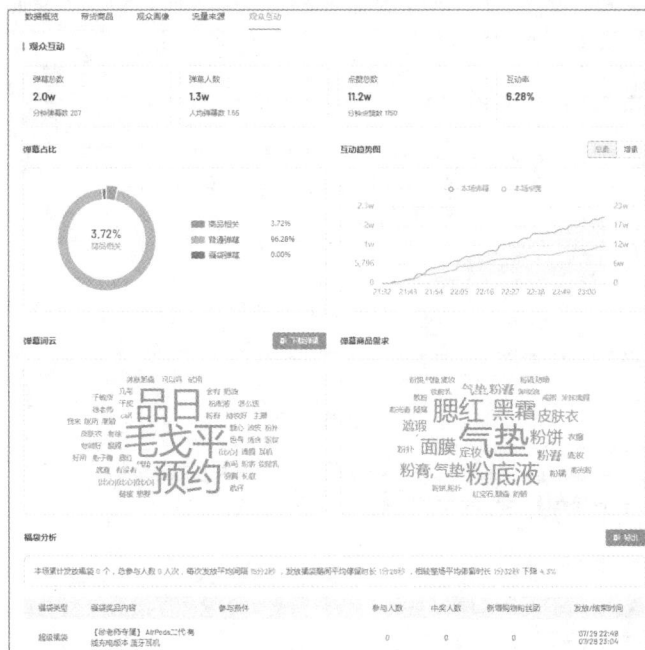

图 2-46 "观众互动"分析板块

3．网络爬虫

网络爬虫，又称为网页蜘蛛、网络机器人，是一种按照一定的规则，自动抓取互联网信息的程序或脚本。

具有一定编程语言基础的新媒体运营人员可以使用 Python、Java、C#等编程语言编写网络爬虫，用于采集信息。新媒体运营人员也可以使用专业的网络爬虫工具采集信息，并将采集到的信息转化为符合自己需求的各种格式。

![案例在线]

使用八爪鱼采集器采集抖音短视频达人账号数据

八爪鱼采集器是一款用于抓取网页数据的网络爬虫工具，用户不用编写代码，可以通过简单地拖曳、点选和配置来定义采集规则。八爪鱼支持采集文本、图片、表格、HTML 等多种类型的数据，支持将采集到的数据以 CSV、Excel、JSON 等格式导出。

慕课视频

使用八爪鱼采集器采集抖音短视频达人账号数据

使用八爪鱼采集器采集抖音达人账号主页视频数据的方法如下。

（1）在计算机上安装八爪鱼采集器并登录账号，在首页搜索框中输入目标网址，然后单击"开始采集"按钮，如图 2-47 所示。

图 2-47　输入目标网址

（2）进入新建任务页面，在"操作提示"对话框中单击"登录网站"选项（见图 2-48），按照页面提示登录自己的抖音账号。

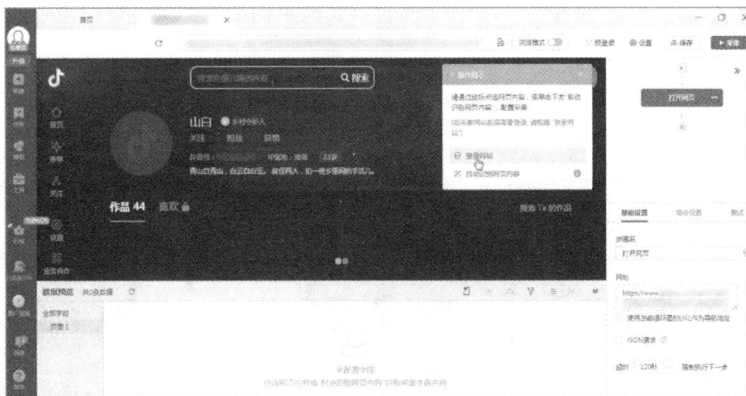

图 2-48　单击"登录网站"选项

（3）选择想要采集的字段，如账号名称、关注数、粉丝数、获赞数、个人简介、视频标题、视频点赞数等。单击账号名称，在"操作提示"对话框中单击"文本内容"选项，如图 2-49 所示。采用同样的方法，选中其他字段。

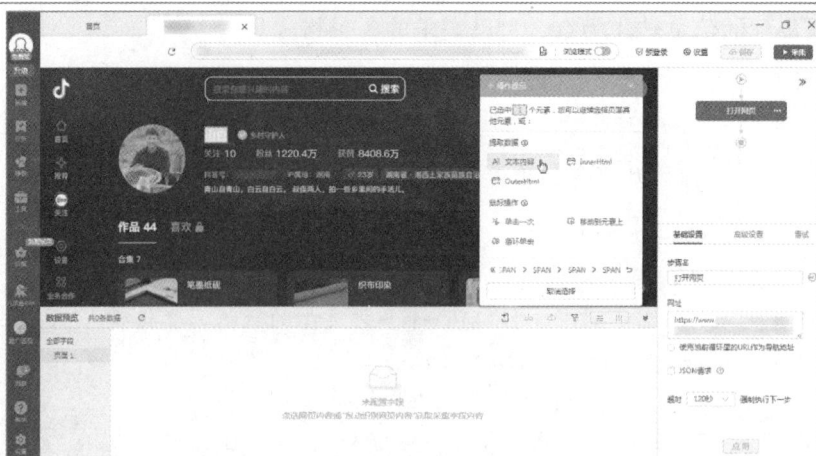

图 2-49　单击"文本内容"选项

（4）选择完想要采集的字段后，在"操作提示"对话框中单击"自动识别网页内容"选项，如图 2-50 所示。

图 2-50　单击"自动识别网页内容"选项

（5）此时，采集器开始自动识别网页数据，如图 2-51 所示。

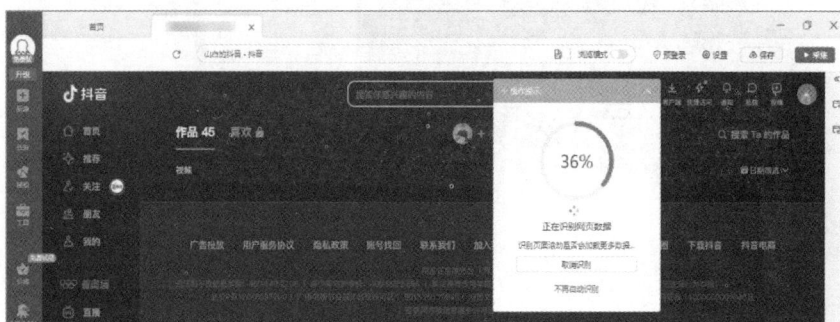

图 2-51　自动识别网页数据

（6）网页数据识别完成后，在"操作提示"对话框中单击"生成采集设置"按钮，如图 2-52 所示。

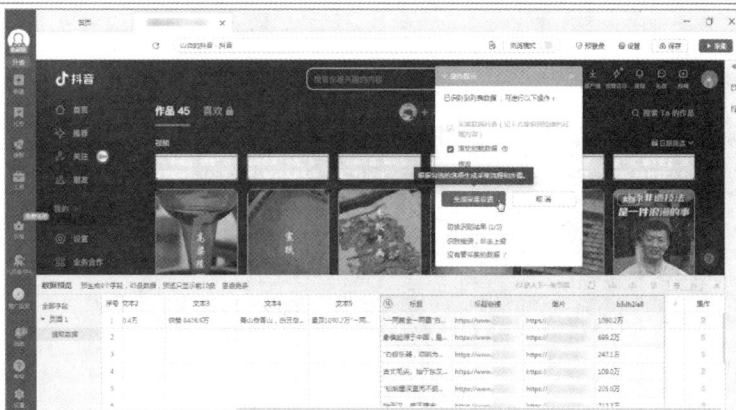

图 2-52　单击"生成采集设置"按钮

（7）在页面右侧的流程图中选中"滚动网页"操作，选择"基础设置"选项卡，在"滚动方式"选项区中选中"向下滚动一屏"单选按钮，将"循环次数"设置为1000，然后单击"应用"按钮，如图 2-53 所示。

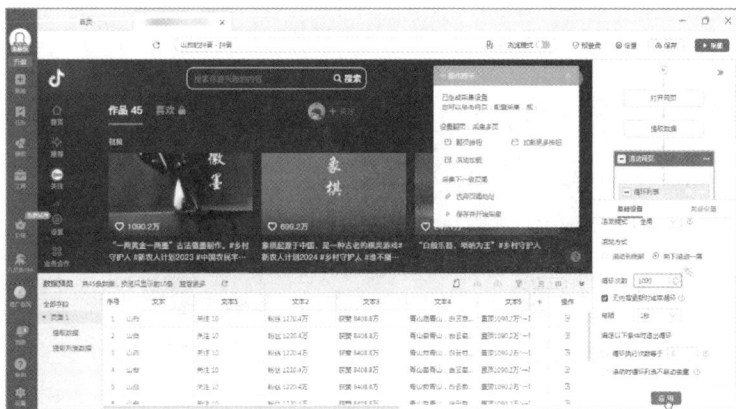

图 2-53　设置滚动方式

（8）选中"循环列表"操作，选择"基础设置"选项卡，在"元素 XPath"文本框中输入 "//div[@data-e2e="user-post-list"]//ul[@data-e2e="scroll-list"]/li"，然后单击"应用"按钮，如图 2-54 所示。

图 2-54　修改循环列表的 XPath

（9）在页面右侧的流程图中单击"提取数据"操作按钮，如图 2-55 所示。

图 2-55　单击"提取数据"选项卡

（10）在页面下方的"数据预览"中可以修改字段名称、删除字段、移动字段顺序等。在此修改各个字段名称，如图 2-56 所示。

图 2-56　修改字段名称

（11）在页面右侧的流程图中选中"提取列表数据"操作，如图 2-57 所示。

图 2-57　单击"提取列表数据"选项卡

（12）在页面下方的"数据预览"中修改列表数据中的字段名称，如图 2-58 所示。

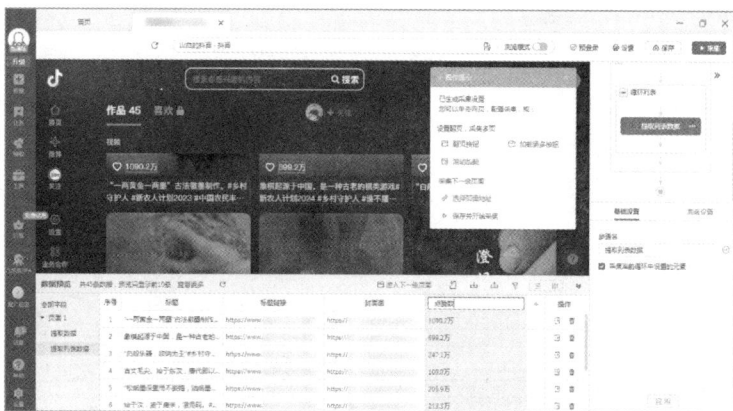

图 2-58 修改字段名称

（13）在页面右侧的流程图中选中"提取数据"操作，选择"高级设置"选项卡，选中"执行前等待"复选框，在下拉列表框中选择"10 秒"选项，然后单击"应用"按钮，如图 2-59 所示。

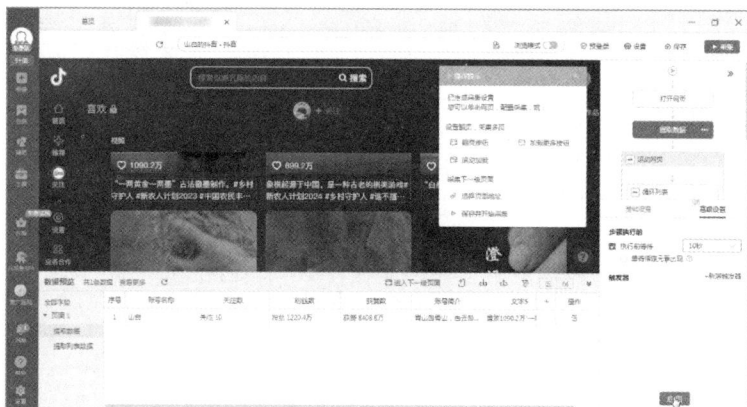

图 2-59 设置提取数据规则

（14）在页面右上方单击"保存"按钮，然后单击"采集"按钮，如图 2-60 所示。

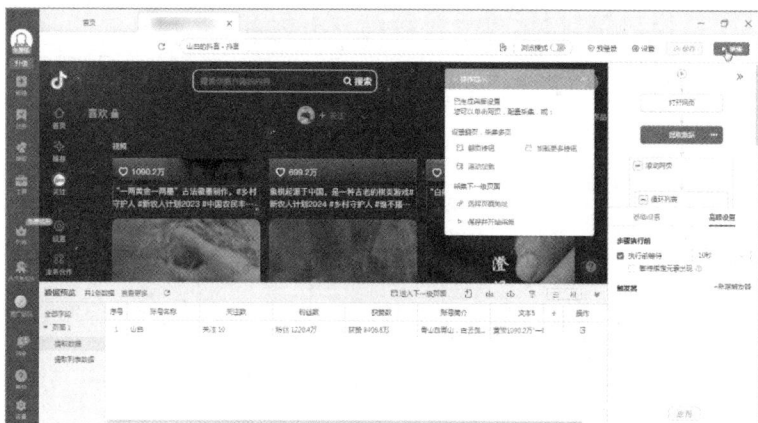

图 2-60 单击"采集"按钮

（15）弹出"请选择采集模式"对话框，单击"本地采集"中的"普通模式"按钮，如图 2-61 所示。

图 2-61　单击"普通模式"按钮

（16）此时，采集器开始采集数据，如图 2-62 所示。

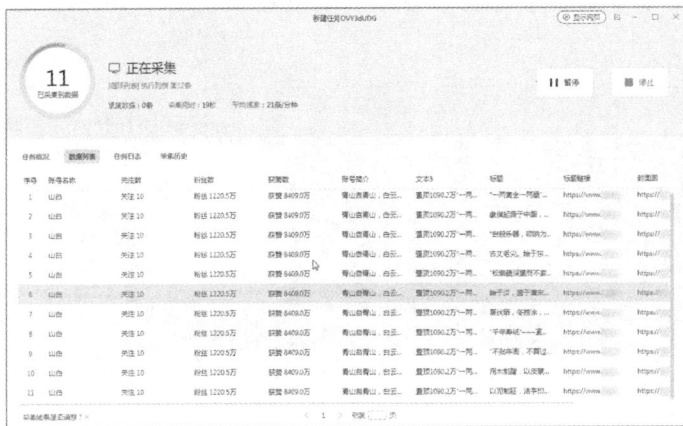

图 2-62　开始采集数据

（17）数据采集完成后，弹出"采集完成！"对话框，单击"导出数据"按钮，如图 2-63 所示。

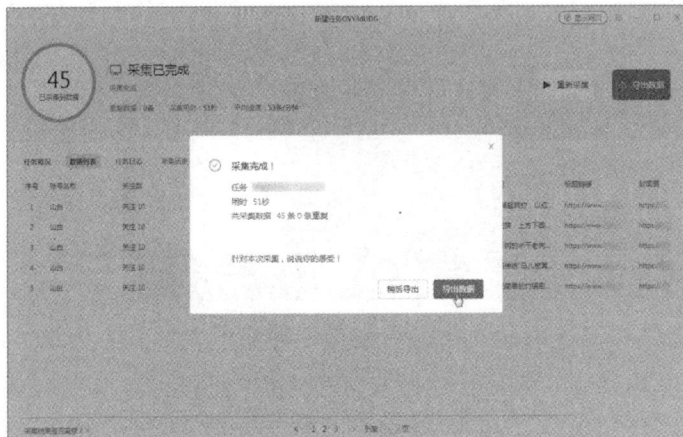

图 2-63　单击"导出数据"按钮

（18）在弹出的对话框中选择导出格式，如 Excel（xlsx）格式，然后单击"确定"按钮，如图 2-64 所示。此时，即可将数据导出至相应的文件夹。

图 2-64　选择导出格式

2.4.2　新媒体用户画像的构建

用户画像是一种用于描述和理解目标用户群体的方法，通过收集并分析用户信息，构建出一个或多个虚构的、具有代表性的用户画像模型。通常情况下，用户画像包括如表 2-3 所示的信息。

表 2-3　用户画像包括的信息

信息类型	信息内容
基本信息	性别、年龄、所属区域、职业、学历、收入水平、婚姻状况等
心理特征	生活方式（如作息规律、喜欢化妆、喜欢素食、关注健身等）、个性（性格外向、文艺青年、特立独行、勇于冒险、敢于尝新等）、兴趣爱好（如喜欢养宠物、喜欢旅游等）
消费行为	消费能力、消费内容、支付方式、消费时段偏好、价格敏感度、购买转化能力等
媒介使用习惯	用户使用的设备类型（如手机、平板电脑、计算机等）、社交媒体偏好、使用社交媒体的时间段、使用社交媒体的频率
社交行为	关注行为、加群行为、互动行为（如分享、点赞、收藏、转发等）

通常来说，构建用户画像的步骤如下。

（1）收集数据：通过问卷调查、用户访谈、社交媒体监测等多种方式收集用户数据。

（2）整理与分析数据：对收集到的数据进行清洗、分类、归纳和分析，从数据中找出规律和趋势。

（3）细分用户：根据用户特征和行为差异，将用户群体划分为不同的细分市场或用户类型。

（4）构建用户画像：为每个细分市场或用户类型构建详细的用户画像，用户画像中要包括表中提到的各个方面的信息。

（5）验证与迭代：通过实际用户反馈和数据分析结果，不断验证和迭代用户画像，以确保用户画像的准确性和有效性。

课堂实训：使用飞瓜抖音分析直播数据

1．实训背景

对直播数据进行分析有助于新媒体运营人员了解直播效果，及时发现直播中存在的问题。新媒体运营人员不仅要分析自身的直播数据，了解本场直播数据与历史直播数据的差别，并从中总结经验、教训；还要分析同行竞争对手的直播数据，了解自身在行业中的竞争力，并通过分析竞争对手的直播数据学习其优秀的部分，以提升自身的直播能力。

2．实训要求

使用飞瓜抖音分析某达人或品牌的一场直播数据，并总结其直播策略，从中学习经验。

3．实训思路

（1）确定分析对象

确定要分析的对象，可以分析某位达人主播的一场直播，也可以分析某个国货品牌的一场直播。

（2）分析直播数据和策略

注册并登录飞瓜抖音账号，找到分析对象并查看其直播数据，分析此场直播的标题、直播当日带货口碑、直播趋势、带货商品、观众画像、流量来源、观众互动等数据，并从数据中总结其直播策略。

课后练习

1．使用秘塔 AI 搜索工具搜索关于直播商品卖点提炼技巧的资料，并总结这些资料，从中总结提炼直播商品卖点的技巧。

2．使用 360AI 浏览器获取热点新闻，并总结这些新闻的要点，从中提取热点关键词，使用百度指数分析这些关键词，然后分析如何将这些热点或关键词融入新媒体运营中。

3．图 2-65 所示为飞瓜抖音提供的近 30 天抖音平台热门话题（部分）的相关数据，使用飞瓜快手、飞瓜 B 站分别查看快手、哔哩哔哩等平台上近 7 天、近 30 天的热门话题，并观看这些热门话题下的热门短视频，分析这些短视频为什么会成为热门。

共搜索到 999+ 个话题　　　　发起时间：｜24小时｜7天｜30天｜90天｜180天｜360天｜全部｜　2024-07-11 - 2024-08-09　导出

话题	发起人	参与人数	播放量	昨日参与	昨日播放	获赞最高视频
#和伊利一起为中国加油 发起时间：2024/07/23 23:44:12	伊利 粉丝数：241.0w	120.6w	121.33亿	25.6w	22.83亿	
#巴黎超前线 发起时间：2024/07/15 11:33:46	抖音媒体内... 粉丝数：151.0w	9241	79.68亿	538	4.28亿	

图 2-65　飞瓜抖音近 30 天热门话题（部分）

第3章 图片与图表制作技能

✓ 学习目标

➢ 了解图片素材的使用规范、收集方法、处理原则和处理工具。
➢ 掌握新媒体图片制作和 AI 制图的方法。
➢ 了解新媒体数据图表的类型、应用场景和制作步骤。
➢ 掌握使用 AI 工具制作数据图表的方法。

✓ 本章概述

在新媒体运营中，图片和图表作为界面设计的核心要素，影响着网站、App 及各大社交媒体平台的视觉呈现效果。经过细致加工与优化的图片与图表，不仅显著增强视觉吸引力，瞬间捕获用户眼球，深化其视觉享受，还能简化复杂的数据集，更直观、快速地传达复杂的信息和数据，帮助用户一目了然地理解关键信息，从而加快其决策过程。除此之外专业制作的图片和图表能够展示创作者的专业素养和严谨态度，从而提升内容的整体专业性和可信度。本章主要介绍了图片素材的收集与处理、新媒体图片制作与 AI 制图、新媒体数据图表的制作等内容。

✓ 本章关键词

素材的收集与处理　图片制作　数据图表　AI 制图

✓ 案例导入

融入传统中国风元素，百雀羚商品海报标新立异

百雀羚作为国货品牌中的佼佼者，其海报设计常常融入传统中国风元素，既体现了品牌的文化底蕴，又符合现代年轻人的审美趋势。百雀羚在推广其某款护肤品时，设计了一系列富有创意和视觉冲击力的海报。这些海报不仅展示了产品的特性和功效，还通过精美的设计和独特的元素，成功吸引了消费者的注意力。

海报中融入了传统中国风元素，如水墨画、云纹、金边等，与现代设计手法相结合，形成独特的风格。这种风格既展现了百雀羚作为国货品牌的文化自信，又符合现代年轻人对时尚和个性的追求。海报采用了高饱和度的配色对比，如中国红、金色等，这些色彩不仅具有视觉冲击力，还能激发消费者的购买欲望，同时通过明暗对比和撞色搭配营造一种温馨的氛围。

海报中的产品展示部分通过精心的构图和光影处理，突出了产品的质感和细节，同

43

时结合文案和标语，清晰地传达了产品的特性和功效，使消费者能够一目了然地了解产品信息。海报上的字体样式也是海报设计中的重要元素。百雀羚的海报中采用了排版错落有致、笔势夸张的毛笔字体，这种字体不仅具有艺术美感，还能更好地传达品牌的文化内涵和产品特性。

通过这些精心设计的海报，百雀羚成功地吸引了大量消费者的关注和喜爱。这些海报不仅提升了品牌形象和知名度，还促进了产品的销售并提升了市场占有率。同时，这些海报也成为了传统中国风海报设计的典范之一，为其他国货品牌提供了有益的借鉴和启示。

案例思考：你觉得百雀羚的商品海报对新媒体推广有何作用？

3.1 图片素材的收集与处理

在当今这个视觉主导的信息时代，图片素材的收集与处理已成为创意表达与信息传播中不可或缺的关键环节。无论是广告营销、品牌塑造，还是内容创作、社交媒体运营，高质量的图片素材都是吸引用户注意、传递信息、增强视觉体验的重要载体。

3.1.1 图片素材的使用规范

图片素材的使用规范涉及版权、格式、尺寸、编辑与优化等多个方面。遵守这些规范有助于确保图片的合法使用，增强用户体验，并维护良好的网络生态环境。

1．版权规范

在使用图片素材时，应确保拥有合法使用权。未经授权使用他人图片可能构成侵权，需要承担法律责任。若将图片用于商业目的（如广告、产品宣传、网站内容等），必须获得图片著作权人相应的授权，并支付相应的版权费用。

2．内容审核

在发布前对图片内容进行审核，确保不包含违法、不良或侵权内容。如果内容被拦截或显示违规，应及时申诉或删除。

3．格式规范

了解常见的图像文件格式及其特点，如 JPEG、PNG、WebP、SVG 和 TIFF 等格式，并根据需要选择合适的格式进行转换和存储。例如，网页上的图标和按钮常使用 SVG 格式；商品图片则常使用 JPEG 或 WebP 格式。

4．尺寸规范

根据不同设备和平台的要求调整图片尺寸，如网站 Logo、Banner 海报、产品图等都有不同的推荐尺寸和比例。使用响应式设计的网页应确保图片在不同屏幕尺寸下都能正常显示。

知识链接

在使用图片素材时，创作者还要注意以下事项。

● 遵守平台规定：不同平台和网站可能有特定的图片使用规定和要求，创作者需要仔细阅读并遵守相关规定。

- 备份原始图片：在编辑和压缩图片前备份原始文件，以防需要恢复原始质量或尺寸。
- 标注图片来源：在使用他人图片时，尽量标注图片来源和作者信息，以示尊重并避免潜在的法律纠纷。

3.1.2　图片素材的收集方法

创作者能够有效收集和管理所需的图片素材，可以确保在创作过程中有充足的资源支持。下面介绍一些收集图片素材的方法。

1．确定需求

创作者先要明确具体需求，如图片的主题（如美食、风景、人物等）、风格、尺寸、分辨率等，以确保其适合项目需求。此外，创作者还要确定图片的使用目的，是商用、教育还是个人使用，这将决定图片的来源，以及是否需要遵守特定的版权规定。

2．使用搜索引擎

使用搜索引擎或社交媒体的图片搜索功能，输入关键词即可找到大量的相关图片，然后使用高级搜索选项对搜索结果进行更精确的过滤。例如，按照图片的大小、颜色、类型等进行筛选。在搜索图片时，还可以尝试将关键词翻译成其他语言，以得到更多的图片。

3．使用设计网站

创作者可以通过花瓣、站酷、优设、古田路 9 号等一些专业设计网站或摄影网站查找所需的素材。例如，花瓣网是一个以兴趣为核心的社交分享平台，其"画板"功能可以让创作者能够将各种灵感、素材、旅行计划等内容分门别类地进行整理与展示。创作者不仅可以在该平台上轻松保存和分享自己喜欢的图片、视频等多媒体内容，还能通过浏览他人的"画板"来发现新知、获得灵感，并与志趣相投的朋友互动交流。

4．使用素材网站

有许多素材网站（如昵图网、摄图网、千图网等）能够提供高质量的图片素材，创作者不仅可以搜索到 JPEG 格式的图片，还可以获得各种可编辑的设计源文件，以便二次加工。这些网站的图片一般需要付费下载，创作者可以根据预算和需求选择合适的网站。还有一些无版权图片素材网站（如 Unsplash、Pixabay、Pexels 等），提供免费、无须版权授权即可使用的图片素材。

5．使用采集工具

创作者可以利用第三方资源采集工具获取网页上的图片素材，并批量下载。在采集图片时，务必确保符合相关法律法规和网站规定，避免侵犯他人的知识产权。

6．自己拍摄照片

如果条件允许，创作者可以自己拍摄原创照片，以确保图片的独特性和使用的灵活性。拍摄照片后，可以使用图像处理软件（如 Photoshop、Canva 可画等）进行大小调整、添加效果和创意设计等工作。

7．加入摄影社区

通过加入摄影社区（如 500px 摄影社区、蜂鸟摄影论坛等），创作者可以与其他创作者进行互动，分享和交换图片素材，获取反馈和建议。

创作者一旦收集到高质量的图片，要记得整理好自己的图片库，可以将下载的图片按照主题、用途或项目进行分类存储，也可以使用云存储或外部硬盘进行备份，以确保素材不丢失。此外，创作者还可以使用图片管理软件为每张图片添加标签或分类，以便于后期查找和使用。

3.1.3　图片素材的处理原则

图片素材的处理原则有多个方面，旨在提升图片的质量，满足特定的使用需求，并确保处理过程的合理性。一般情况下，图片素材的处理原则如下。

1．不篡改图片的原始信息

创作者不应对图片的局部区域进行增强、模糊、移动、移除等操作，除非这些操作是为了修正拍摄或扫描过程中的技术性问题，且这种修正不会改变图片的整体信息或误导用户。纪实照片尤其需要保证图片内容的真实性，包括不改变背景、不增加颜色、不制作蒙太奇图片或拼接图片等。

2．适当编辑与处理

创作者可以根据需要裁剪图片，以去除不必要的部分或重新构图。如果图片素材出现倾斜、倒置等问题，应进行合理调整，以满足使用要求。

创作者可以对图片的亮度、对比度和色彩平衡进行调整，以改善图片的呈现效果。避免过度使用滤镜或特效，使图片失真或引发歪曲原图的信息。

3．保持一致性

在一个项目中，创作者应尽量保持图片的风格（如色调、主题、构图等）一致，使整体视觉效果和谐统一，还应保持素材的文件格式和尺寸一致。

4．适应不同的媒体平台

根据图片将要在哪里（如网页、社交媒体平台等）使用，创作者应适当调整图片的尺寸、分辨率和格式，还要注意保持图片的质量和清晰度。

5．避免误导性处理

创作者不得利用图像处理技术制造虚假信息或误导性内容。如果图片经过处理后可能对用户产生误导，应在发布时予以明确说明。

> **素养课堂**
>
> 媒介素养是指人们面对各种媒体信息时的选择能力、理解能力、质疑能力、评估能力、创造和生产能力，以及思辨的反应能力。我们要自觉培养较高的媒介素养，不利用图像处理技术制作虚假信息，并自觉抵制虚假信息的传播，维护信息生态的健康。

3.1.4　图片素材的处理工具

如今，无论是在 PC 端还是在移动端，都涌现了大量的图片素材处理工具，供创作者便捷地编辑与优化图像。随着 AI 技术的蓬勃发展，诸多 AI 驱动的图片处理工具也应运而生，它们利用先进的算法智能地分析并提高图片质量，大大提升了创作者编辑与设计图片的效率。

下面对一些常用的图片素材处理工具进行简单介绍。

1．PC 端专业图片素材处理软件

常用的 PC 端专业图片素材处理软件如下。

（1）Photoshop

Photoshop 是一款功能强大的图片素材处理软件，被广泛应用于专业摄影、设计、广告等领域。它提供了丰富的编辑工具，如图层、蒙版、滤镜等，可以对图片进行精细的调整和修饰。它支持 RAW 格式处理、智能锐化、图片提升采样等功能，具有强大的 3D 编辑和影像分析能力。

（2）Lightroom

Lightroom 专注于摄影后期处理，提供了从导入、组织、编辑到导出的完整工作流程。它支持 RAW 格式处理，并提供了丰富的调整工具和预设。Lightroom 的界面直观易用，适合快速处理大量照片，还支持非破坏性编辑，允许创作者随时返回并调整之前的设置。

（3）GIMP

GIMP（GNU Image Manipulation Program）是一款开源、免费的图片素材处理软件，提供了与 Photoshop 类似的功能集，包括图层、路径、通道、滤镜等。它支持多种插件和脚本扩展，适合需要自定义工作流程的创作者。

2．移动端图片素材处理工具

常用的移动端图片素材处理工具如下。

（1）美图秀秀

美图秀秀是一款广受欢迎的移动端图片素材处理工具，它提供了丰富的滤镜效果、人像美容、拼图等功能。美图秀秀的界面美观、易用，支持一键美颜、磨皮、瘦脸等功能，内置丰富的滤镜和贴纸素材供创作者选择。

（2）醒图

醒图是一款功能强大且操作简便的图片素材处理工具，被广泛应用于移动端设备中。它集成了多种图片编辑功能，包括但不限于图片裁剪、滤镜效果、文字添加、涂鸦绘画、颜色调整、光效调整及高级调整等，为创作者提供了一站式的图片处理解决方案。

（3）天天 P 图

"天天 P 图"是一款集自拍相机、美容美妆、疯狂变脸、魔法抠图等多功能于一体的图片素材处理工具，提供了多样化的编辑工具（如美化图片、自然美妆、疯狂变妆、魔法抠图）、智能美颜工具、丰富的滤镜和特效，以及便捷的自拍相机功能。

3．在线图片设计工具

常用的在线图片设计工具如下。

（1）稿定设计

稿定设计是一款功能强大的多场景商业视觉在线设计平台，它打破了传统设计工具和技术限制，为创作者提供了便捷的设计解决方案。该平台汇集了海量的优质模板素材，覆盖海报、名片、宣传单页、视频等多种设计需求，创作者只需通过简单的拖曳操作即可轻松实现创意设计。

📓 **案例在线**

稿定和花瓣亮相 U 设计周，携手迈入 AI 设计时代

2023 年 6 月 1 日到 6 月 4 日，在阿里巴巴主办的"U 设计周 2023"中，稿定及旗下的国内领先灵感社区花瓣的展位前聚集了大量的观众，这些人被稿定 AI 吸引驻足，并提出了五花八门的问题，被层层包围的展位让稿定和花瓣的工作人员领略到现

场观众对 AIGC 空前高涨的好奇心和关注度。

为期四天的设计盛会，通过 Ucan 设计专业论坛、Usee 设计艺术节、Uwin 设计产业加速器 3 大板块，相关负责人与现场 500 多个品牌、200 多位嘉宾及 200 多位国内外艺术家，深度探讨设计行业当下的问题，展望设计行业的未来走向。

在 AI 浪潮的席卷之下，AIGC 无疑成为本届设计周最热的话题，涉及人工智能、AIGC 等话题，在 30 多个论坛上被频频提及，众多嘉宾对此展开了热烈的讨论。

除了专业嘉宾的观点互动，稿定和花瓣在本次设计周还派出了采访小分队，突击采访了现场观众对于设计及 AI 的看法。有人认为 AI 的出现对设计师是一个不小的打击。有人认为 AI 只是个工具，使用工具的人才是决定最终创作效果的关键。

除了论坛中对于 AIGC 的热烈讨论，在 4 万平方米的展览区中也有很多像稿定和花瓣一样的展商，通过现场 AI 互动体验，让观众更加直观地感受 AI 对设计带来的影响，看到 AI 时代的全新设计范式雏形。

作为本届设计周的深度媒体合作伙伴与战略媒体合作伙伴，稿定和花瓣带来《AI 你的时代》主题展示，让现场观众在寻找灵感、创作及作品优化的过程中感受 AI 带来的助力及变化。

通过花瓣，现场观众可以找到以前创建的画板来查看采集的素材，以寻找灵感，为以后的创作进行积累。有了灵感，现场观众可以借助稿定的 AI 绘画，并给它一段关键词描述或者一个参考图，让它按照现场观众的想法进行创作，只需几秒就能看到一个作品的雏形。很多现场观众直接手绘，将手绘的"灵魂画作"上传作为参考图，利用稿定 AI 进行创作，也许一次就可以生成令人惊叹的作品，也可以不断地优化描述，直到生成满意的作品。

（2）创客贴

创客贴是一款多平台极简图形编辑和平面设计工具，通过提供智能设计工具、AI 智能创意组件，以及丰富的图片、字体、模板等设计元素，让创作者能够轻松地制作出各类设计作品。

（3）Canva 可画

Canva 可画是一款简单易用的在线设计平台，它提供了丰富的模板、图片、字体和设计元素，让创作者无须专业设计技能也能快速创建出美观的图形和图像。Canva 可画支持图片编辑、海报设计、演示文稿制作、社交媒体图形设计等多种功能，创作者可以通过拖曳的方式轻松完成设计工作，同时它还提供了大量的预设模板和自定义选项，以满足创作者的个性化需求。

4．AI 图像处理工具

（1）文心一格

文心一格是百度依托飞桨和文心大模型的技术创新推出的 AI 艺术和创意辅助平台。该平台主要面向有设计需求和创意的人群，基于文心大模型智能生成多样化的 AI 创意图片，旨在辅助创意设计，打破创意瓶颈。创作者只需输入一句话或简单描述，文心一格就能自动从视觉、质感、风格、构图等角度智能补充，生成精美的图片。同时，它还支持二次编辑、图片叠加、可控生成等功能，以满足创作者多样化的创作需求。

（2）通义万相

通义万相是阿里云通义系列推出的 AI 绘画创作大模型，它基于自研的 Composer 组合生成模型，提供了一系列图像生成能力。该模型能够根据创作者输入的文字内容，生成符合语义描述的不同风格的图像，如水彩、扁平插画、二次元、油画、中国画、3D 卡通和素描等；同时，它也能根据创作者上传的图像生成相似或不同用途的图像，并支持图像风格迁移功能。

（3）Midjourney

Midjourney 是一款功能强大的基于 AI 技术的图像生成工具，它能通过解析创作者输入的文本描述，快速生成与之相匹配的高分辨率、富有创意和想象力的图像作品。Midjourney 以其独特的算法和出色的图像生成能力，在文字生成图片领域脱颖而出，成为众多艺术家、设计师和创意工作者探索新灵感、创作独特视觉内容的得力助手。

（4）豆包

豆包是一款集成了先进 AI 技术的智能助手，它在图像生成方面展现出了强大的能力，能够通过文字描述或图片上传智能生成各种风格的图像，包括人像摄影、风景、动漫、3D、赛博朋克、油画、水彩画、平面插画、儿童绘画、像素风格、彩铅画、水墨画、油墨印刷等风格。这一功能基于强大的图像识别、自然语言处理和生成算法，为创作者提供了丰富多样的视觉体验。

（5）美图设计室

美图设计室作为美图公司精心打造的工作场景智能设计服务平台，聚焦于"AI 商品设计"与"AI 平面设计"两大核心领域，创新性地推出了 AI 商品图、AI 海报、AI 换装、AI 消除、AI 扩图、无损放大等一系列前沿功能，精准对接并满足了各类创作者的个性化影像创作需求。

（6）稿定 AI

稿定 AI 是一款基于 AI 技术的图像生成与创作工具，它集成了先进的 AI 图像合成算法，能根据创作者输入的文本描述和所选风格，自动生成符合要求的图像。这款工具主要面向设计师、营销人员及广大创意工作者，旨在通过 AI 技术简化设计流程，提升创作效率。目前，稿定 AI 拥有 AI 设计、AI 绘图、AI 素材、AI 文案、AI 智能扩图、AI 智能消除、AI 变清晰等功能。

（7）Canva 可画魔力工作室

Canva 可画魔力工作室是一款功能强大的一站式 AI 创作工具，专为提升设计和创作效率而设计。该工具集成了基于 AI 技术的文案生成、图片生成、花字特效生成、图片编辑及转场动画设计生成等多种功能，让创作者仅需输入简单的文字描述，即可快速生成风格多样的图片插画、引人入胜的演示文稿及符合品牌调性的文案。此外，Canva 可画魔力工作室还提供了"魔力橡皮擦""魔力抓取"等便捷的图片编辑工具，以及"魔力动效"等增强演示文稿动态效果的功能。

3.2 新媒体图片制作与 AI 制图

在新媒体时代，AI 技术的快速发展为图片制作带来了全新的可能性，这也使得人们的图片制作水平越来越高，同时。AI 制图作为一种创新的制图方式，正在逐渐改变传统图片制作的方式和流程，为创作者带来更高效、更个性化的设计体验。

3.2.1 封面图的制作

封面图是在各种新媒体平台上用于吸引用户注意力并引导用户点击浏览的图片。这

49

些图片通常位于内容的开头或顶部，作为内容的视觉引导，帮助用户快速了解内容主题，并决定是否继续阅读或观看。

封面图需要与所展示的内容紧密相关，能够准确地传达内容的主题和亮点。这样用户在看到封面图时，就能对内容有一个大致的了解，从而提高点击率。

📋 **案例在线**

使用稿定设计的"AI 设计"功能制作微信公众号封面图

下面使用稿定设计的"AI 设计"功能制作一张微信公众号（简称公众号）封面图，方法如下。

（1）打开稿定设计网站并登录账号，单击页面左侧的"稿定 AI"按钮，在页面右侧选择"公众号首图"选项，如图 3-1 所示。

慕课视频

使用稿定设计的"AI 设计"功能制作微信公众号封面图

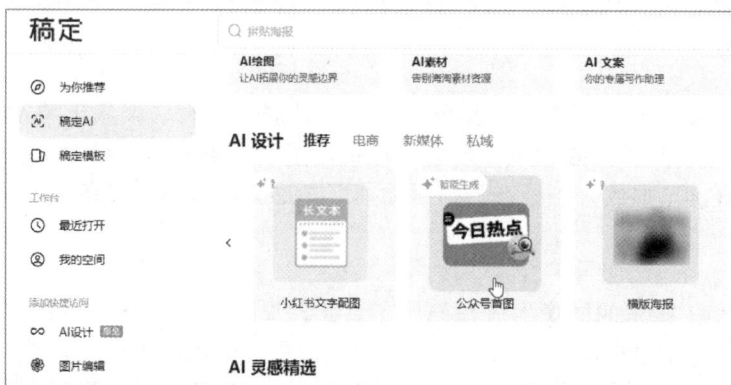

图 3-1　选择"公众号首图"选项

（2）进入"公众号首图"页面，在"主标题"文本框中根据需要输入封面主题，在此输入"夏日出游"，然后单击"开始生成"按钮，如图 3-2 所示。

图 3-2　输入封面主题

（3）此时，AI 会自动生成主副标题文本。若对当前结果不满意，可以连续单击"生成更多"按钮，以生成更多文本。选择合适的标题，单击"生成设计"按钮，如图 3-3 所示。

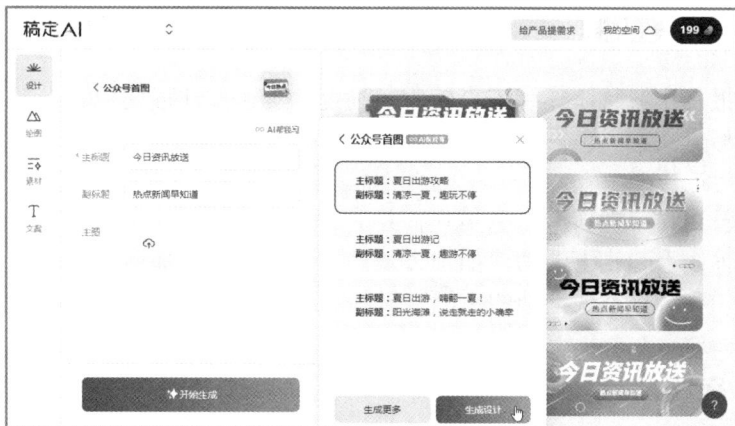

图 3-3　单击"生成设计"按钮

（4）在页面右侧选择合适的封面图模板，然后单击"编辑"按钮，如图 3-4 所示。若对当前模板不满意，可以单击页面下方的"换一批结果"按钮。

图 3-4　单击"编辑"按钮

（5）进入"编辑"页面，根据需要修改文本内容，调整各素材的位置和大小，如图 3-5 所示，然后单击"下载"按钮，即可下载制作完成的公众号封面图。

图 3-5　修改文本和调整素材

3.2.2　海报的制作

新媒体海报是在新媒体环境下兴起的一种视觉传达设计形式，它借助新媒体的特性和技术，将图形、文字、色彩等元素组合起来，以创新的方式和手段传达信息、吸引用户的注意力并促进传播。

为了招揽新用户、重新激活老用户，并促进产品和服务的销售，新媒体运营人员通常需要策划各种线上和线下活动，如预告新品上市、举办直播活动等。在这些活动的预热宣传海报中，要着重呈现活动的主题、时间、地点、目标用户及活动所带来的价值。

案例在线

使用稿定设计的"AI 设计"功能制作新品上市海报

下面使用稿定设计的"AI 设计"功能制作一张新品上市海报，方法如下。

（1）打开稿定设计网站并登录账号，单击页面左侧的"稿定 AI"按钮，在页面右侧选择"竖版电商海报"选项，如图 3-6 所示。

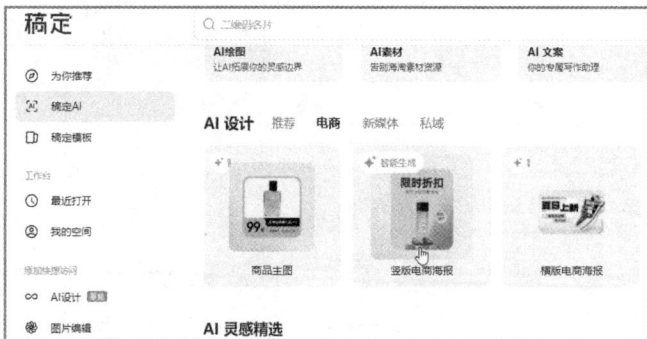

图 3-6　选择"竖版电商海报"选项

慕课视频

使用稿定设计的"AI 设计"功能制作新品上市海报

（2）进入"竖版电商海报"页面，输入海报主标题、副标题并上传"电饭煲"素材，单击"开始生成"按钮，在页面右侧选择需要的模板，单击"编辑"按钮，如图 3-7 所示。

图 3-7　选择海报模板

（3）进入"编辑"页面，调整各素材的位置和大小，然后单击"调色"按钮，如图 3-8 所示。在"调色"面板中拖动滑块调整"亮度"和"对比度"参数，然后单击

"下载"按钮，即可完成新品上市海报的制作，如图3-9所示。

图 3-8　单击"调色"按钮　　　　图 3-9　调整"亮度"和"对比度"参数

3.2.3　商品展示图的制作

传统的商品展示图拍摄需要摄影师、模特、化妆师等多种人员相互配合，成本比较高昂。而使用 AI 制作商品展示图则大大降低了这些成本，使商家能够以很低的成本制作出高质量的商品展示图。

📒 案例在线

使用美图设计室的"AI 商品图"功能制作商品展示图

美图设计室中的"AI 商品图"功能提供了大量的场景模板供创作者选择，包括不同的室内、室外环境，以及节日、促销等特定主题的场景。下面使用该功能将商品图片与所选场景进行融合，快速生成具有吸引力的商品展示图，方法如下。

（1）打开美图设计室网站并登录账号，单击"AI 商拍"分类下的"AI 商品图"按钮，如图 3-10 所示。进入"商品图"页面，在页面左侧设置画面比例为"2∶3"，如图 3-11 所示。

> 慕课视频
>
> 使用美图设计室的"AI 商品图"功能制作商品展示图

图 3-10　单击"AI 商品图"按钮　　　　图 3-11　设置画面比例

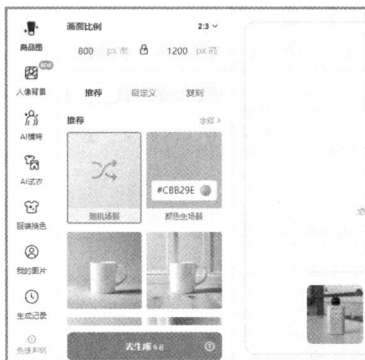

（2）上传"香水"素材，AI 会自动识别并精准地抠出商品主体，然后根据商品

类型自动生成与之匹配的场景图。在页面左侧选择合适的场景，在画布中调整商品图的大小和位置，如图 3-12 所示，然后单击"去生成"按钮。

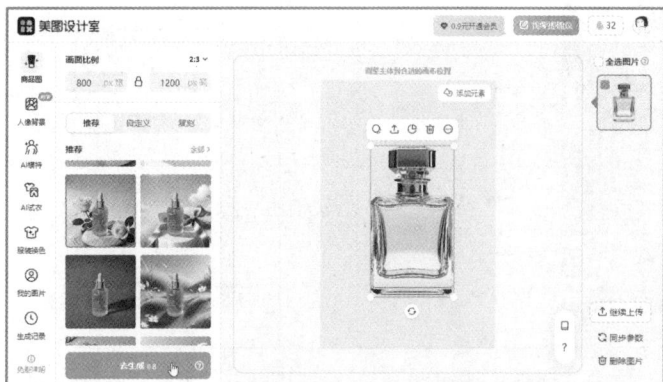

图 3-12　选择场景

（3）选择合适的商品展示图，单击"下载"按钮下载图片，如图 3-13 所示。此时，商品展示图中的商品与场景完美融合，光影与投影细腻地呈现，营造出逼真的氛围感，效果如图 3-14 所示。

图 3-13　下载商品展示图

图 3-14　商品展示图效果

3.2.4　信息长图的制作

新媒体信息长图是通过设计手段将大量信息（包括文字、图片、图表等）整合在一张长幅图片中，以直观、生动的方式给用户呈现信息。信息长图的表现形式多样，包括静态长图、动态长图、手绘长图、场景式长图等，能够满足不同场景下的信息传播需求。

案例在线

使用通义万相和 Photoshop 制作信息长图

下面使用通义万相的"艺术字"功能和 Photoshop 软件制作一张以"植树节"为主题的信息长图，方法如下。

（1）打开通义万相网站，在页面上方选择"艺术字"选项，如图 3-15 所示。

（2）进入"艺术字"页面，在文本框中输入所需的文字和提示词，设置图片比例为"16：9"、图片背景为"透明背景"，然后单击"生成创意艺术字"按钮，如图 3-16所示。

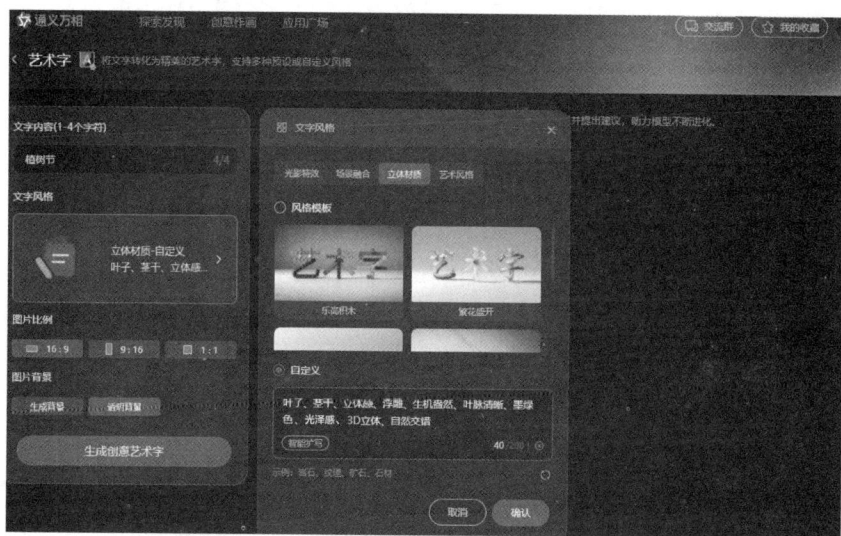

图 3-16 设置艺术字

（3）选择需要的艺术字，单击页面下方的"下载 AI 生成结果"按钮，下载艺术字，如图 3-17 所示。

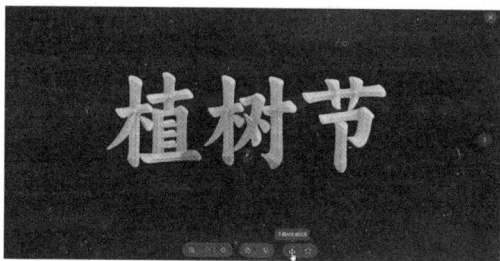

图 3-17 下载艺术字

（4）运行 Photoshop CC 2020，打开"背景"素材文件，将"植树节"艺术字拖入图像窗口中，如图 3-18 所示。选择圆角矩形工具，绘制一个圆角矩形作为副标题边框，选择横排文字工具T输入文案，打开"字符"面板，设置文字的各项参数，如图 3-19 所示。

图 3-18　打开素材文件

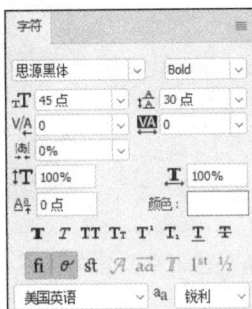

图 3-19　绘制圆角矩形并输入文案

（5）选择圆角矩形工具□，绘制 3 个圆角矩形，在"属性"面板中设置各项参数，其中填充颜色为 RGB（71、149、50）、RGB（222、237、219）和白色，如图 3-20 所示。

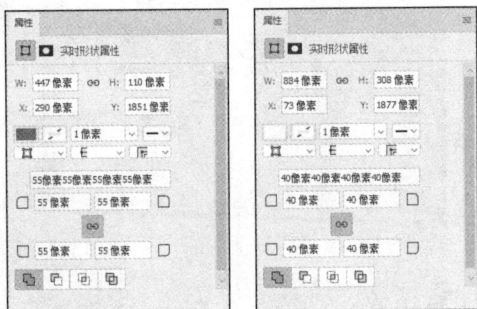

图 3-20　绘制圆角矩形

（6）双击"圆角矩形 2"图层，在弹出的"图层样式"对话框中设置各项参数，为圆角矩形添加"投影"效果，其中设置投影颜色为 RGB（85、159、70），如图 3-21 所示。

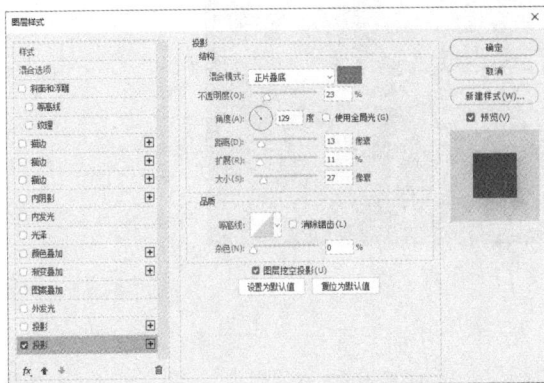

图 3-21　为圆角矩形添加图层样式

（7）选择横排文字工具T，输入活动文案。打开"字符"面板，设置文字的各项参数，其中文本颜色为 RGB（33，33，33）和白色，如图 3-22 所示。

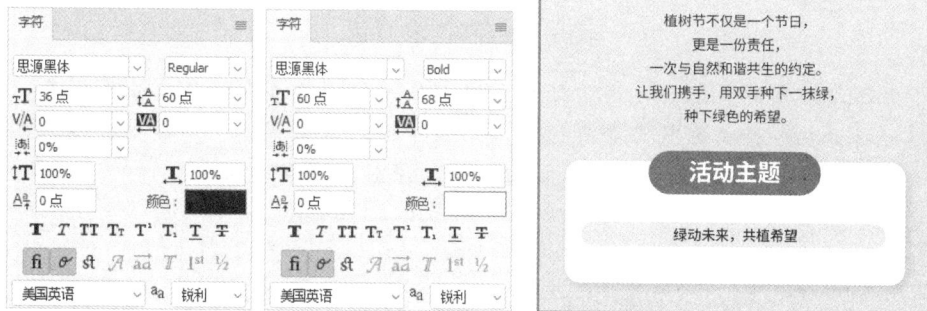

图 3-22 输入活动文案

（8）采用同样的方法，继续绘制圆角矩形并输入文案，即可完成信息长图的制作，最终效果如图 3-23 所示。

图 3-23 信息长图的最终效果

3.2.5 表情包的制作

表情包是一种利用图片来表达感情的方式，它已成为互联网文化的重要组成部分，并在各种社交媒体平台上广泛应用。

表情包分为字符式、图标式和图片式三类，字符式如颜文字，利用计算机字符编排组合成表情；图标式是指图像字符；图片式则包括插画、动漫、真人等类型。

📋 **案例在线**

使用豆包制作表情包

下面围绕"熊猫"这一主题，使用豆包制作一组图片式表情包，方法如下。

（1）打开豆包网页并登录账号，在对话框中输入需求描述"请提供一些熊猫表情包的创意想法"，然后单击"发送"按钮⬆，如图 3-24 所示。

慕课视频

使用豆包制作
表情包

图 3-24　输入需求描述

（2）在 AI 生成的多个主题中选择最符合设想的一个主题，在此选择"表情主题"，在对话框中输入"请将'表情主题'中的内容生成 9 个表情包描述词"，然后单击"发送"按钮⬆，如图 3-25 所示。

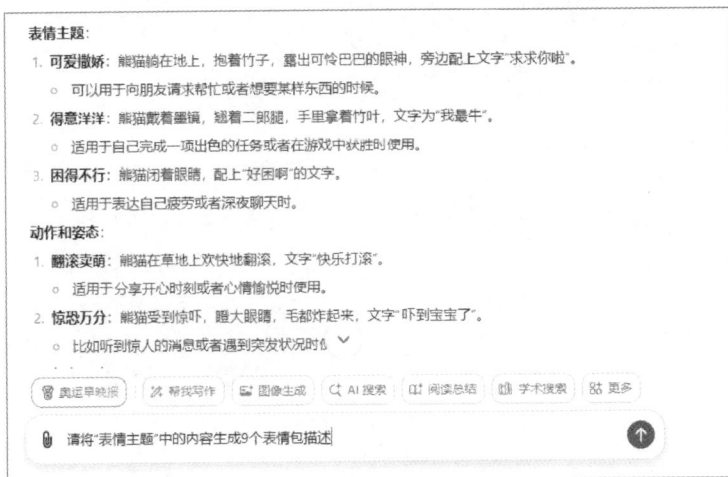

图 3-25　AI 生成的表情包主题

（3）根据需要在对话框中输入生成图片提示词，在此输入"请将以上文字生成一个系列的熊猫表情包，各种姿势和各种可爱表情，白色背景，Q 版，风格为二次元"，然后单击"发送"按钮⬆，如图 3-26 所示。

7. **傲娇扭头**：熊猫扭过头，双手抱在胸前，文字"哼，不理你"。
   ○ 适用于和朋友闹小别扭或者假装生气时使用。
8. **疑惑不解**：熊猫皱着眉头，挠着头，文字"这是啥意思"。
   ○ 碰到不明白的事情或者听到难以理解的话时使用。
9. **无奈叹气**：熊猫瘫坐在地上，双手垂着，叹着气，文字"没办法啦"。
   ○ 面对无法改变的状况或者感到无奈时使用。

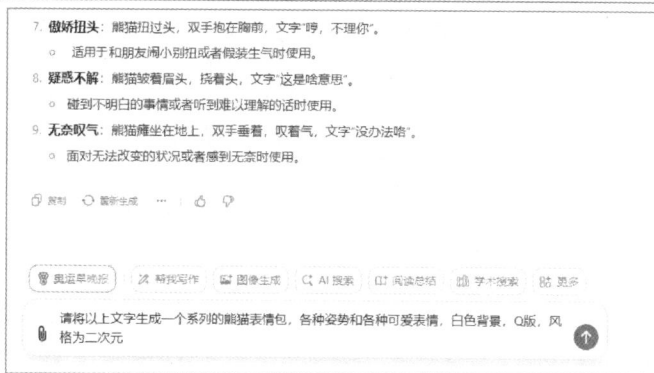

图 3-26　输入生成图片提示词

（4）在 AI 生成的 4 组表情包中选择最合适的一组，单击"下载原图"按钮 ⬇ 下载图片，如图 3-27 所示。

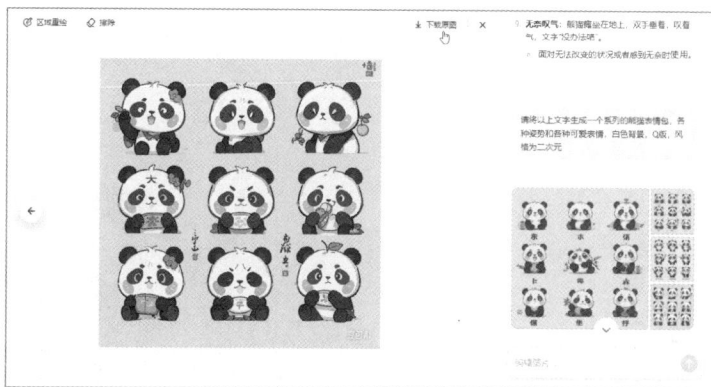

图 3-27　单击"下载原图"按钮

（5）打开"百度 AI 图片助手"网页，上传表情包素材，单击"涂抹消除"按钮 ✎，调整画笔的大小，在有瑕疵的区域进行涂抹，然后单击"立即生成"按钮，如图 3-28 所示。

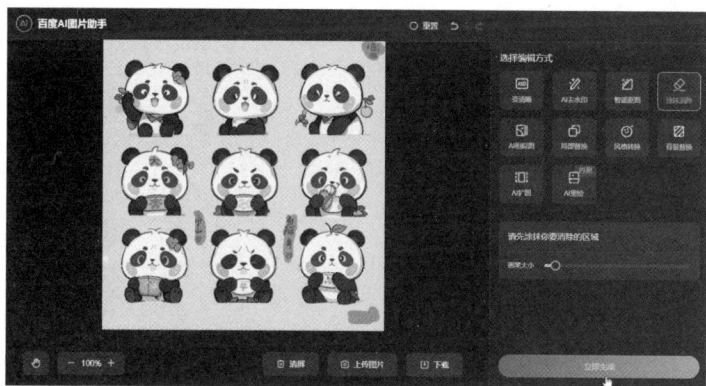

图 3-28　单击"涂抹消除"按钮

（6）在页面右侧单击"变清晰"按钮 ▥ 将图片变清晰，单击"智能抠图"按钮 ▨ 一键抠图，然后单击"下载"按钮下载图片，如图 3-29 所示。

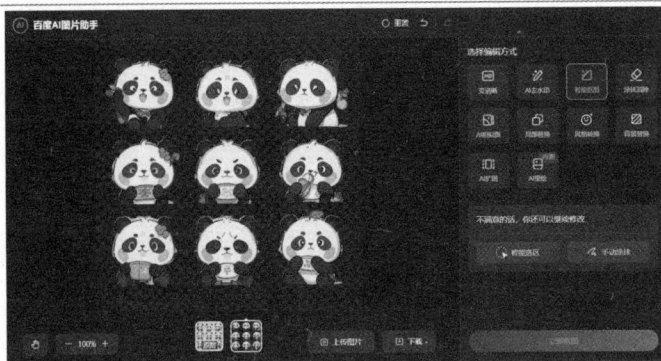

图 3-29　将图片变清晰并抠图

（7）运行 Photoshop CC 2020，单击"文件"|"新建"命令，在弹出的"新建文档"对话框中设置各项参数，然后单击"创建"按钮，如图 3-30 所示。打开表情包素材文件，将其拖入新建的图像窗口中，按【Ctrl+T】组合键调出变换框，调整图像的大小和位置，如图 3-31 所示。

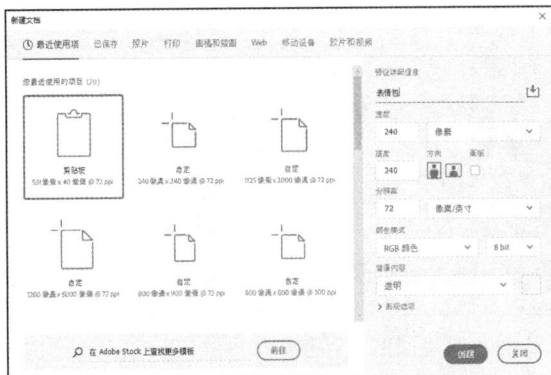

图 3-30　"新建文档"对话框

图 3-31　调整图像的大小和位置

（8）将每个表情包单独保存为 PNG 格式，打开微信表情开放平台网页，注册并登录后，单击"提交作品"按钮，如图 3-32 所示，等待审核通过后，即可拥有专属微信表情包。

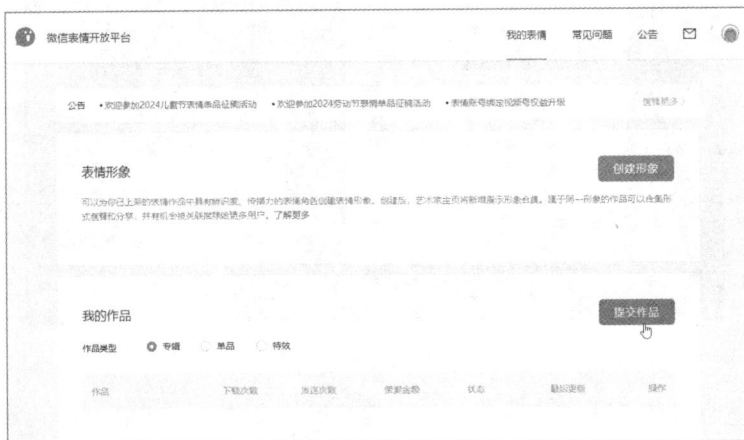

图 3-32　单击"提交作品"按钮

3.2.6 动态图的制作

在新媒体平台上，动态图（即 GIF）被广泛应用于文章配图、标题图、引导关注等场景，它们能够提升文章的视觉效果和阅读体验，吸引用户的注意力并延长停留时间。例如，在公众号文章的开头或结尾使用动态图作为引导关注的元素，或者在公众号文章中使用动态图来展示相关的数据统计、图表等信息。

📓 案例在线

使用通义万相和美图秀秀制作动态图

下面使用通义万相和美图秀秀制作一张公众号文章中引导关注的动态图，方法如下。

（1）打开通义万相网站，在页面的左侧单击"文字作画"按钮 ，进入"文字作画"页面，选择"万相 1.0 通用"选项，在文本框中输入提示词，单击 按钮，然后选择"涂鸦"和"Q 版"选项，然后单击"生成画作"按钮，如图 3-33 所示。

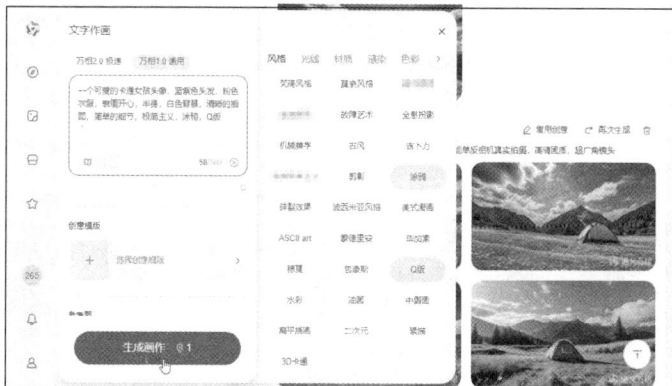

慕课视频

使用通义万相和美图秀秀制作动态图

图 3-33　选择"涂鸦"和"Q 版"选项

（2）选择合适的图片，在弹出的页面下方单击"局部重绘"按钮 ，如图 3-34 所示。

图 3-34　单击"局部重绘"按钮

（3）使用画笔在人物嘴巴部分进行涂抹，然后在对话框中修改提示词，在此输入"微笑"，单击"重绘画作"按钮，如图 3-35 所示。

图 3-35　单击"重绘画作"按钮

（4）此时，AI 生成的人物主体保持不变，仅对局部的特定区域进行了重绘。选择合适的图片，单击"下载"按钮下载图片，如图 3-36 所示。

图 3-36　单击"下载"按钮

（5）启动美图秀秀，在工具列表中单击"GIF 制作"按钮，如图 3-37 所示。

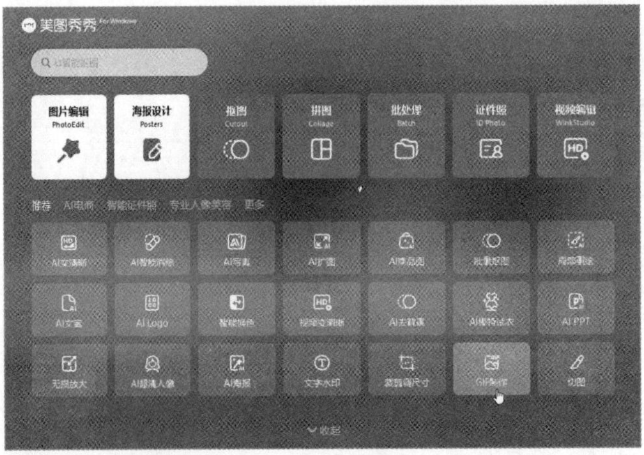

图 3-37　单击"GIF 制作"按钮

（6）进入"GIF 制作"页面，上传生成的图片素材，在页面右侧对画布的尺寸进行设置，然后根据需要调整播放速度，如图 3-38 所示。

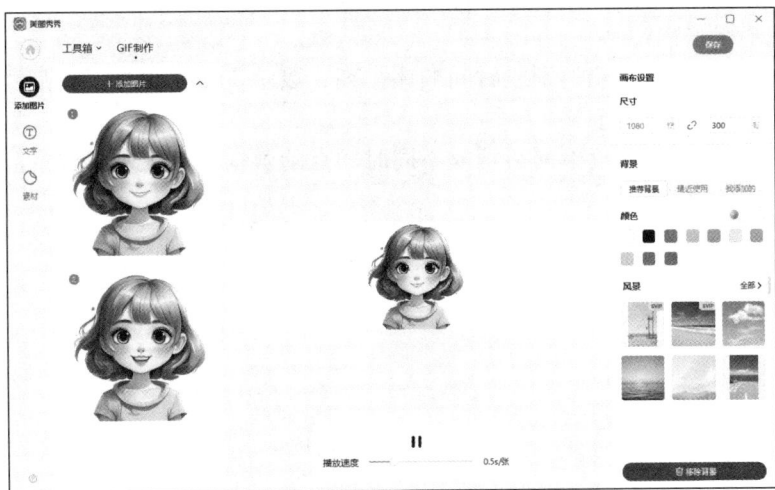

图 3-38　设置 GIF 的参数

（7）添加所需的文字和装饰素材，如图 3-39 所示，单击"保存"按钮，即可导出GIF 动态图。

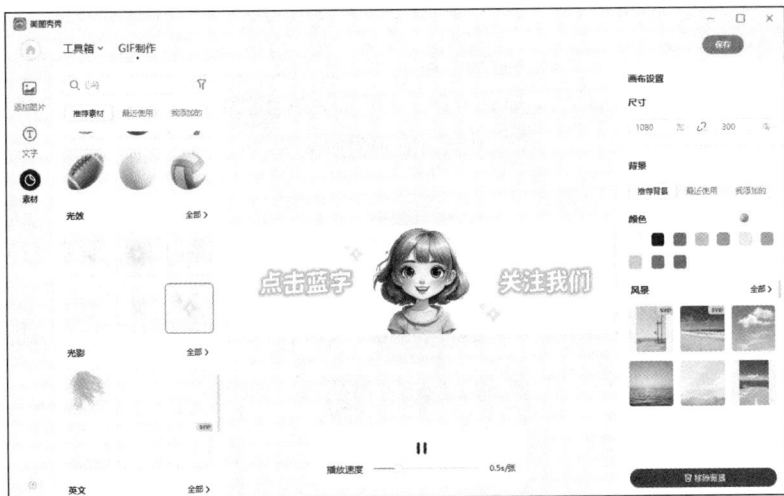

图 3-39　添加文字和装饰素材

3.3　新媒体数据图表的制作

数据图表是数据分析与展示的重要工具，它们将复杂的数据信息转化为直观、易懂、具有视觉吸引力的图表形式，以便于在社交媒体、网站、移动应用等平台上快速传播数据信息。下面将介绍数据图表的类型及应用场景、数据图表的制作步骤，以及 AI图表制作工具。

3.3.1　数据图表的类型及应用场景

下面对常见的数据图表的类型及应用场景进行简单介绍。

1．柱形图/条形图

类型描述：将数据按照类别或时间顺序排列，以垂直或水平柱子的形式展现数据的相对大小，如图 3-40 所示。

应用场景：适用于比较不同类别或不同时间点的数据，如比较不同产品的销售额、不同年份的 GDP 增长等。

2014～2024年（截至6月）ScienceDirect数据库中
AI+教育相关文献数量

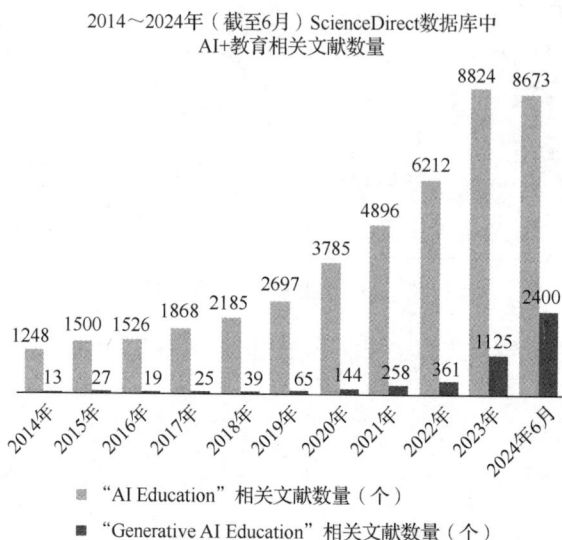

"AI Education" 相关文献数量（个）

"Generative AI Education" 相关文献数量（个）

图 3-40　柱形图

2．折线图

类型描述：将数据点以线段的形式连接起来，展示数据随时间或其他连续变量的变化情况，如图 3-41 所示。

应用场景：用于显示数据的变化趋势，如股票价格波动、气温变化、销售额变化等。

2018～2023年人均消费支出占人均可支配
收入的比例

人均消费支出占人均可支配收入的比例（%）

图 3-41　折线图

3．饼图

类型描述：将数据按照一定比例分成若干扇形部分，以标注颜色的方式区分不同的类别，如图3-42所示。

应用场景：用于表示数据的占比和分布情况，如展示某个城市各行业的就业比例、公司各部门的预算分配等。

4．箱形图

类型描述：将数据分布情况以箱子的形式展现出来，包括数据的最大值、最小值、中位数、四分位数等，如图3-43所示。

应用场景：用于表示数据的离散程度和异常值情况，有助于人们了解数据的分布情况。

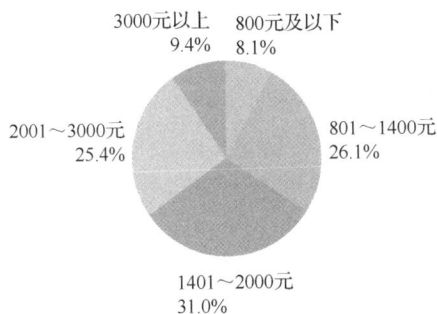

图 3-42　饼图

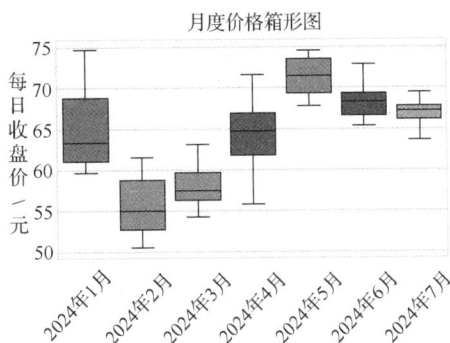

图 3-43　箱形图

5．漏斗图

类型描述：将数据按照漏斗的形式进行排列，展示各环节的转化率和流失率，如图3-44所示。

应用场景：适用于业务流程或转化率的分析，如网站的用户注册流程、销售漏斗等。

图 3-44　漏斗图

6．旭日图

类型描述：将数据按照层级和分类方式进行展示，以父子节点的形式将数据的层级关系表达出来，如图3-45所示。

应用场景：用于显示数据的树形结构和多维度关系，如组织结构图、产品分类等。

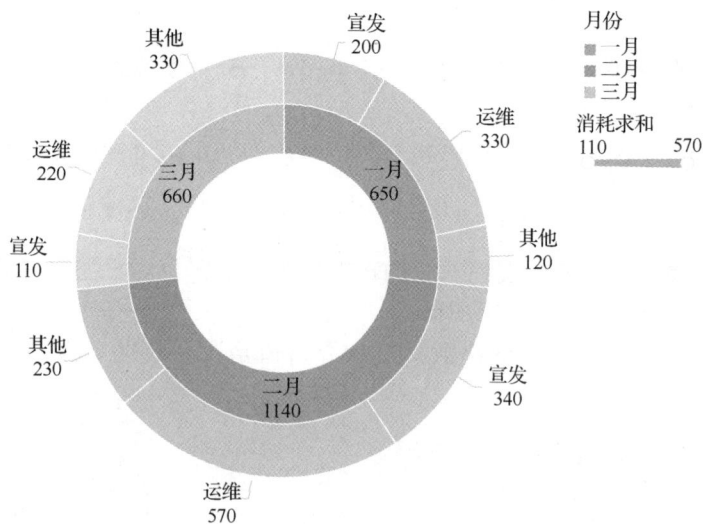

图 3-45　旭日图

7．雷达图

类型描述：适用于多维数据（四维以上），且每个维度必须可以排序，如图 3-46 所示。

应用场景：用于比较多个对象在不同维度上的表现，如评估不同产品的性能指标。

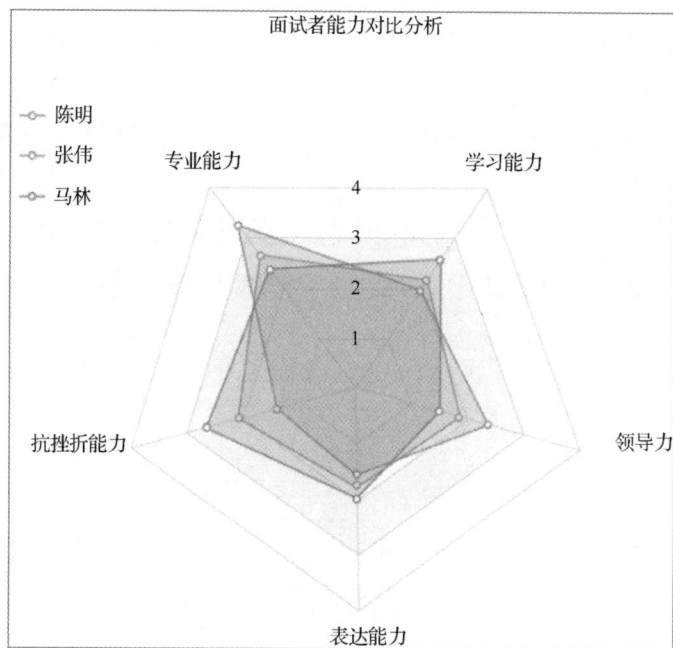

图 3-46　雷达图

8．词云图

类型描述：显示词频，通过字体大小表示词语的重要性，如图 3-47 所示。

应用场景：用于构建用户画像、创建用户标签、分析用户情绪、分析社交媒体上的热门话题。

图 3-47　词云图

9．散点图

类型描述：显示若干数据系列中各数值之间的关系，进而判断两个或多个变量之间是否存在某种关联，如图 3-48 所示。

应用场景：用于探索两个或多个变量之间的关系，如分析广告投入与销售额之间的关系。

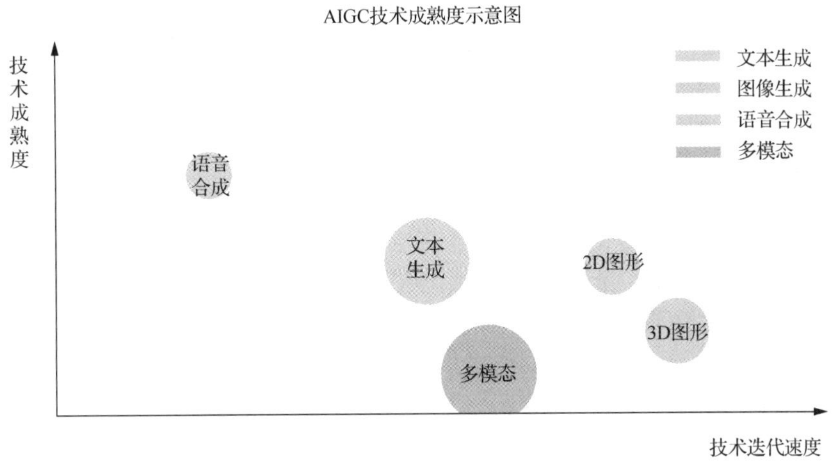

图 3-48　散点图

3.3.2　数据图表的制作步骤

创作者通常要按照以下步骤来制作数据图表，以确保图表的准确性、可读性与有效性。

1．确定目的

明确图表要传达的信息和目的，如展示趋势、比较数据，或者显示各组成部分的比例。

2．整理数据

将需要展示的数据整理成表格或列表的形式，确保数据的准确性和完整性。根据需要对数据进行预处理，如排序、筛选、计算等，以便更好地展示在图表中。

3．选择合适的图表类型

识别需要展示的数据类型，如数量、比例、时间序列等。根据数据类型和目的，选择最适合的图表类型，如柱形图、折线图、饼图、雷达图、词云图、散点图等。

4．选择绘制图表的工具

选择合适的工具来绘制图表，如 WPS 表格、Excel、Python、Tableau、Power BI 等，将整理好的数据导入所选工具中。

5．绘制图表

根据所选的工具，选择合适的图表类型并插入数据。根据需要设置图表的布局、颜色、字体、标签等，确保图表的美观性和易读性。特别要注意图表的标题、坐标轴标签和数据标签，它们对于理解图表至关重要。

6．检查和优化

仔细检查图表中的数据，确保没有错误或遗漏。根据需要调整图表的细节，如颜色搭配、字体大小和图表布局等，确保图表在视觉上清晰、易读。

7．导出和分享

将图表导出为合适的格式（如 PNG、JPEG、PDF 等），以便在报告、演示文稿或网页中使用。如果是使用在线工具，可以直接分享链接，或者将导出的文件以电子邮件或社交媒体分享的方式进行分发。

3.3.3　AI 图表制作工具

AI 图表制作工具是利用人工智能技术进行图表生成和数据可视化的软件，它们能够大大缩短数据分析和报告制作的过程。下面简要介绍一些常见的 AI 图表制作工具（部分工具是在原有功能基础上融入 AI 技术，在此也一并归类为 AI 图表制作工具）。

1．WPS 表格

WPS 表格是一款功能强大、操作简便的电子表格软件，它集成了数据处理、分析、可视化等多种功能，支持复杂的表格设计、数据公式计算、图表生成及丰富的数据透视分析。利用 WPS 的 AI 功能，无须记住函数和各种操作技巧，只需要发出命令，通过聊天描述想要的效果就能够进行表格操作。无论是销售报告、市场研究还是用户行为分析报告，WPS AI 都可以帮助创作者快速生成数据图表及分析结果。

2．Tableau

Tableau 是数据可视化领域的领军者，以其强大的数据处理能力和丰富的图表类型而闻名。Tableau 具有简洁的操作界面，创作者可以通过拖曳操作轻松完成数据可视化任务，无须编程基础即可上手，支持复杂的数据分析和展示，还提供了丰富的图表类型和交互功能。Tableau 的 AI 功能（如 Tableau Pulse 和 Einstein Copilot for Tableau）不仅能够降低 Tableau 的入门难度，还能在数据准备到可视化分析的过程中辅助创作者提高工作效率。

3．Power BI

Power BI 是微软推出的一款强大的数据可视化和商业分析工具。它与 Excel 无缝集成，支持自动化报告生成和实时数据更新，支持多种交互式图表类型，适合企业员工进行数据分析和决策支持。Power BI 的 Q&A 视觉对象是一款基于自然语言处理（Natural Language Processing，NLP）技术的交互式可视化组件，允许创作者通过提问和回答的方式进行数据探索，从而加快数据分析流程，提高生成数据分析报告的效率。

4．镝数图表

镝数图表是国内一款专业的数据可视化图表制作工具，支持在线编辑和多种图表类型。它操作简单，提供了 100 多款可视化图表模板，支持多种文件格式导出，适用于多种使用场景。镝数图表搭载 AIGC 引擎，创作者只需输入数据即可一键生成图表。与此同时，镝数图表可以提供基于图表数据的解读、总结、维度解释，更高效地输出图表和文本，并快速生成报告，也可以让 AI 进行数据分析，洞察数据的关系与特征。

5. FineBI

FineBI 是国内知名的 BI 数据分析平台，支持零门槛制作各种专业数据可视化图表和可视化大屏，包括 3D 模型、可视化地图等。它提供了丰富的图表类型和自定义选项，适合需要高级数据可视化展示的创作者。它推出的 FineAI 助手，支持智能数据编辑、智能生成公式、智能生成图表、智能美化、智能解读等功能，能够帮助创作者简化工作流程，降低技术门槛并减少机械和重复性的任务，从而提升数据分析的效率。

6. 酷表 ChatExcel

酷表 ChatExcel 是一款通过聊天来操作 Excel 表格的 AI 工具。创作者可以通过文字聊天的方式，直接对 Excel 表格进行操作，无须手动编写复杂的函数或设置公式，使不具备 Excel 操作技能的创作者也能轻松地进行数据处理和分析。

创作者只需输入需求，酷表 ChatExcel 便能自动识别并设置相应的 Excel 公式，完成数据处理任务，还可以通过聊天对表格中的数据进行查询、修改等操作。酷表 ChatExcel 支持持续交互，创作者可以根据需求不断调整和优化输出结果。ChatExcel 还支持快速生成各种数据报告和图表，以满足不同行业和场景的需求。

7. 办公小浣熊

办公小浣熊是一款由商汤科技基于其"日日新 SenseNova4.0"大模型能力推出的 AI 图表制作工具，旨在通过 NLP 技术，自动完成数据清洗、运算和可视化等全流程操作。创作者可以通过自然语言输入来描述他们的数据分析需求，办公小浣熊能够理解并执行这些需求，自动将数据转化为有意义的分析结果和可视化图表。

8. 轻云图

轻云图是必优科技推出的一款 AI 工具，它通过分析创作者输入的文本，快速识别并提取关键词，自动生成直观的 2D 或 3D 可视化云图，以展示文本中的关键信息和主题。创作者可以轻松导出云图为图片或视频，以便于在各种场合下使用和分享。

9. Ajelix

Ajelix 是一款搭载了 AI 技术的数据图表工具，具有自动生成数据处理公式、生成 VBA 脚本、翻译 Excel 文件和多人实时协作等功能。Ajelix 简化了 Excel 表格的操作难度，可以大幅提高创作者的工作效率。

10. ECharts

ECharts 是一个使用 JavaScript 实现的开源可视化库，可以在 PC 设备和移动设备上运行，兼容当前绝大多数的浏览器，提供直观、交互丰富、可高度个性化定制的数据可视化图表。

案例在线

使用办公小浣熊制作数据图表

下面将使用 AI 图表制作工具办公小浣熊来制作数据图表，方法如下。

（1）打开"办公小浣熊"网站，在页面上方选择"办公小浣熊"选项卡，在左侧选择"选择本地文件"选项卡，如图 3-49 所示。

慕课视频

使用办公小浣熊制作数据图表

图 3-49　选择"选择本地文件"选项卡

（2）在弹出的对话框中选择本地文件，在此上传"访客时段分布"Excel 表格文件。上传完成后，在右侧选择"文件预览"选项卡可以预览表格数据，这些数据展示了某网店在 8 月 1 日到 8 月 29 日每天不同时段的访客数，如图 3-50 所示。

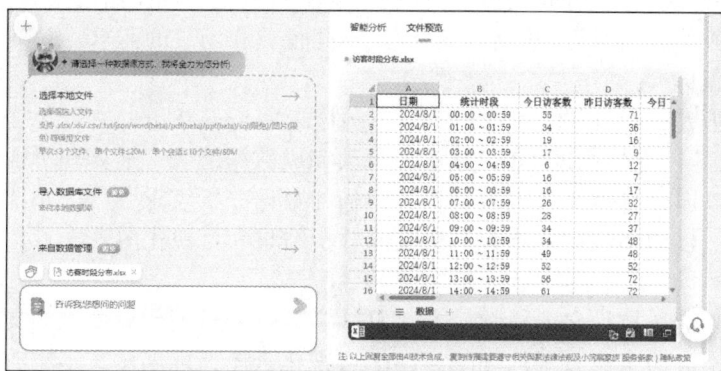

图 3-50　预览表格数据

（3）在左下方的文本框中输入要问的问题，在此输入"使用图表分析各统计时段的平均今日访客数，最大的 5 个统计时段的柱子填充为红色，只对最大的 5 个统计时段添加数据标签，显示网格线"，并按【Enter】键确认，在对话框左侧将显示分析过程，在右侧将显示分析结果，如图 3-51 所示。

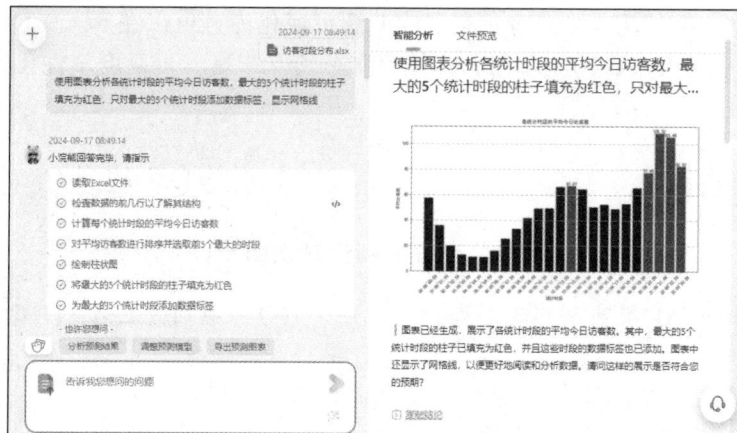

图 3-51　分析各统计时段的平均今日访客数

（4）根据需要继续提出不同的问题，让办公小浣熊进行分析。在此输入"使用折线图分析每天的今日访客数的总量，告诉我增长率最高的是哪三天"，分析结果如图 3-52 所示。

（5）输入"使用折线图分析每天的今日访客数的增长率情况，只对增长率最高的三天添加数据标签"，分析结果如图 3-53 所示。

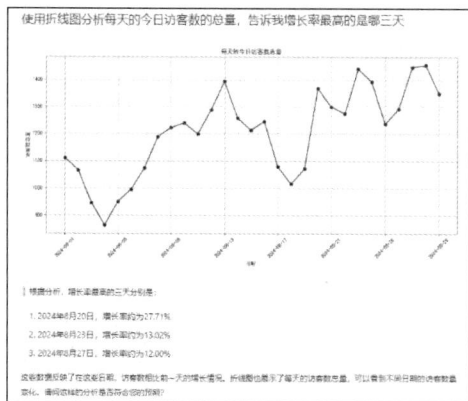

图 3-52　分析每天的今日访客数总量

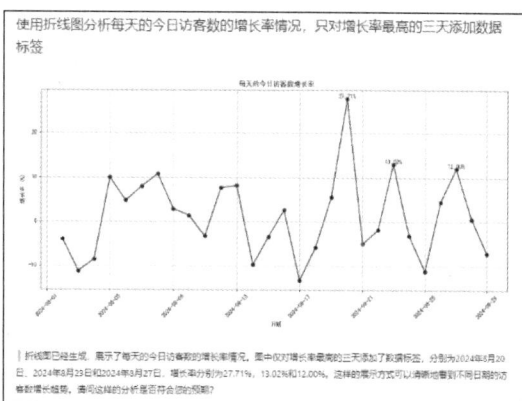

图 3-53　分析每天的今日访客数的增长率情况

（6）输入"使用图表预测接下来 7 天的今日访客数，显示预测数据"，分析结果如图 3-54 所示。

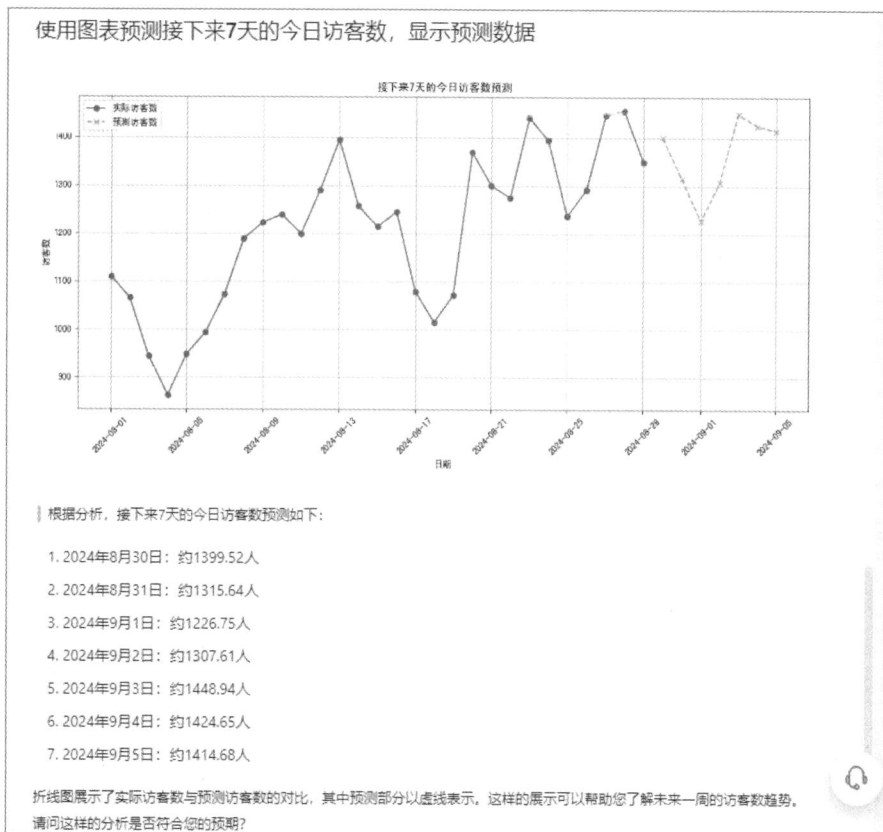

图 3-54　预测接下来 7 天的今日访客数

课堂实训：制作吉利汽车微信公众号封面图

1．实训背景

吉利汽车作为中国汽车工业的佼佼者，不仅在国内市场表现优异，同时在国际市场也取得了显著的成就。吉利汽车微信公众号不仅是品牌宣传的重要窗口，也是与消费者互动、传递品牌价值的关键平台。

慕课视频

制作吉利汽车微信
公众号封面图

吉利汽车微信公众号经常发布关于新产品的介绍和推广文章。例如，针对某款新车，文章会详细介绍车型的外观设计、内饰配置、动力性能及智能化功能，同时配以高清图片和视频，让消费者全面了解新车亮点。

吉利汽车注重品牌文化的传播，通过微信公众号文章讲述品牌的发展历程、核心价值观和愿景。这些文章往往充满情感色彩，能够激发消费者的共鸣和认同感。

吉利汽车还会发布与汽车行业相关的资讯和发展趋势分析报告，展现品牌的专业性和前瞻性。例如，关于新能源汽车的发展、智能网联技术的应用等话题，都能在吉利汽车的微信公众号中找到相应的文章。

2．实训要求

在微信中搜索吉利汽车的官方微信公众号，查看并总结封面图的特征，然后使用 AI 图像处理工具为其制作一张优质的微信公众号封面图，效果如图 3-55 所示。

图 3-55　吉利汽车微信公众号封面图

3．实训思路

（1）使用百度 AI 图片助手中的"智能抠图"和"变清晰"功能，抠取素材图片中的汽车。

（2）使用稿定 AI 的"公众号首图"功能，输入所需文案，上传汽车图片，自动生成一张微信公众号封面图。

课后练习

1．简述图片素材的处理原则。

2．使用豆包的"图像生成"功能和 Photoshop 软件，制作一张"父亲节"扁平插画风格竖版海报，参考效果如图 3-56 所示。

图 3-56　"父亲节"海报

3．打开"素材文件\第 3 章\课后练习\商品销售数据.xlsx"文件，将文件上传到办公小浣熊的会话页面，然后根据需要对商品销售数据进行分析，如对商品的销售额进行分析，对商品的销售额走向趋势进行分析，按星期一至星期日对商品的销售额进行分析，效果如图 3-57 所示。

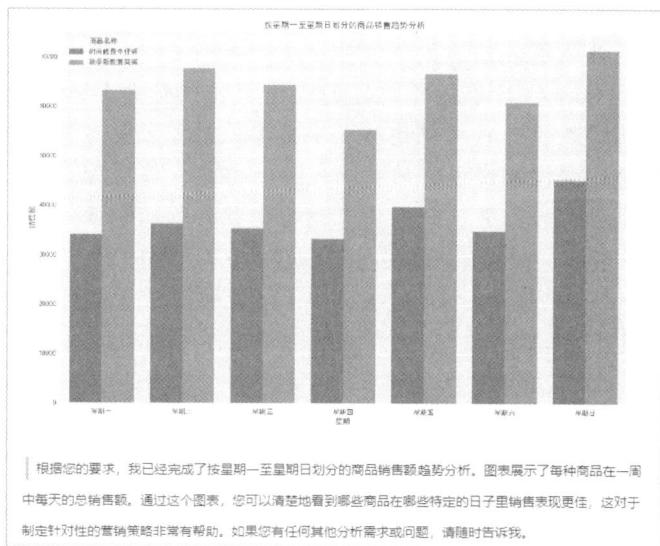

图 3-57　商品销售额分析

第4章 文案写作与图文排版技能

☑ 学习目标

- ➤ 了解新媒体文案的类型和创作流程。
- ➤ 了解常用的新媒体文案素材收集工具和写作工具。
- ➤ 掌握新媒体文案写作策略。
- ➤ 了解常用的 AIGC 写作工具和应用场景。
- ➤ 掌握使用 AIGC 写作工具进行写作的技巧。
- ➤ 掌握新媒体图文排版的要点和方式。

☑ 本章概述

文案写作与图文排版是内容创作中不可或缺的两个关键环节，它们相辅相成，共同作用于内容的呈现和传播，对于提升内容的吸引力、阅读体验和传播效果具有重要作用，构成了传达信息、激发情感的视觉与文字盛宴。掌握文案写作与图文排版技能，是精准传达信息，触动人心，激发用户的共鸣或行动意愿，促进营销转化的重要前提。本章主要介绍了新媒体文案的类型、新媒体文案的创作流程、新媒体文案素材收集工具、新媒体文案写作常用工具、新媒体文案写作策略、AIGC 写作、新媒体图文排版等技能。

☑ 本章关键词

新媒体文案　写作策略　AIGC 写作　图文排版

☑ 案例导入

白象用文案传递匠心品质，用情感温暖人心

白象多年来始终坚守匠心品质，致力于为消费者提供健康美味的食品。同时，白象还积极履行社会责任，如为残疾人提供工作岗位、在暴雨期间捐献物资等。在新媒体推广上，白象通过温柔有力的文案，传达品牌理念和价值观，赢得了广大消费者的喜爱和共鸣。

白象的推广文案主要分为文章推广和短视频推广。在文章推广方面，文案创作者通过编写具有吸引力的文章标题，如《告别油炸，白象为你带来健康美味！》详细介绍产品特点，结合受众需求，强调方便快捷和健康饮食的理念，并附上购买链接或二维码。

在短视频推广方面，白象通过制作 30 秒至 1 分钟的短视频，展示产品的外观、食用过程和味道，通过视觉和口感来吸引受众。其视频内容多采用真实场景，如大学生在

宿舍泡面等，以增强受众的共鸣。

白象还通过情感营销的方式，传递品牌的人文关怀和社会责任感。例如，"山河无恙，人间可安。白象方便面，不仅是一碗面的温暖，更是我们对品质和社会责任的坚守。选择白象，选择一份安心和信任"。

通过这些优质的文案，白象品牌在新媒体平台上成功地吸引了大量关注，提升了品牌知名度和美誉度，进一步巩固了其在市场中的有利地位。

案例思考：白象的推广文案运用了哪些策略？如果使用 AIGC 撰写推广文案，你会输入哪些指令？

4.1 初识新媒体文案

新媒体文案是指在新媒体平台上发布的，旨在吸引用户注意力、传递信息、引导用户行为或促进品牌传播的文本内容。不同于传统媒体的文案，新媒体文案更加注重互动性、创意性和传播性。

4.1.1 新媒体文案的类型

新媒体文案的类型多种多样，根据表现形式、篇幅长短、广告的植入方式和写作目的等方面的不同，我们可以将新媒体文案划分为不同的类型。

1．按表现形式分类

不同的新媒体平台上，文案的表现形式也有所不同，一般有文字式文案、图片式文案和视频式文案。

• 文字式文案：以文字输出为主的文案，包括微信公众号文案、微博文案、今日头条文案、门户网站上的营销类软文等。文字式文案通常篇幅较长，部分文字式文案会穿插图片、链接等，是当前主流的文案表现形式之一。图 4-1 所示为微信公众号营销类软文。

图 4-1　微信公众号营销类软文

● 图片式文案：以图片为载体的文案，其代表为海报文案和 H5（HTML5，超文本标记语言）文案，如图 4-2 所示。这类文案对图片创意与信息选择的要求较高，一般要求文案创作者利用有限的文字传达主题思想和重要信息。

图 4-2　图片式文案

● 视频式文案：以视频为载体的文案，主要指直播和短视频类的文案，在抖音、快手、哔哩哔哩等平台上发布的多为这类文案。图 4-3 所示为在抖音平台上发布的视频式文案。视频式文案主题丰富，包括品牌宣传、新品介绍、产品测评、好物分享、知识科普、作品（如绘画、音乐等）分享等。

图 4-3　在抖音平台发布的视频式文案

2．按篇幅长短分类

按照篇幅的长短，新媒体文案可以分为长文案和短文案。一般字数在 1000 字以上的文案称为长文案，字数为几百字及篇幅更短的文案则称为短文案。

● 长文案多用于微信公众号、头条号或百家号的文章，有助于用户通过详细的阅读产生信任感，从而做出购买行为。

• 短文案多用于海报图、朋友圈、抖音或微博等，更强调与用户进行交流互动，挖掘用户的潜在消费需求，快速触动用户的情感，激发用户的购买欲望，促使用户产生购买行为。

3．按广告的植入方式分类

按照广告的植入方式，新媒体文案可以分为软广文案（软文）和硬广文案。

• 软广文案是指不直接介绍产品或服务，而是通过其他方式植入广告的文案。例如，在案例分析中或者在故事情节中巧妙地植入广告内容，使受众在不知不觉中接受广告信息。软文具有隐蔽性和间接性，能够降低受众对广告的抵触心理，提高受众对广告的接受度。

• 硬广文案即直接推广性文案，指的是直接、明确地介绍产品或服务，以直白、开门见山的方式发布在媒体渠道上的广告文案。硬广文案的优势是渗透力强，传播速度快，能够迅速提升品牌的知名度。

软文一般注重用户的诉求和痛点，通过长期、潜移默化的影响来改变受众对品牌或产品的认知和态度；而硬广文案具有直接性和针对性，针对特定的目标受众，明确告知产品或服务的特点及优势等。

4．按写作目的分类

根据不同的写作目的，新媒体文案可以分为以下几种类型。

• 产品推广文案：详细描述产品的特点、功能、优势等，通过故事化、场景化的内容形式吸引用户的注意力，激发其购买欲望。这类文案的写作目的主要是提升产品知名度，促进产品销售，增加品牌曝光度。

• 品牌传播文案：侧重于品牌故事、品牌价值观、社会责任等方面的阐述，通过情感共鸣和文化认同来加深用户对品牌的记忆和好感。例如，创始人创业经历、品牌故事、企业文化等文案，其写作目的主要是塑造品牌形象，传播品牌理念，增强品牌认同感。

• 活动营销文案：主要是明确活动主题、时间、地点、参与方式及奖励机制，通过创意和趣味性内容吸引用户注意力，激发他们的参与热情。例如，线上抽奖、线下体验活动文案等，其目的是吸引用户参与，提升用户活跃度，增强用户黏性。

• 社交媒体互动文案：其特点是内容简短、语言风格轻松幽默，紧跟时事热点或网络流行语，通过提问、投票、话题讨论等方式引导用户参与互动，如节日祝福、热点话题讨论等，目的是提升社交媒体账号的活跃度和影响力。

4.1.2　新媒体文案的创作流程

新媒体文案的创作流程是一个系统且富有创造性的过程，旨在通过文字的力量传达信息、激发用户情感、引导用户行动，为企业带来持续的收益转化。

新媒体文案的创作流程如下。

1．明确目标，分析需求

文案创作者在创作文案之前，需要明确文案的目标，即文案能够完成的任务和达到的目的，是提升品牌知名度、促进产品销售，还是增加账号流量等。明确的目标将指导整个文案的创作方向。

另外，文案创作者还要明确目标受众，了解目标受众的年龄、性别、兴趣、习惯及偏好等，分析其痛点、需求以及消费习惯等，以便创作出更加贴近受众心理的文案。

2．市场调研与信息收集

了解用户需求后，文案创作者还要研究市场情况，除自身企业的战略定位、产品资料和品牌文化等，还要调研竞争者的文案策略、行业趋势、消费者反馈等。这些信息将为文案的创作提供有力的支持。

接下来文案创作者需要收集相关的信息资源以及可能用到的素材，如图片、视频、数据、案例等。这些资源可用于丰富文案内容，使其更加生动有趣，更有说服力。

3．构思框架，撰写初稿

基于目标受众需求，文案创作者首先要确定文案的核心主题，然后构思文案的主体架构，即思考文案的结构、思路、逻辑，形成一个清晰的文案框架，有助于后续的内容创作。

根据文案框架，文案创作者就可以撰写文案的初稿。在撰写过程中，文案创作者要注重语言的表达、情感的传递和信息的传达。同时，文案创作者要保持文案的简洁明了，富有创意、语言精妙，避免冗长和复杂的句子。

📝 知识链接

新媒体文案的常见结构包括开头、正文和结尾部分。

（1）开头

引人入胜的开场白，可以用故事、问题、热点事件或用户痛点作为引子。

（2）正文

正文部分要注意亮点展示、逻辑清晰、情感共鸣和互动元素。

- 亮点展示：清晰阐述产品或服务的核心价值、特色功能或优惠信息。
- 逻辑清晰：保持内容条理清晰，可以使用小标题或列表形式划分段落。
- 情感共鸣：融入情感元素，引发用户产生共鸣，增强信任感。
- 互动元素：加入提问、投票、抽奖等互动环节，提高用户的参与度。

（3）结尾

结尾可采用号召行动、概括总结或者是情感升华，进一步加深用户对主题的认知与理解。

4．修饰完善，测试分发

初稿完成后，文案创作者要对其进行审核，检查文案的内容是否准确、完整、有逻辑。同时，文案创作者要确保文案的语言表达清晰、流畅、有感染力。根据审核结果做出相应的调整，确保文案的开头部分能够吸引用户的注意力，中间部分能够深入阐述主题，结尾部分能够给用户留下深刻的印象。

同时，文案创作者还要注意对文案的语言进行修饰，使其更加生动、形象、有说服力。文案创作者可以采用比喻、拟人等修辞手法来增强文案的感染力，也可以运用热门话题、潮流词汇等来增加文案的时尚感和趣味性。

初稿完成后，文案创作者可以先在不同设备上预览文案效果，确保排版美观、阅读体验良好，然后在小范围内进行投放测试，收集反馈意见，并将文案修改完善后再投放到公开渠道，这样才能保证文案的传播效果。

分发测试时，文案创作者需要注意两点：一是尽可能选择不同格调的平台和群体，以评估传播效果；二是通过数据评估文案优劣。测试完成后，文案创作者可以根据测试结果对文案进行进一步的调整与优化。

5．文案定稿，正式发布

在确认文案传播效果良好后，文案创作者即可选择合适的媒体平台和发布时间进行文案的发布。同时，文案创作者要关注文案的发布效果，及时调整和优化文案策略。在此环节中，文案创作者需要注意以下几点。

- 发布时机：根据目标受众的活跃时间和平台的特点来选择合适的发布时间。
- 监测反馈：发布文案后要密切关注用户反馈、阅读量、互动率等数据，及时调整策略。
- 持续优化：根据数据反馈和实际效果，不断优化文案内容和发布策略。

4.1.3　新媒体文案素材收集工具

新媒体文案素材收集工具在新媒体内容创作与运营中扮演着重要角色，它能帮助文案创作者高效收集、整理和利用各类素材，提升新媒体文案创作的效率与质量。

常用的新媒体文案素材收集工具如下。

1．聚合类热点热榜网站

聚合类热点热榜网站是指那些能够整合并展示来自多个平台或渠道的实时热点和热搜排行榜的网站。例如，即时热榜是一个典型的聚合类热点网站，它整合了包括微信、微博、知乎、头条、百度、抖音、哔哩哔哩等在内的多个平台的实时热点热搜排行榜，用户可以在一个界面上轻松浏览全网的热点话题。

这类网站有助于文案创作者高效收集热点素材，为文案创作提供时效性和话题性的内容。另外，聚合类热点热榜网站还有今日热榜、AnyKnew、清博指数等网站。

2．爆文采集与分析工具

新媒体爆文采集与分析工具是文案创作者常用的辅助工具，它能帮助文案创作者快速找到热门话题、分析爆文特点，并提升内容创作效率和质量。常见的爆文采集与分析工具如下。

- 易撰：易撰的自媒体库功能强大，拥有海量爆文素材，可以提取爆文标题词频，追踪实时热点，并支持一键下载爆文素材和导出多个链接为 Excel，非常适合用于文案创作前的灵感收集和素材整理。
- 新榜：作为大数据平台，新榜不仅提供了营销素材，还具备数据分析功能，文案创作者可以通过数据更精细地分析热点，系统化查找素材，为文案创作提供数据支持。
- 搜狗推荐：适用于微信公众号文章的收集，可以根据不同的关键词进行搜索，并自动整理出相关的优秀文章，方便文案创作者快速筛选和收录优质内容。
- 媒体人：提供了文章编辑、排版等多种功能，在热点文章采集方面可以帮助文案创作者快速收集到各种高质量的文章，并进行分类整理和自动排版，比较适合需要高效编辑和排版内容的文案创作者。

3．笔记编辑与整理工具

Evernote 是一款跨平台的笔记应用程序，支持文字、图片、音频和视频等多种类型的信息记录、整理和分享。文案创作者可以在多个设备上将不同主题的素材进行归类整理，并随时随地访问和编辑自己的笔记。

另外还有 Trello，它也非常适合收集和组织素材。文案创作者利用它可以创建不同主题的卡片，并在其中添加文本、图片、链接等素材，还可以将卡片移动到不同的列表中，实现素材的灵活整理。

除此之外，有道云笔记和印象笔记也是常见的跨平台笔记与整理工具，它们都具有独特的功能和特点，文案创作者可以根据自己的需求选择合适的工具。

4. 社交媒体平台

社交媒体平台也可以帮助文案创作者收集素材。

- Twitter：在 Twitter 上，文案创作者可以关注各类博主、专家、意见领袖等，及时获取他们发布的新鲜信息和素材。通过搜索关键词，文案创作者还可以找到相关的推文和话题，为文案创作提供灵感和素材。

- Quora：这是一个问答社区，其中有很多行内专家和意见领袖的回答非常有价值。文案创作者可以在其中寻找灵感和素材，了解行业动态和用户需求。

5. 视觉素材平台

视觉素材平台是提供图片、视频、图形、动画等多媒体素材的在线服务平台，这些素材主要用于视觉传达和信息展示。例如，Pinterest 是一个视觉社交网络平台，适合创作视觉类文案的创作者。在 Pinterest 中，文案创作者可以创建不同主题板块，并将图片、GIF 动图、视频等素材按照主题进行收藏，为文案创作提供丰富的视觉元素。

6. 文案素材 App

文案素材 App 是专门为文案创作者、营销人员、内容编辑等提供灵感和素材的应用程序。常用的文案素材 App 有文案狗、文案君、文案句子等。

- 文案狗：这是一款提供诗词、金句、广告文案、美文等文案素材的 App，支持一键复制和分享。它还具备文案生成器功能，能够根据关键词生成相关文案，是文案创作的好帮手。

- 文案君：集经典台词、励志句子、朋友圈火爆文案、全网金句、名人名言、正能量语录、优美摘抄等于一体的句子文案素材 App。它支持搜索功能，金句文案支持一键复制，提供了音视频转文字、图片转文字、文字翻译和文章生成等创作工具。

- 文案句子：这款 App 集诗词、句子、朋友圈火爆文案、网易云热评等多种类型文案于一体，适合各类文案创作者使用。它还提供朋友圈不折叠输入法的功能，让文案发布更加顺畅。

7. 素材管理软件

常见的素材管理软件有闪电素材，这款软件能够帮助文案创作者进行素材分类和管理，节省时间。文案创作者可以随时随地下载素材到手机中，使用起来非常方便。同时，它还支持对已发布的素材进行二次编辑与保存。

4.1.4 新媒体文案写作常用工具

新媒体文案写作工具丰富多样，这些工具不仅能够帮助文案创作者提高创作效率、优化文案质量，还丰富了文案的创意和表达形式。文案创作者可以根据自身需要选择适合的工具，创作新颖、独特的新媒体文案。

常见的新媒体文案写作工具及其特点如下。

1. 文案辅助与检测工具

文案辅助与检测工具不仅能够提高新媒体文案的创作效率，还能确保文案的质量和原创性。

- 句易网：这是一款文案辅助类工具，可以自动检测文案中的错别字、违禁词、敏感词等，确保文案的合规性和准确性。

● Giiso 写作机器人：利用该工具可以进行热点写作、提纲写作、汽车和体育赛事等内容的写作，具有智能写作、智能推荐素材、稿件改写、稿件查重、稿件纠错等功能。其智能化程度高，能够辅助用户快速完成文案创作，并确保文案的准确性和原创性。

● 阿里妈妈创意中心：针对电子商务方向的用户，提供基于商品的高质量文案输出。用户只需填入相关信息，系统即可抓取热门内容并生成文案。

● Grammarly：这是一款强大的写作辅助工具，它不仅具有拼写和语法检查功能，还具备检查文章原创性的能力。

2．文案编辑与排版工具

新媒体文案编辑与排版工具能够帮助文案创作者更高效地创作和排版内容，提升文案的吸引力和可读性。常用的新媒体文案编辑与排版工具如下。

● 即时设计：这是一款免费好用的在线排版软件，支持团队成员同时在线进行排版。它提供了丰富的排版设计资源和素材，以及多种插件和工具，帮助用户实现各种创意设计。即时设计还支持多种输出格式和平台，方便用户在不同设备上查看和分享作品。主要适用于团队成员在线协作和快速排版的场景，如网页设计、UI 设计等。

● 秀米编辑器：这是一款非常实用的在线排版工具，界面简洁且功能全面。它支持字体、字号、颜色、对齐等多种排版设置，且能够兼容多种设备和平台。秀米编辑器还提供了丰富的模板和样式，能够帮助用户快速创建美观的排版作品，适用于微信公众号、小红书等新媒体平台的文案创作。

● 新榜编辑器：它提供了丰富的样式和模板、海量的在线图片搜索功能，支持一键同步多个平台，方便用户进行文案的美化和排版。

● 135 编辑器：这是一款在线图文排版工具，拥有大量的模板，操作简单，容易上手。使用 135 编辑器可以编辑微信公众号文章，也可以将已排版的文章转换成图片并发布到小红书、微博、知乎等新媒体平台。除此之外，135 编辑器还可以授权将内容同步至微信公众号后台。一个 135 编辑器账号可以同步管理多个微信公众号。

● Photoshop：这是一款专业的图像处理软件，在新媒体文案编辑中，Photoshop 常被用于制作封面、海报等视觉元素，以提升文案的整体视觉效果。

● 创客贴、稿定设计等在线设计工具：这些工具提供了丰富的模板和素材，用户可以直接在线进行图片编辑和设计，既方便又快捷。

4.2　新媒体文案写作策略

新媒体文案写作在新媒体运营过程中扮演着至关重要的角色，文案创作者在撰写新媒体文案时，可以通过精准的语言表达和创意构思，以独特的表现形式来吸引目标受众，传达品牌信息或产品特点，进而促进销售或提升品牌形象。

4.2.1　产品推广文案写作策略

产品推广文案是指对不同产品进行介绍，以激发用户的购买欲望，进而促进产品销售的文案。在产品推广文案中，文案创作者需要全面地展示产品的相关信息，主要包括以下要素。

- 产品整体：详细介绍产品的正面、侧面、背面等，使用户对产品有整体的观感。
- 产品细节：通过展示产品细节能够让用户对产品的品质和做工更放心。
- 产品属性：包括功能、材质、规格和设计，将这些作为卖点进行展示，可以提升用户对产品的认同感。
- 使用方法：介绍产品的操作方法，帮助用户正确使用产品，提高使用效率和安全性。
- 其他信息：产品辨别真伪的方法、售后服务、附赠服务、产品好评等。

不同产品的推广文案侧重点有所不同，文案创作者首先要充分了解需要推广的产品，成为产品专家，才能写出优质的产品推广文案。

1．提炼产品卖点

在充分了解产品后，文案创作者要能提炼出产品卖点，并在平台上进行展示。提炼产品卖点的方法主要有 FAB 法则、产品属性提炼法和要点延伸法。

（1）FAB 法则

FAB 法则是指特征（Feature）、优势（Advantage）和益处（Benefit）法则。特征是指产品有什么特点和特色，与其他产品有什么不同；优势是指产品的优点和作用，从产品优势进行挖掘；益处是指产品能够给用户带来的利益，要以用户为中心进行介绍。

（2）产品属性提炼法

产品属性提炼法是根据产品属性来提炼卖点，通常分为 4 类，分别是产品价值属性（使用价值）、产品形式属性（质量、外形、手感、重量、体积、包装）、产品期望属性（满足用户期望的条件）、产品延伸属性（产品的附加价值）。图 4-4 所示为某款饰品的属性特点。

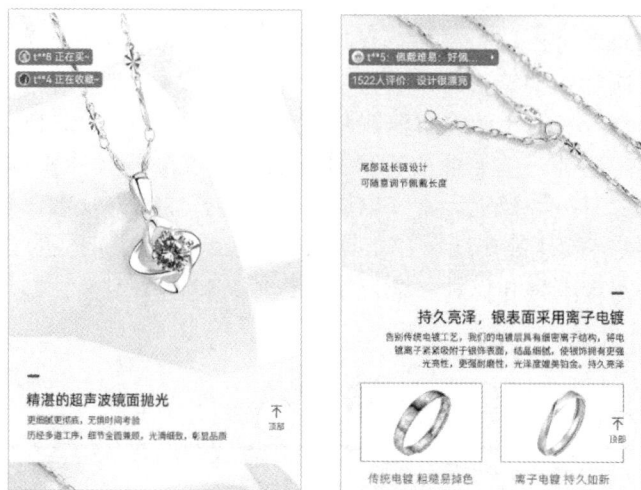

图 4-4　某款饰品的属性特点

（3）要点延伸法

要点延伸法是指列出某个产品卖点，然后以该卖点展开阐述，丰富产品推广文案的观点，使内容更细致，说服力更强。

2．戳中用户痛点

痛点是指用户在现实中遇到的且无法解决的某些问题，只有把痛点解决后才能激发用户的购买欲望。文案创作者可以将产品卖点与用户的痛点联系起来，强调产品的某个卖点可以解决用户遇到的问题，从而减少用户的购买顾虑。

3．采用对比手法

文案创作者可以针对产品的某些属性，将自身产品与同类产品做对比，如对比产品的质量、功能和服务等，以此来突出自身产品的优势，吸引用户进行购买。例如，针对保鲜效果，将某款冰箱与普通冰箱的保鲜度做对比，如图 4-5 所示；也可将使用产品之前的状态与使用产品之后的状态做对比，以突出产品的使用效果和强大的功能，如图 4-6 所示。

图 4-5　冰箱保鲜度测试结果

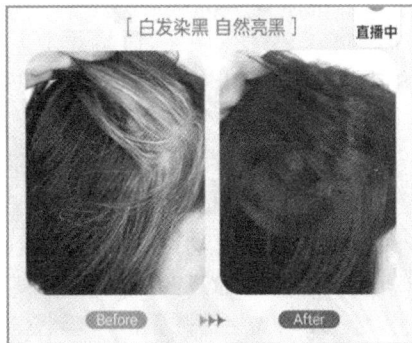

图 4-6　染发剂使用前后效果对比

4．讲解相关常识

文案创作者在产品推广文案中添加一些与产品使用相关的常识，不仅可以帮助用户规避产品使用过程中可能遇到的问题，还能强化品牌的专业形象，使用户更加信服。例如，某款全棉毛巾的文案为用户提供了一些生活小常识，这些生活小常识指导用户如何正确使用毛巾，以保证毛巾的干净、卫生。

5．摘录用户好评

文案创作者可以在产品推广文案中摘录人们使用该产品后提交的好评，让用户看到其他人的使用感受和购买经历，从而增强对产品的信任度。

6．展现附加价值

很多产品推广文案只展现了产品的使用价值，而忽略了产品的附加价值。展现产品的附加价值可以赋予产品更加丰富的内涵，增强其吸引力。产品的附加价值除了展示产品的独特用途以外，还可以凸显用户的身份和形象。

7．做出服务承诺

人们在网上购物时无法接触到实际的商品，所以在购买商品时会有所顾虑。如果产品推广文案可以对用户进行承诺，如 7 天无理由退货等，就容易获得用户的信任，从而促成交易。

4.2.2　品牌传播文案写作策略

品牌传播文案是指用于传递品牌核心价值、个性特点和独特优势，树立品牌形象，且便于受众广泛传播的文案。传统的品牌宣传注重产品销售，新媒体品牌宣传更趋向于传达情感和价值观。品牌传播文案是品牌与用户之间沟通的桥梁，促进用户与品牌之间建立情感链接，有助于企业吸引并留住目标受众。

品牌传播文案的写作策略如下。

1．提炼品牌核心价值

文案创作者应深入理解品牌的历史、愿景、使命和独特优势，将品牌的独特性和核心价值提炼成简洁有力的语言，这是贯穿所有文案的主线。品牌核心价值通常包括功能性价值、情感性价值与象征性价值。

- 功能性价值是指品牌的产品或服务所能提供的直接、实际的利益或效用。例如，"充电 5 分钟，通话两小时""东鹏特饮，提神醒脑，抗疲劳必备""牛奶香浓，丝般感受"。
- 情感性价值是品牌与用户之间建立的情感联系和共鸣。它涉及品牌如何触动用户的内心，引发他们的情感反应，如信任、喜爱、尊重或归属感等。例如，钻戒品牌 DR 核心理念是倡导"真爱"与"唯一"，其广告语"DR 钻戒，见证永恒之爱""以我之名，许你一生，余生你都是我的偏爱和唯一"旨在传递更有品质、更浪漫的爱情生活方式，强调人们对爱情的忠贞与坚定。
- 象征性价值是指品牌所代表的社会地位、身份认同或价值观。这种价值超越了产品或服务本身的功能和情感层面，成为用户自我表达和身份认同的一种方式。

文案创作者通过精准地提炼和有效地传递品牌核心价值，有助于企业赢得用户的信任和忠诚，实现品牌的长期发展。

2．讲述品牌发展故事

故事是用语言艺术反映生活、表达思想感情的一种形式。人们通过故事可以更好地与他人建立信任，引起他人的共鸣，也可以委婉地说出自己的真实想法。因此，文案创作者在品牌宣传文案中融入品牌故事，可以更有效地提升品牌在受众心中的形象，激发受众的情感共鸣。

品牌故事包括创始人的故事、品牌的发展历程，以及成功的用户案例等。

- 创始人的故事：创始人是品牌最好的代言人，创始人的经历可以让品牌自带卖点，产生一种独树一帜的文化与精气神。
- 品牌的发展历程：品牌传播文案可以带领用户一起回顾品牌从成立之初到发展到一定规模的历程，打造出一种穿越时光、践行使命的厚重感，提升用户对品牌的信任度。
- 成功的用户案例：从目标用户的角度来发掘故事，真实用户的案例更容易使用户产生代入感和认同感，进而赢得用户的信任。

3．制造话题引发讨论

制造话题关键在于创意、共鸣与参与度激发。例如，瑞幸推出的酱香拿铁咖啡、大闹天宫推出的联名款等，引发了大量用户的讨论，实现了良好的营销效果。除了跨界合作，文案创作者还可以从社会倡议、时事热点等方面出发，制造相关的话题，引发用户的讨论与互动。

4．展示先进科学技术

科学技术是第一生产力，一提到"技术"，人们就会不由自主地联想到"专业""精湛""高品质"等，所以展示先进技术的相关文案更容易获得用户的认可，尤其是一些创新性技术，还可能会被媒体报道。

需要注意的是，文案创作者在传播文案中展示的技术要具有先进性与创新性，能够为用户解决实际问题。另外，在向用户展示技术时，文案创作者要用通俗易懂的语言来描述，使用户明白其基本原理，知道该产品能够为自己提供哪些帮助。

5．借助权威力量

"借助权威"是一种常见的说服和论证策略，它利用被广泛认可、具有专业知识和经验或具有高声誉的个人、机构、书籍、研究等作为支持自己观点或立场的依据。这种方法也常用在新媒体品牌传播文案创作中。

文案创作者在借助权威力量创作文案时，要确保权威的可靠性，引用的数据、研究结果或专家言论等必须真实、具体。同时，在借助权威时，文案创作者也要适当结合个人见解，表达自己对问题的理解与看法，使自身提出的观点更加全面、深入，从而增强论证的力量。

4.2.3　新媒体数据新闻写作策略

数据新闻是指运用技术来挖掘、分析数据，通过图表、多媒体等方式将其呈现在新闻报道中，力求新闻报道的具象化、系统化和客观化。新媒体数据新闻的本质是对海量数据进行处理，提取关键信息，转化为新闻故事，其呈现以数据为主，文字为辅。新闻创作者在写作新媒体数据新闻时，需要遵循特定的写作规律。

新媒体数据新闻的写作策略如下。

1．策划新媒体数据新闻选题

在策划新媒体数据新闻选题的过程中，新闻创作者必须要提高自身的新闻敏感度，并时刻保持新闻敏感性。新闻创作者有时在某个场景下可能会发现某个具有新闻价值的事实或容易引发受众关注的内容，这时就可以从中挖掘合适的新媒体数据新闻选题，进而完成整个新媒体数据新闻的编辑与制作。

此外，新闻创作者还要善于在新媒体平台（如微博热搜、微信朋友圈、抖音、快手等）和相关的报道中发现和挖掘优质的新媒体数据新闻选题。

2．搭建框架结构

虽然新媒体数据新闻是随着大数据技术、数字信息技术和新媒体技术的应用而产生的一种新型报道方式，但实质上仍然是新闻，应符合新闻的基本结构，包括标题、导语、主体、背景和结语，不能只有数据的可视化呈现。

另外，新媒体数据新闻还要符合深度报道模式，即系统地反映重大新闻事件和社会问题，深入挖掘和阐明事件的因果关系，揭示事件的实质和意义，追踪和探索事件的发展趋势。因此，新闻创作者在确定新媒体数据新闻选题后，要有针对性地选择着眼点，策划新闻报道，根据数据获取、处理、分析和可视化呈现，对事件的起因、经过和发展进行深入挖掘，并对其进行追踪。

3．明确表达主题

一则成功的数据新闻报道在很大程度上源于出色的主题，策划表达主题关系到数据新闻的价值和影响力，这就要求新闻创作者在确定表达主题时要遵循以下规律。

- 倾向性：表达主题要有鲜明的倾向性，让受众感知数据新闻的立场和态度。
- 规律性：表达主题能够反映事物的本质规律，使受众认识到事物的深刻内涵与相互关系。
- 创新性：表达主题要具有创新性，可以吸引新时代受众的注意力。

4．图文完美结合

可视化是新媒体数据新闻不同于传统新闻的重要特征，可以极大地提高受众接收新闻信息的效率，提升受众阅读新闻的体验。需要注意的是，信息图表等可视化手段不能完全表达一切事物，文字的辅助表达仍是必需的。因此，新闻创作者要规划好何时采用文字表达，何时采用图表呈现，以及文字和图表之间如何进行搭配。

5．数据可视化

数据可视化是指通过图形、图表及动画等形式直观、生动、形象地展示数据。新闻创作者要选择合适的数据可视化方式，常见的数据可视化方式如折线图、柱状图、饼图、热力图等。不管选择哪一种数据可视化方式，新闻创作者在设计时都要注意以下两点。

● 准确性：准确性是指数据准确，不会让人产生歧义。数据可视化要贴合数据本身，这就要求新闻创作者在进行数据可视化之前对已有数据充分理解，使数据可视化符合视觉隐喻的要求，以免错用符号，使受众曲解数据。另外，数据可视化要符合常识，与受众的文化背景和社会生活状况密切相关，降低受众接收和理解信息的难度。

● 简洁性：在移动互联网时代，受众接收的信息量十分庞大，导致其注意力资源非常稀缺，所以简洁化的设计理念非常重要。简洁化是指去除冗余和复杂的装饰效果，突出信息本身，强调抽象、极简和符号化等设计元素。

6．可视化叙事

新媒体数据新闻可视化叙事是在传统新闻叙事的基础上进行加工，让数据在新闻报道中的地位日益突出，要找出数据与文本之间的相关性，从而使新闻报道具有较强的可读性，提高受众的参与度。在新媒体数据新闻可视化叙事中，数据是叙事语言，通过可视化可以将数据以更清晰的逻辑和更好的阅读体验呈现给受众。

在采用合适的可视化叙事方式时，新闻创作者要从以下几个方面来考虑。

（1）可视化叙事切入口

新媒体数据新闻的制作面对的是十分庞杂的材料，找到叙事的切入口是新媒体数据新闻制作的关键点。叙事切入口要揭示新闻发生的本质与背后的原因，直指问题核心。新闻创作者在找到可视化叙事的切入口后，就可以运用数据对所发现的问题或现象进行探究和解释，以恰当的方式呈现给受众。

（2）可视化叙事视角

叙事视角是指新闻创作者选择和讲述新闻事实的特定角度，不同的叙事视角可以为受众提供了解新闻事实的不同角度，也包含了新闻创作者对新闻事实的认知态度、判断和情感倾向。叙事视角分为全知视角、内视角和外视角。

● 全知视角是指没有固定视角、不受视域限制的视角，全知视角赋予叙述者以无限的视野和自由度，使其能够全方位、多角度地叙述事件，深入人物的内心世界。新闻创作者在新闻报道中采用全知视角，能够全面介绍事件的背景、起因、经过和结果，为读者提供清晰的事件脉络，并塑造一种公正、客观的形象，使新闻报道更具权威性和全面性。

● 内视角是指通过故事中的人来叙事，新闻创作者所知等于受众所知。由于新媒体数据新闻以数据为新闻内容的基础，更多的是从宏观的角度展开叙述，数据呈现的比重较大，甚至没有人物参与，所以人物表达不是必要话语，与全知视角相比，内视角的运用较少，多是从某个人物的角度来讲述故事，使受众与新闻人物共同经历故事，增强受众的体验感和新闻的表现力。

● 外视角是一种客观的叙事视角，新闻创作者只能对自己看到或听到的事物进行叙述，不能直接评论，也不能追述背景，更不能介入新闻人物的内心活动。外视角可以使新闻叙事更加丰满，让新闻报道更加客观。

在实际的新闻报道中，全知视角、内视角和外视角的选择并非一成不变，新闻创作者要根据新闻内容适当转变叙事视角，使新闻内容更加丰富。

（3）可视化叙事时间

可视化叙事时间是指新媒体数据新闻中讲述新闻故事的顺序，一般可分为顺叙、倒叙、预叙等。

- 顺叙也称正叙，是按照事件发生和发展时间的先后顺序进行叙事的方法，是一种常见的叙事方法。
- 倒叙是对事件的回溯，通过回溯对以往发生的事情进行补充。
- 预叙是预先揭示故事的结果或透露情况设置悬念，吸引受众的注意力，激发受众的好奇心。在新媒体数据新闻中，预叙主要起引导作用，结合数据可视化，能够满足受众在短暂时间内了解事件全貌、追求视觉刺激和心理愉悦的需求。

（4）可视化叙事结构

叙事结构是指内容的框架结构，一般包括线型叙事模式、组合型叙事模式和交互型叙事模式。

- 线型叙事模式是一种数据新闻叙事的内容体量相对较大时使用的叙事模式，其清晰的叙事逻辑和线索可以帮助受众快速了解新闻事件的核心信息，掌握新闻事件的真相。
- 组合型叙事模式是一种选择性阅读的新闻生产理念，即整个新闻中存在若干相对完整的故事模块，各故事模块围绕主题展开叙事，彼此之间是并列关系或补充关系，每个模块都能完成对主题的部分解读，受众可以自主阅读感兴趣的部分。
- 交互型叙事模式是一种采用交互技术、完全开放的叙事模式。交互型叙事模式强调新闻信息的个性化，生产对个人来说具有针对性的叙事内容，以满足受众对特定信息的需求。

4.3　AIGC 写作

AIGC 在写作方面可以为文案创作者提供巨大的便利，能够快速生成内容，自动纠错、优化语法和逻辑，提升文章的质量和表达效果。此外，AIGC 还能通过数据分析了解用户偏好，从而生成更符合用户口味的内容。AIGC 技术使没有专业知识或技能的人也能轻松创作出高质量的内容，降低了内容创作的门槛，有助于吸引更多非专业人士参与内容创作，丰富新媒体平台的内容生态。

4.3.1　AIGC 写作工具与应用场景

AIGC 写作工具是指通过自然语言处理技术来自动生成文本内容的各种工具，这些工具可以极大地提高写作效率，辅助用户完成各种写作任务。

1．常用的 AIGC 写作工具

常用的 AIGC 写作工具如下。

（1）文心一言

文心一言是百度全新一代知识增强大语言模型，能够与人对话互动、回答问题、协助创作，高效便捷地帮助人们获取信息、知识和灵感。文心一言从数万亿数据和数千亿知识中融合学习，得到预训练大模型，在此基础上采用有监督精调、人类反馈强化学习、提示等技术，具备知识增强、检索增强和对话增强的技术优势。

文心一言在辅助文本创作中可以起到以下作用：根据关键词提供多样化的创意点子，生成与主题相关的内容，调整文案语言风格，语法与逻辑检查。

（2）ChatGPT

ChatGPT 是 OpenAI 研发的一款聊天机器人程序，于 2022 年 11 月 30 日发布。ChatGPT 是人工智能技术驱动的自然语言处理工具，它能基于在预训练阶段所见的模式和统计规律来生成回答，还能根据聊天的上下文进行互动，真正像人类一样来聊天交流，甚至能够完成撰写论文、撰写邮件、撰写脚本、撰写文案等任务。

（3）笔灵 AI 写作

笔灵 AI 写作是一款基于人工智能技术的高效智能写作工具，旨在帮助用户快速生成高质量的论文、工作总结等文本内容。笔灵 AI 写作不是只专攻某个单独领域，而是拥有丰富的文本库和模板，涵盖各个领域和风格，用户可以根据需要选择合适的模板进行内容生成。在生成内容后，用户还可以一键改写、扩写与续写，让创作更高效、更有趣。

（4）妙笔 AI 写作

妙笔 AI 写作是一款智能写作应用，致力于为用户提供高效、便捷的写作体验。不论是创作者、博主、学生，还是职场人士，妙笔 AI 写作都能满足写作需求。新媒体创作者不需要费心收集资料或反复思考语言组织，只需输入关键词（文章标题或摘要），妙笔 AI 写作能在数十秒内创作出具有可读性的原创文章。

在自媒体写作领域，从吸引人的产品卖点到独特的产品描述，再到万众瞩目的标题，妙笔 AI 写作都能生成令人满意的内容。

妙笔 AI 写作还能激发写作灵感，无论创作何种内容，当苦于缺乏灵感时，新媒体创作者可使用妙笔 AI 写作，输入关键词，或许可以开启创作的思路。

（5）火龙果写作

火龙果写作是一款智能写作 App，旨在利用 AI 技术提高写作质量和效率。该 App 支持多平台使用，拥有智能撰写、改写润色、纠错校对、多语言翻译等功能。火龙果写作还支持跨平台多端同步，自动记录历史版本，保障文本安全，内置新华社和人民日报编辑规则，确保文字符合政策导向。火龙果写作还提供了学术改写功能，可以有效降低查重率。

（6）简单 AI

简单 AI 是搜狐旗下的全能型 AI 创作助手，可以一键生成创意美图，三步写出爆款文章，拥有生成自媒体配图、动漫头像、短视频脚本、网络小说、爆款标题、AI 商品图及 AI 证件照等多项 AI 创作功能，以"快人一步，轻松玩转 AI"为理念，致力于让每一个用户都能便捷地使用和理解人工智能。

2．AIGC 写作工具的应用场景

AIGC 写作工具的应用场景非常广泛，它们通过自然语言处理和机器学习技术，能够自动生成或辅助生成各种类型的文本内容。以下是 AIGC 写作工具的一些主要应用场景。

（1）内容创作

在文学、广告、营销等领域，AIGC 可以辅助或自动生成文章、小说、广告语等文本内容，提高创作效率。基于大量数据和行业知识，AIGC 能够生成深入的行业分析报告，为决策者提供有价值的参考。AIGC 写作工具能够快速生成新闻报道，特别是在突发新闻事件中，能够快速响应并生成初步的报道稿。

（2）社交媒体管理

AIGC 工具可以根据预设的主题和风格，自动生成社交媒体平台的帖子、评论和回复，减轻运营人员的工作负担；通过自然语言处理技术，AIGC 能够模拟人类对话，与用户进行互动，提升用户体验。

（3）内容审核与校对

AIGC 工具能够自动检查文本中的拼写错误、语法错误等，提高文本的质量。同时，AIGC 能够辅助审核文本内容，确保信息的准确性和合规性。

（4）写作辅助

根据用户的偏好和需求，AIGC 可以提供定制化的写作服务，如生成个性化的文案、标题等。在写作过程中，AIGC 可以提供创意灵感和素材，帮助新媒体创作者打破思维定式，创作出更具创新性的内容。

（5）营销辅助

AIGC 可以生成吸引人的广告文案，帮助企业在营销活动中提升品牌曝光度和用户转化率。基于大数据和用户行为分析，AIGC 可以辅助制订个性化的营销策略，提升营销效果。

4.3.2 AIGC 写作营销软文

在数字化时代，营销软文对企业的品牌推广和市场变现起着至关重要的作用。然而，传统的软文创作方式往往会耗费大量的时间和精力，并且难以兼顾质量与效率。近年来，随着人工智能技术的迅猛发展，AIGC 写作工具正在逐渐成为提升营销软文创作效率的利器。

使用 AIGC 写作营销软文的步骤如下。

1. 熟悉 RRBE 提示词模型

使用 AIGC 写作营销软文时，新媒体创作者首先要学会使用提示词。RRBE 提示词模型是一种通过高效且结构化的方法来指导 AI 生成符合预期的内容。RRBE 模型包含以下 4 个关键要素。

（1）角色（Role）

新媒体创作者要给 AI 赋予一个明确的角色或身份，这有助于 AI 理解其所要扮演的角色或承担的职责。例如，在撰写一篇科技产品评测时，新媒体可以将 AI 的角色设定为"专业科技产品评测师"，这样的设定能够让 AI 在撰写过程中更加专注于产品的技术细节、性能表现等方面。

（2）要求（Request）

新媒体创作者要向 AI 提出具体、明确的任务或要求，确保 AI 明白需要完成什么。例如，"请撰写一篇关于最新款智能手机的评测文章，重点分析其在摄像头性能、电池续航和用户体验方面的表现。"这样的要求既具体又明确，有助于 AI 准确理解并完成任务。

（3）背景（Background）

新媒体创作者要为 AI 提供相关的背景信息或情境描述，帮助 AI 更好地理解任务的全貌和上下文。例如，在撰写评测类文章时，新媒体创作者可以向 AI 提供一些背景信息，如"这款手机是某品牌最新推出的旗舰机型，搭载了最新的处理器和摄像头技术，旨在为用户带来极致的拍照和游戏体验。"这样的背景信息有助于 AI 在撰写过程中融入更多的情境感，使文章更加生动和具有说服力。

（4）期望（Expectation）

新媒体创作者要向 AI 表达对最终结果的期望或要求，包括内容质量、风格、语气等方面。例如，"期望文章结构清晰、逻辑严密，语言通俗易懂，同时能够结合个人使用体验给出中肯的评价。"这样的期望描述能够引导 AI 朝着希望的方向努力，提高生成内容的质量和满意度。

2. 明确目标受众

AI 可以帮助新媒体创作者明确目标受众，分析用户数据，了解目标受众的年龄、职业、兴趣、消费习惯等，以便精准地进行定位。

在没有 AI 加持的年代，营销人员要想明确目标受众，必须经过数据收集、数据清洗、数据分析等繁杂的前期准备工作才能得到想要的结果。如今，在 AI 的帮助下，新媒体创作者可以将清洗后的数据直接上传到 AI 平台，让 AI 做聚类分析、关联规则挖掘等。缺乏专业数据分析人员的小企业甚至可以直接跳过上述复杂的前期准备工作，直接向 AI 提问"关注××的目标受众是哪些人"，以快速地做出正确的决策。

3. 策划营销软文的选题

新媒体创作者可以在 AIGC 写作工具中输入关键词或主题，让 AI 生成一系列的选题建议，然后将 AI 生成的选题建议与市场趋势、消费者需求和品牌定位相结合，从而筛选出最具吸引力和可行性的选题。

4. 挖掘产品卖点

在营销软文中，一般要巧妙地融入产品卖点，让用户在阅读软文的过程中自然而然地接受与产品有关的信息。因此，在写作软文之前，创作者要先挖掘产品卖点。如果产品有规格说明文档，新媒体创作者可以将文档上传至 AI 平台，然后要求 AI 帮助总结产品卖点："请详细阅读文档，并将产品卖点以列表形式输出。"

5. 收集并分析素材

使用 AI 驱动的搜索引擎（如百度 AI 搜索、夸克搜索等）输入相关的关键词，AI 会根据输入的内容智能推荐相关搜索词和结果，帮助新媒体创作者快速找到相关的文章、报告、数据等素材。

AI 会利用自然语言处理技术理解并分析大量文本数据，从中提取关键信息、观点、趋势等。例如，将一段关于行业趋势的文本输入 AI 平台，AI 会自动分析并总结出关键点，以供新媒体创作者参考。

利用 AI 的数据分析功能，新媒体创作者可以对收集到的素材进行深度挖掘和分析。例如，分析用户行为数据、市场趋势数据等，以获取有价值的洞察和发现，为软文撰写提供数据支持。

6. 生成软文

新媒体创作者根据 RRBE 模型使用提示词向 AIGC 写作工具提问，赋予 AI 角色，提出明确要求，提供具体背景，表达对结果的期望，然后一键生成初稿。

7. 内容优化

为了得到更好的结果，新媒体创作者可以逐步优化提问，让 AI 更好地理解新媒体创作者的需求。例如，通过修改关键词、添加详细描述等方式，引导 AI 生成更符合预期的内容。新媒体创作者还可以尝试多次提问，比较不同提示词生成的结果，以找到最佳方案。

在 AI 最终生成软文后，新媒体创作者要仔细审阅并进行必要的修改，如检查语法与拼写、替换平庸词汇、精简句子、核实数据、添加话题标签等，以保证内容的质量，同时还要使生成的软文符合人们的阅读习惯。

4.3.3　AIGC写作短视频脚本

在短视频行业迅猛发展的当下，如何让短视频作品脱颖而出成为新媒体创作者非常关注的问题。优秀的短视频作品不仅要在短短几十秒内吸引用户的注意力，还要传递出丰富的信息与情感，这就需要优质的脚本来支撑，很多新手常常会在短视频脚本上碰壁。现在有了 AIGC 的辅助，瞬间就能明确剧情结构、角色刻画、镜头调度、台词文案，让爆款短视频信手拈来。

利用 AIGC 写作短视频脚本有两大核心优势，一是节省时间，效率翻倍，AI 能够根据主题快速生成多个创意脚本，精准匹配创作风格和目标受众，创作速度飙升；二是创意无限，脱颖而出，AI 能够融合用户喜好、热点话题、市场变化等多元化信息，创作出新颖独特的剧情结构，让短视频作品独树一帜。

AIGC 写作短视频脚本的步骤如下。

1．设定角色，询问要求

短视频脚本创作的空间很大，如果不对 AI 提出具体的要求，AI 生成的脚本可能无法使用。因此，在撰写短视频脚本之前，新媒体创作者要先给 AI 赋予短视频创作者的身份，并询问它需要提供的信息。例如，"你现在是抖音平台著名的短视频博主，现在需要你帮我创作短视频脚本。我需要提供哪些信息，才能让你创作出更有吸引力的短视频脚本呢？"

2．给出信息

新媒体创作者要根据 AI 提出的要求补充信息，如视频主题、目标受众、视频时长、视频风格、产品信息、视频元素等。

例如，"以下是我提供的一些信息，希望能帮你创作更吸引人的短视频脚本。（1）视频主题：关于阳光心态，如何让孩子培养阳光心态；（2）目标受众：目标受众为 6～15 岁年龄段孩子的父母，让他们意识到培养阳光心态对养成健康人格的好处，以及在生活中如何言传身教，避免孩子们过度沉浸于失败、焦虑中；（3）视频时长：2 分钟；（4）视频风格：情景剧和知识讲解相结合的方式。"

3．细化情景

在生成基础的短视频脚本后，为了方便后期拍摄，新媒体创作者可以细化其中的情景，如补充具体的画面和台词。例如，"请把第三幕情景进行细化，如演员的动作、神态和对话。"

4．反馈迭代

为了便于演员、摄影师、剪辑师等人员更好地理解短视频脚本的需求，新媒体创作者可以要求 AI 将脚本内容转化为表格形式。例如，"请用表格的形式展示以上脚本内容。"

以上方法适合使用对话式聊天机器人来撰写短视频脚本，而现在很多 AIGC 工具提供了 AI 助手功能，预置了众多角色功能，新媒体创作者可以按照自己的需求选择其中的一个助手，然后输入具体的信息，即可快速生成短视频脚本。

📖 案例在线

使用简单 AI 撰写短视频脚本

下面使用简单 AI 撰写一个简单的短视频脚本，方法如下。

（1）登录简单 AI 页面，在上方单击"AI 助手"按钮，如图 4-7 所示。

图 4-7　单击"AI 助手"按钮

慕课视频

使用简单 AI 撰写
短视频脚本

（2）在"热门应用场景"中选择"短视频脚本"选项，如图 4-8 所示。

图 4-8　选择"短视频脚本"选项

（3）在打开的页面中填写短视频主题、脚本要求（如短视频类型、短视频目的、内容要求等）、短视频时长，然后单击"开始创作"按钮，如图 4-9 所示。此时，即可一键生成带有人物设定、拍摄场景、故事情节、台词或旁白的短视频脚本。

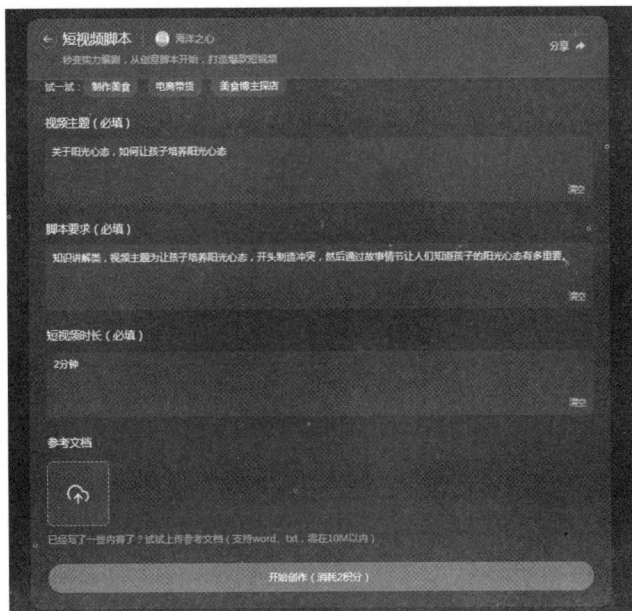

图 4-9　创作短视频脚本

（4）在下方单击"添加至编辑器"按钮，可以对生成的短视频脚本进行人工修改，或者使用 AI 工具进一步优化，如图 4-10 所示。

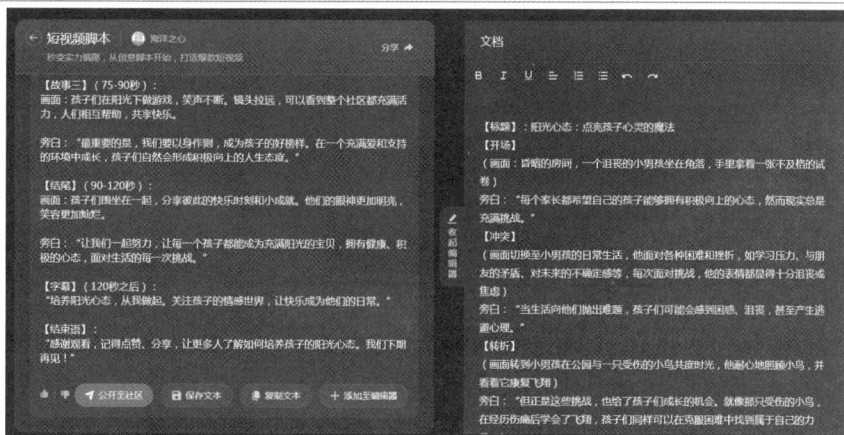

图 4-10　单击"添加至编辑器"按钮

4.3.4　AIGC 写作直播营销话术

在直播营销过程中，直播营销话术能够发挥重要的作用，如增强吸引力、建立情感链接、有效传递信息、激发购买欲望、应对突发情况、营造氛围、引导互动等。

在竞争激烈的直播带货时代，主播使用 AI 帮助自己撰写直播营销话术，可以极大地提高工作效率。AI 能够在短时间内生成大量的话术内容，快速满足直播的需求。例如，在一场即将开始的直播前，AI 可以迅速为多种产品生成不同风格的营销话术，节省了主播和策划人员花费大量时间构思和撰写话术的过程。

AI 生成的话术可以保持风格和重点的一致性，避免人为因素导致的表述差异。例如，在介绍一系列同品牌但不同款式的服装时，AI 能够确保对品牌优势和特点的描述始终一致，从而强化品牌形象。

以下是使用 AI 撰写直播营销话术的一般步骤。

（1）明确主题和产品特点：告诉 AI 直播的主题是什么，如某款具体产品的推广，以及产品的关键信息、优势等。

（2）提出要求：指示 AI 要生成一段适合直播营销的话术，强调有吸引力、煽动性，能够激发用户的兴趣和购买欲望。

（3）引导风格：可以提及希望话术具有幽默、亲切、专业等特定风格。

（4）补充相关信息：如目标受众的特点、直播场景等信息，让 AI 生成更贴合实际的话术。

例如，主播可以这样对 AI 说："请为我撰写一段关于沐浴露的直播营销话术，要突出产品泡沫易冲洗、适合敏感肌肤、有舒缓皮肤的作用等特征，语言风格要亲切且有感染力，适合面向年轻女性，在直播中使用。"然后根据 AI 生成的内容进行适当调整和优化。图 4-11 所示为使用文心一言生成的直播营销话术。

虽然 AI 可以生成初步的话术，但人工审核和优化是必不可少的步骤，因为 AI 可能无法理解语境、情感或微妙的文化差异。主播需要检查 AI 生成话术的语法和流畅性，确保话术没有语法错误，且表达流畅；根据品牌定位和受众特点，调整话术的语气和风格，使其更具吸引力和说服力；根据用户的反馈和互动情况，添加个性化的元素，如用户昵称、特定场景的描述等。

图 4-11　使用文心一言生成的直播营销话术

素养课堂

AI 是代表新质生产力的效率工具。在 AI 时代，我们要树立工具意识和工具思维，善于运用工具提升自己的实践能力和解决问题的能力。工具思维强调运用合适的工具来解决问题、提高效率，这种思维方式要求我们在解决问题时要不断尝试新的方法和工具，从而培养创新思维。

4.3.5　AIGC 写作工作总结

工作总结可以提高团队的沟通效率，让领导更好地评估工作进展情况，也能展示个人工作成果，为下一步工作提供参考和方向。

AIGC 在撰写工作总结方面可以提供极大的便利。利用 AIGC 写作工具，我们可以高效地完成工作总结报告的撰写，包括明确主题、梳理工作内容、总结与反思，以及制订未来计划。

使用 AIGC 写作工具撰写工作总结的步骤如下。

1．确定框架

用户要告知 AI 工作总结的背景信息，如汇报人、汇报对象、汇报主题等，让 AI 生成框架。如果 AI 生成的框架不符合需求，可以要求其重新生成，直到获得满意的框架为止。例如，"我是一名设计人员，我需要向领导和同事汇报 5 月份个人的设计工作完成情况，请给我一份工作总结的框架。"

2．填充信息

AI 会生成工作总结的内容框架，一般来说，工作总结包括概述（工作总结的目的，工作总结包括几部分内容）、工作进展情况（完成的任务、进行中的任务、尚未开始的任务）、问题和项目风险（已解决的问题、未解决的问题、需要注意的风险）、下一步工作计划（对完成的任务的进一步计划、对进行中任务的进一步计划、对未开始的任务的进一步计划）、个人工作表现评估（包括工作态度、工作效率、技能提升、经验积

AIGC 与新媒体运营技能实战（慕课版）

累、个人发展等)、感谢和致辞(感谢领导和同事,致辞并总结)。

用户可以根据 AI 生成的框架填充相关信息,给出具体要求,让 AI 生成详细的工作总结。例如,"根据你生成的框架,我完善了相关信息,请为我生成一篇工作总结。要求:语言规范简洁,突出优点和成绩(需要完善的信息,略)。"

3. 反馈迭代

针对工作总结中的细节、行文风格等提出修改建议,让 AI 不断优化工作总结,最终获得一篇优质的工作总结。

4.3.6 AIGC 写作小红书笔记

使用 AI 撰写小红书笔记可以极大地提高创作效率,并帮助新媒体创作者快速生成高质量的笔记内容。利用 AIGC 写作工具创作小红书笔记的步骤如下。

1. 设定角色

新媒体创作者要给 AI 赋予一个小红书博主的身份,有利于其更加精准地回答问题,并试着向 AI 询问爆款小红书笔记的特征。例如,"你是一位拥有 100 万粉丝的小红书博主,请你告诉我小红书爆款笔记有哪些特征?"

2. 确认标准

根据 AI 回复的特征进行判断和补充,如果与预期有差距,新媒体创作者可以将自己总结的小红书爆款笔记特征提供给 AI,让 AI 复述一遍,确保其真正理解和吸收,这样有利于其创作出符合爆款小红书笔记特征和新媒体创作者要求的笔记内容。例如,"你说的这些特征有些笼统,下面是我给你发的小红书爆款笔记的风格特征,请你记住这些特征,并用你自己的语言阐述一遍。""请你记住以上特征,并且后续严格按照这些特征生成笔记内容。"

新媒体创作者如果不清楚小红书平台的笔记标准,可以给 AI 提供小红书平台上的爆款笔记,让 AI 先总结笔记特征再生成内容,这样生成的内容更加符合要求。

3. 提供主题和具体要求

新媒体创作者要求 AI 根据上面总结的特征和提供的主题生成笔记,如"请以'生活中那些美好的瞬间'为主题,写一篇小红书爆款笔记,遵循上面小红书爆款笔记的风格特征。"

4. 反馈迭代

新媒体创作者可以根据个人的需要和喜好,对笔记内容进行进一步的迭代和优化。例如,"可以在这篇笔记中加入一些与零食相关的场景,强调零食的美味与生活美好之间的关联,以突出小红书笔记的'种草'属性。"

目前,很多 AIGC 写作工具内置了文案模板,新媒体创作者只需选择特定平台的文案生成功能,即可快速生成文案模板,只需替换关键词即可。

📓 案例在线

使用文心一言的"小红书营销文案"功能撰写笔记

文心一言的"百宝箱"内置了"小红书营销文案"功能,其使用方法如下。

(1)登录文心一言页面,单击左边的"百宝箱"按钮,如图 4-12 所示。

慕课视频

使用文心一言的"小红书营销文案"功能撰写笔记

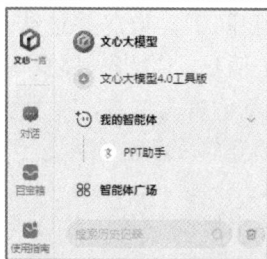

图 4-12　单击"百宝箱"按钮

（2）弹出"一言百宝箱"页面，在"场景"选项卡下选择"营销文案"类别，将鼠标指针置于"小红书营销文案"选项上，单击"使用"按钮，如图 4-13 所示。

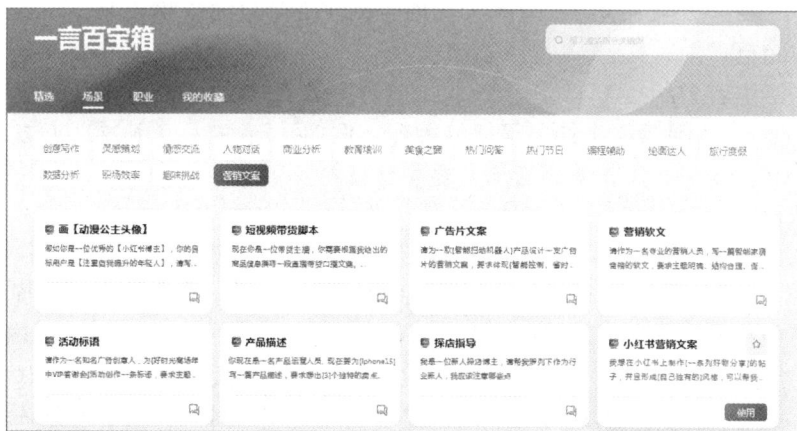

图 4-13　使用"小红书营销文案"功能

（3）此时，文心一言的对话框内自动生成提示词对话模板，新媒体创作者可以根据自身需求和笔记创作要求替换"[]"内的关键词（见图 4-14），以生成符合自己要求的小红书笔记内容。

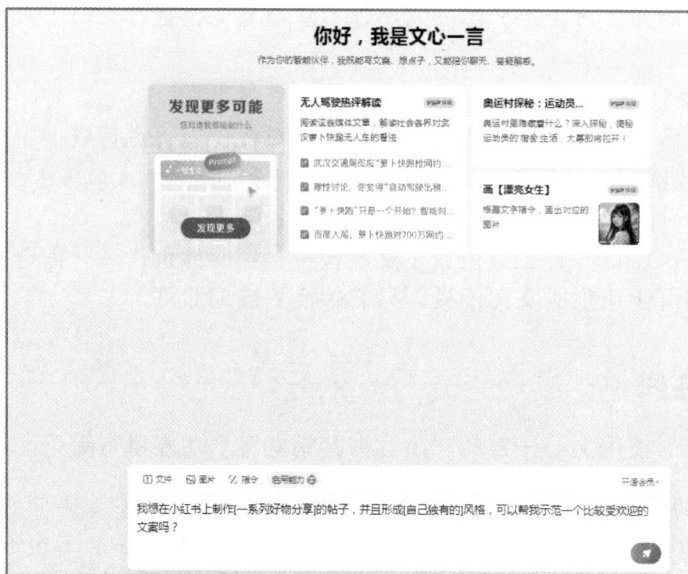

图 4-14　生成提示词对话模板

4.3.7 AIGC 写作公众号文章

在新媒体时代，微信公众号已经成为人们传播思想、分享观点、营销运营的重要渠道。撰写公众号文章不仅需要传达独特的观点，还要使用足够吸引人的表达方法。新媒体创作者可以使用 AIGC 工具来辅助创作公众号文章，一般步骤如下。

1．确定文章主题

在撰写公众号文章之前，新媒体创作者首先要明确文章的主题和目标受众，这有助于更好地设定提示词，以便 AI 能够生成更符合新媒体创作者需求的内容。

2．选择合适的 AIGC 写作工具

市场上有多种 AIGC 写作工具可供选择，如 ChatGPT、文心一言等。这些工具都具有强大的自然语言处理能力，能够生成高质量的内容。新媒体创作者可以根据自己的需求和偏好，选择一个合适的工具。

3．训练 AI 的写作风格

如果希望 AI 生成的文章具有特定的风格，可以找几篇符合该风格的公众号文章作为范文提供给 AI，让其总结写作风格。

4．输入提示词或指令

新媒体创作者要告诉 AI 撰写文章的要求，包括主题、关键观点、目标受众、字数限制等。指令越详细，生成的文章越可能符合期望。例如，"请为我撰写一篇关于健康生活方式的公众号文章，面向普通大众，语言通俗易懂，具有实用性。文章需包含以下要点：饮食均衡的重要性，适量运动的好处，保持良好睡眠的方法。字数在 1000 字左右。"

为了获得更优质、更符合自身需求的回答，新媒体创作者可以多次提问，循序渐进地引导 AI 生成符合预期的文章。例如，新媒体创作者想要撰写一篇以"分数和素质哪个更重要"为主题的文章，可以先询问 AI 需要获得哪些信息，"你是一位育儿专家，如果我想让你围绕主题'分数和素质哪个更重要'写一篇公众号文章，需要为你提供哪些信息？"

当 AI 回答后，新媒体创作者可以根据 AI 提出的要求补充相关信息，"请你围绕分数和素质哪个更重要这个主题撰写一篇公众号文章，文章相关信息要求如下：文章的观点……文章结构……文章风格……目标受众……文章字数限制……"

5．生成初稿并优化

AI 会根据提示词或指令生成文章的初稿，但 AI 生成的文章可能并不完美，需要进行审查和修改。新媒体创作者要检查文章的逻辑是否通顺，内容是否准确，是否符合公众号定位和风格等。新媒体创作者要对不满意的部分进行调整、补充或改写，使其更优质。

例如，"文章标题过于平淡，请优化标题，使其更富有吸引力，应渲染悬念氛围。""这篇文章过于空洞，请将分数和素质两个部分进行优化，要求每个点都要有相关的案例支持，并用第一人称阐述。""是否可以优化并扩写最后一个案例，使其更富有吸引力和说服力？"

4.3.8 AIGC 写作创意故事

创意故事在激发想象力、传递情感与价值观、提供娱乐与放松、促进文化交流与理解、激发创新思维与解决问题、增强记忆与学习能力，以及促进个人成长与自我发现等方面都发挥着重要的作用，是人类文化和精神生活的重要组成部分。而在营销过程中，有创意的营销故事也扮演着重要的角色。这些故事不仅能够吸引消费者的注意力，还能

在情感上与消费者建立深刻的联系，推动品牌传播和销售增长。

创意故事的创作是一项复杂且富有挑战性的任务，要求新媒体创作者具备丰富的想象力、深刻的洞察力，以及出色的表达能力。然而，随着 AIGC 技术的不断发展，AI 为创意故事的创作提供了新的工具和思路。

📋 案例在线

使用 AIGC 创作创意故事

（1）明确故事主题和框架

新媒体创作者首先要明确故事类型，如科幻、奇幻、爱情、悬疑、励志等，为故事设定一个合理的背景，包括时间、地点、社会环境等，并点明核心人物和核心事件，勾勒出主要的情节和关键转折点。新媒体创作者可以明确让 AI 扮演的角色，如小说家、编剧等，以便它更好地理解创作任务。

慕课视频

使用 AIGC 创作
创意故事

（2）进行初步创作

新媒体创作者要将故事主题、背景、主要角色和初步情节输入 AIGC 写作工具中，让 AI 基于这些信息生成故事大纲或概要，以帮助新媒体创作者厘清思路，发现新的创意点。例如，"你是一位知名小说家，请帮我写一篇冒险小说，主题是一个童心未泯的成年人在一个月圆之夜踏上草原，寻找梦想中的童话世界。剧情梗概：在寻找童话世界的途中，他遇到了很多有趣的人物，还有惊心动魄地与坏人搏斗的事件，而在一个风雨交加的午后，他终于找到了失散多年的兄弟，童年时期，父母讲述的童话故事也在他的回忆中展现，在那个童话故事里，出现了兄弟俩都喜欢的美味零食。"图 4-15 所示为文心一言给出的创意故事。

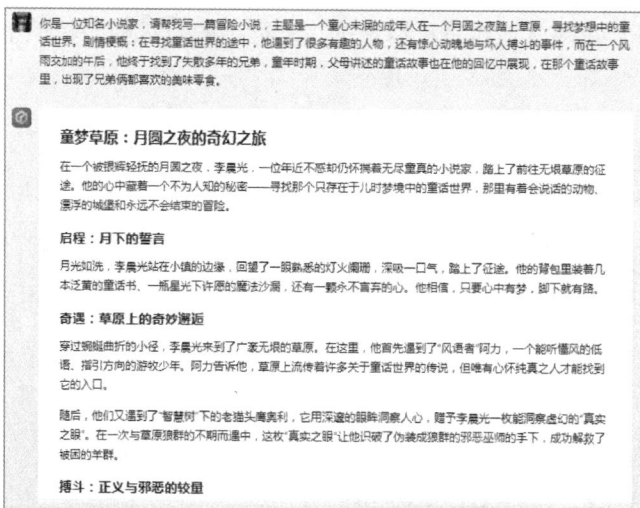

图 4-15　文心一言给出的创意故事

（3）细化情节和角色

新媒体创作者可以利用 AI 来丰富故事的角色设定，包括角色的性格、外貌、背景故事等，如图 4-16 所示；新媒体创作者还可以要求 AI 生成多个角色选项，并选择最符合想象的一个选项。

在情节发展上，新媒体创作者可以针对大纲上的每个情节点，使用 AI 生成具体的情节内容；新媒体创作者还可以要求 AI 提供多个情节选项，并根据需要进行选择或修改。

图 4-16　细化情节和角色

（4）持续优化和迭代

新媒体创作者要明确提出希望 AI 完成的具体目标，如情节要吸引人、符合某种价值观等，并指出不希望 AI 做的事情，以防出现不需要的情节或不合适的风格。

例如，"故事中涉及与坏人做搏斗时，描写过于宽泛，不够具体，可添加具体的对决方式，增添搏斗的困难，反映主人公扭转困局的智慧，打败坏人时使用的关键方法和动作等，使故事扣人心弦。"图 4-17 所示为文心一言给出的优化后的故事。

图 4-17　文心一言给出的优化后的故事

新媒体创作者要多次使用 AI 进行故事生成与对比，通过不断尝试和调整，找到最符合要求的故事内容。如果对某部分故事内容不满意，新媒体创作者可以重新向 AI 提出要求，并根据其反馈进行调整。

4.4 新媒体图文排版

新媒体图文排版是结合视觉美学与内容逻辑的创意展现，通过精心策划的版面设计、色彩搭配、字体选择及图文融合，能够提升内容的吸引力与可读性，有效传达信息，提升用户体验。

4.4.1 新媒体图文排版的要点

在新媒体领域，图文排版是提升内容可读性和吸引力的关键环节。新媒体创作者在进行图文排版时，需要注意以下要点。

1．明确排版目的与理解内容

首先，新媒体创作者需要明确排版的目的是什么，是为了帮助读者理解内容、引导行动，还是强化品牌感知，这有助于在后续排版过程中保持一致性。此外，新媒体创作者还要深入理解文章内容及其结构，确保排版能够准确传达作者的意图和文章的核心信息。

2．整体布局与风格统一

新媒体创作者应明确文章的整体风格，如简约、清新、专业等，确保整篇文章在视觉上保持一致；新媒体创作者要确保文章在配色上遵循"三色原则"，即整篇文章中的颜色种类不超过 3 种，以主色调为主，辅以 1~2 种辅助色。色彩搭配要和谐，避免使用过于刺眼或暗淡的颜色。

3．标题与导语具有吸引力

标题是文章的"眼睛"，应具有吸引力和概括性。新媒体创作者可以采用加粗、放大字体、变换颜色等方式来突出显示标题，使其在众多内容中脱颖而出。导语应简洁明了，概括文章的主要内容或亮点，激发读者的阅读兴趣。

4．正文排版清晰易读

选用易读性强的字体，如微软雅黑、宋体等，字号一般设置为 14px 至 16px 之间，确保阅读的舒适度。对于文章中的重点内容，如小标题、关键词、结论等，新媒体创作者可以通过加粗、改变颜色、设置背景色或边框等方式进行突出显示。

段落长度要适中，避免段落过长或过短。每段文字建议不超过 10 行，以减轻读者的阅读压力。行间距通常设置为字号的 1.5 倍至 2 倍，段间距则通过空行或分段符号来区分，使文章层次分明。

5．精致的细节处理

正确使用标点符号，避免错用或漏用。文章中还应合理地进行留白，以提升文章的整体美感，如在文字、图片之间以及页面边缘都要留白，给读者"喘息"的时间。整篇文章中的元素（如字体、颜色、排版格式等）应保持统一性和一致性，避免出现混乱或不一致的情况。

6．互动性和引导性

新媒体创作者通过小标题、分段、列表等方式引导读者逐步深入阅读文章内容，还可以在文章中适当加入互动元素，如投票、问答、评论等，以增强读者的参与感和黏性。

4.4.2 使用 135 编辑器进行排版

135 编辑器是一款功能强大的在线图文排版工具，它集成了丰富的样式库、智能排版、AI 排版和多媒体支持等功能，能够帮助新媒体创作者轻松地创建出美观、专业的文章，被广泛应用于公众号等平台的内容创作与编辑。

案例在线

使用 135 编辑器进行图文排版

一、快速图文排版

使用 135 编辑器进行快速图文排版的方法如下。

（1）打开 135 编辑器网站并进入编辑器界面，可以看到该界面分为 4 个区域，从左到右依次为工具栏、样式展示区、编辑区和常用功能区，如图 4-18 所示。

> 慕课视频
>
> 快速图文排版

图 4-18　135 编辑器界面

（2）在编辑区中输入文章内容并插入图片，对文章内容进行简单排版。例如，对文章进行段落划分，在标题文本前添加序号等，双击左侧的文章标签，然后输入文章标题，如图 4-19 所示。

（3）在左侧工具栏中单击"一键排版"按钮，然后在右侧选择要使用的模板，单击"分开使用"按钮，如图 4-20 所示。若要保存模板，可以在模板上单击"存为个人"按钮，即可在"个人一键排版"界面中看到保存的模板，并根据需要修改模板各个板块的样式。

（4）在打开的界面中查看模板参数和各种样式，对模板进行参数设置，如"自动识别标题"，或者根据需要单独使用模板中的样式，单击"一键排版"按钮，如图 4-21 所示。需要注意的是，模板中的部分样式需要手动添加前缀符号才能匹配上。例如，在文章中的主标题内容前输入一个"#"号，在想要设置为二级标题（副标题）的内容前输入两个"#"号，在想要设置分割线的位置输入"---"。

101

图 4-19　编辑内容和标题

图 4-20　单击"分开使用"按钮

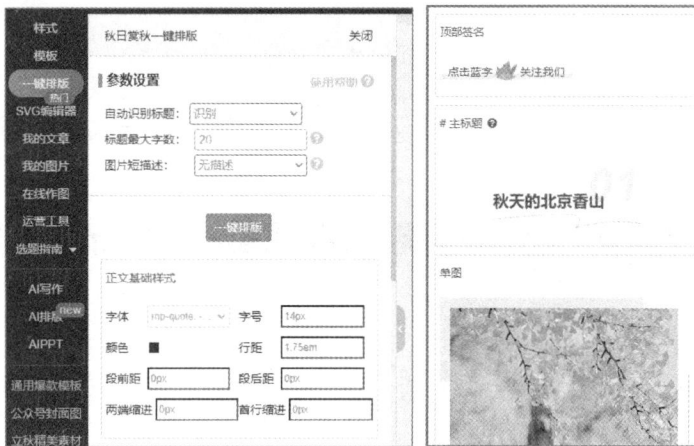

图 4-21　单击"一键排版"按钮

（5）此时，即可在编辑区查看文章的一键排版效果，如图 4-22 所示。

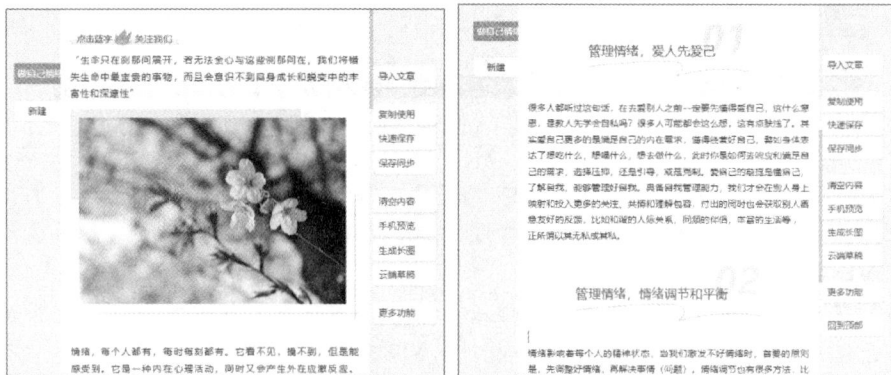

图 4-22　一键排版效果

（6）在文章中选中第 1 段文字，在左侧工具栏中单击"样式"按钮，在上方选择"正文"|"引用"选项，然后根据需要筛选样式，如只显示免费样式，在样式列表中选择要使用的样式，即可为所选文本应用该样式，如图 4-23 所示。

（7）在编辑区查看应用样式效果，将光标定位到应用样式的文本中，在弹出的"样式操作"框中根据需要选择操作，如单击"后空行"和"前空行"按钮插入空行，如图 4-24 所示。

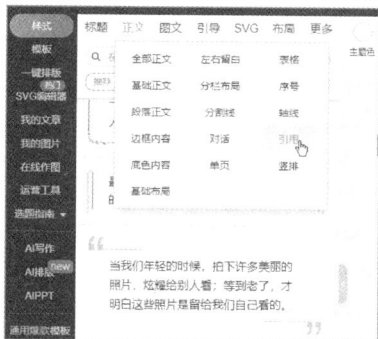

图 4-23　选择样式

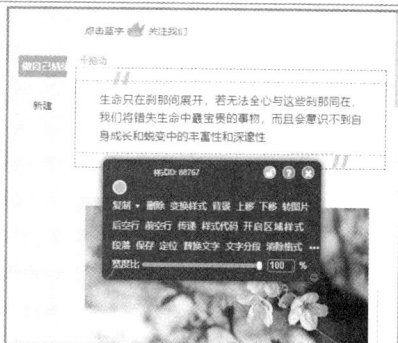

图 4-24　选择操作

（8）在上方工具栏中单击"全文文字样式"按钮，在弹出的对话框中设置行高、字号、段前距、段后距，然后单击"应用到全文"按钮，如图 4-25 所示。

（9）在上方工具栏中单击"两侧边距"按钮，在弹出的列表中选择 15 像素，如图 4-26 所示。

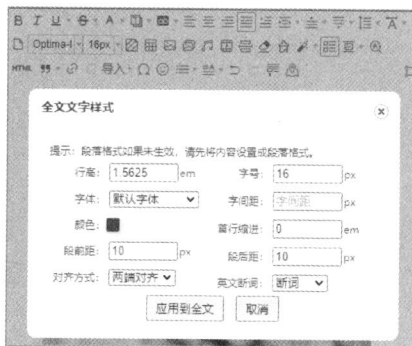

图 4-25　设置全文文字样式

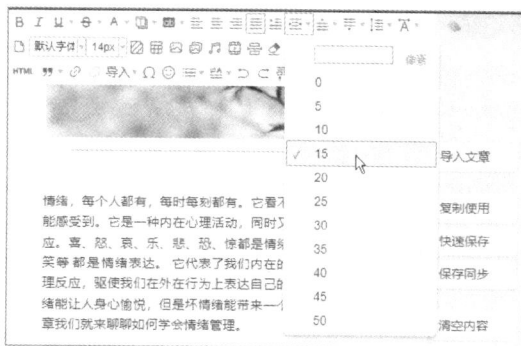

图 4-26　设置两侧边距

（10）在上方工具栏中单击"背景"按钮，在弹出的对话框中选择背景样式，然后单击"确定"按钮，如图 4-27 所示。

（11）按【Ctrl+S】组合键，弹出"保存图文"对话框，输入图文摘要，根据需要上传封面，然后单击"保存文章"按钮，如图 4-28 所示。若要将文章同步到公众号，需要在个人中心设置授权公众号，在保存时设置要同步的公众号。

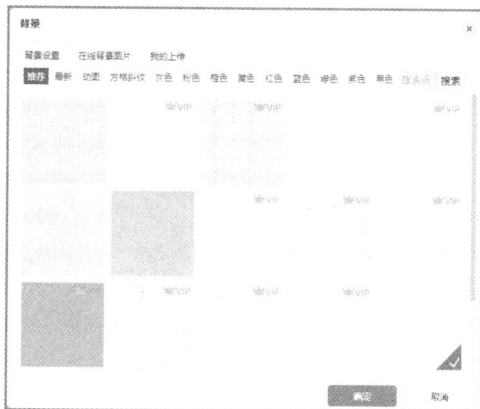

图 4-27　设置背景

图 4-28　保存图文

二、使用 AI 排版功能一键排版

慕课视频

使用 AI 排版功能
一键排版

135 编辑器的 AI 排版具有 AI 创作、文档智能秒排、海量素材一键秒刷、图文样式随时更改等功能，能够帮助用户快速完成图文排版，具体操作方法如下。

（1）打开 135 图文排版页面，选择"导入文章"选项卡，然后单击"常规导入"按钮，如图 4-29 所示。

（2）在弹出的对话框中选择导入方式，在此选择"方式 1-文本输入"，输入标题、副标题、引言和内容，对内容进行简单的格式设置，在标题文本前添加"#"号，如图 4-30 所示。输入完成后，单击"确定"按钮。

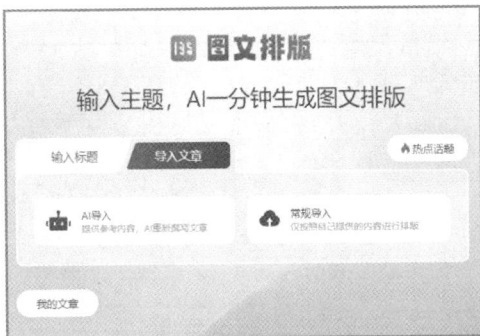

图 4-29　单击"常规导入"按钮

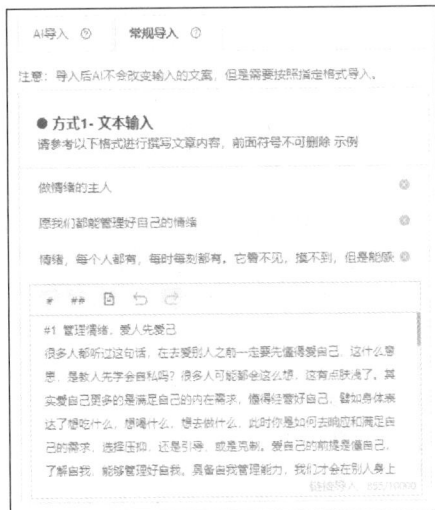

图 4-30　输入文章内容

（3）在打开的页面中即可生成文章内容大纲，如图 4-31 所示。

（4）在下方单击"换个大纲"按钮，开始对文案进行优化和改写，单击"下一步"按钮，如图 4-32 所示。

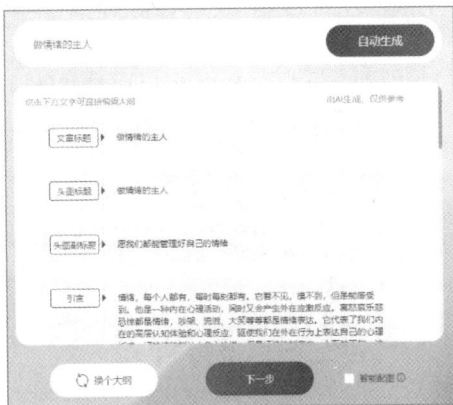

图 4-31　生成文章内容大纲

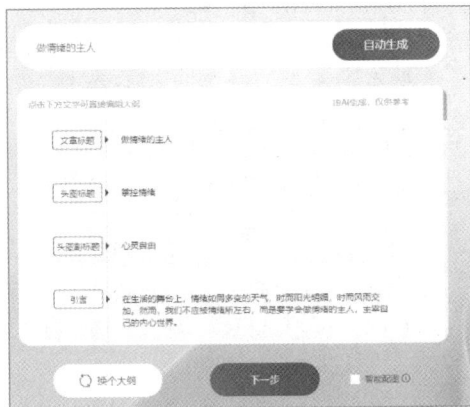

图 4-32　单击"换个大纲"按钮

（5）在打开的页面中选择所需的模板，然后单击"一键排版"按钮，如图 4-33 所示。

图 4-33　选择模板

（6）此时即可完成文章的排版，新媒体创作者可以根据需要编辑文章大纲、更换样式、更换模板等，如图 4-34 所示。

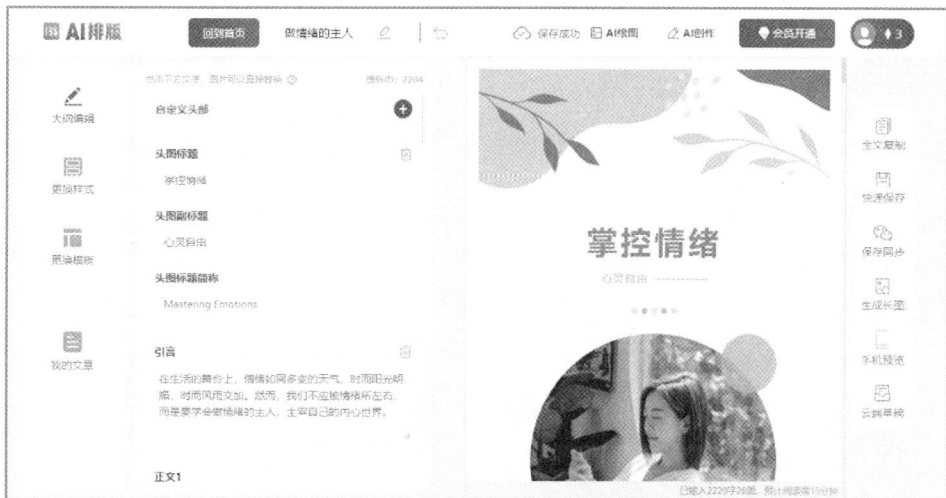

图 4-34　完成图文排版

4.4.3　创意图文排版

创意图文排版是设计领域中一项重要的技能，它融合了艺术字、文字云等多种元素，以创造出既具有视觉冲击力又富含信息的版面设计。下面将介绍如何制作艺术字和文字云。

1．制作艺术字

艺术字作为文字的一种创意表现形式，通过独特的字体风格、变形和装饰，为图文排版增添了艺术感和视觉冲击力。利用 AI 工具，新媒体创作者只需描述创意效果，就制作出与专业设计师作品相媲美的艺术字。

案例在线

使用"锦书-创新艺术字"应用制作艺术字

魔搭社区是一个由阿里达摩院联合 CCF 开源发展委员会共同推出的 AI 模型社区。该社区专注于 AI 模型的共享、交流和优化，旨在通过汇聚业界领先的 AI 模型和数据集，为开发者和研究者提供一个高效、智能的研发平台。

下面使用魔搭社区中的"锦书-创新艺术字"应用来制作富有创意的艺术字，具体操作方法如下。

（1）打开魔搭社区官网，搜索"艺术字"即可找到"锦书-创新艺术字"应用，打开该应用。选择"艺术字创作"|"创意文字生成"选项卡，输入要生成的创意字"初心"，然后输入创意效果"白色背景，枫叶，绿色"，在下方选择字体和输出图片规格，单击"生成创意字"按钮，如图 4-35 所示。

（2）稍等片刻，即可生成 4 张艺术字图片，效果如图 4-36 所示。

> 慕课视频
>
> 使用"锦书-创新艺术字"应用制作艺术字

图 4-35　设置创意文字

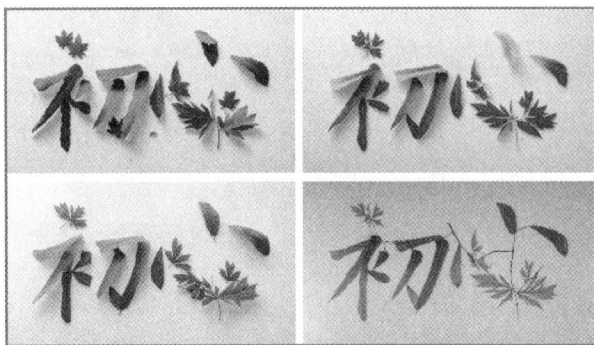

图 4-36　生成艺术字效果

2．制作文字云

文字云是一种将文本数据以图形方式展示的可视化技术。在创意图文排版中，文字云能够直观地展示文本中的关键词和词频分布。使用文字云生成工具可以轻松制作文字云图片，常用的工具有微词云、WordClouds、3D 文字云、易词云、词云文字生成器等。

案例在线

使用词云文字生成器制作文字云图片

下面使用词云文字生成器制作一张文字云图片，方法如下。

（1）打开词云文字生成器网站，在页面上方单击"词云文字"超链接进入制作页面，在左侧工具栏单击"文字"按钮，然后设置基本数据，如输入文字和权重，设置颜色、角度、重复等选项，如图 4-37 所示。

（2）在左侧单击"图形"按钮，然后选择所需的图形样式，如图 4-38 所示。

（3）在左侧单击"配置"按钮，然后设置文字大小、文字数、文字间距、文字角度等选项，如图 4-39 所示。

> 慕课视频
>
> 使用词云文字生成器制作文字云图片

图 4-37　设置基本数据　　　图 4-38　选择图形样式　　　图 4-39　配置选项

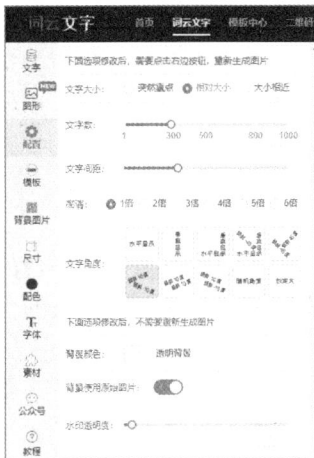

（4）在左侧单击"配色"按钮，选择所需的颜色方案，即可查看生成的文字云图片效果，如图 4-40 所示。

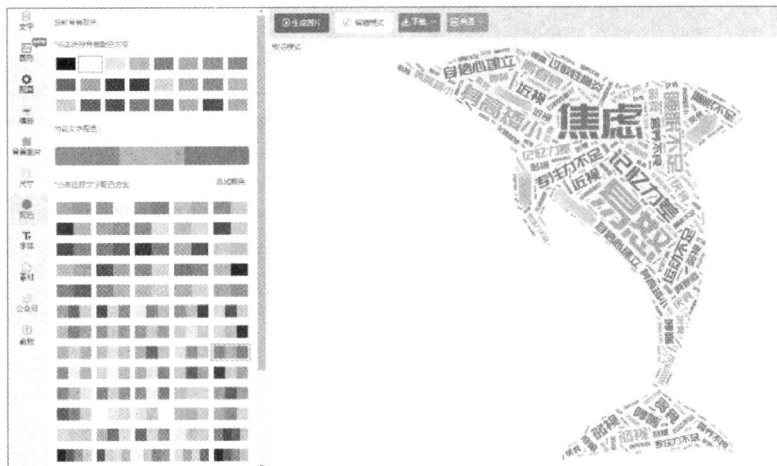

图 4-40　文字云图片效果

课堂实训 1：安踏的新媒体文案分析与写作

1．实训背景

在巴黎奥运会期间，安踏再次成为中国体育代表团领奖装备赞助商。"穿上安踏，和中国队一起冲刺！"安踏与国家队的深度合作不仅是背后的支持，更是前行的力量。从科技到设计，安踏都致力于为运动员提供最佳装备，让世界见证中国速度。

安踏的氮科技中底平台与碳管悬架系统，带给奥运冠军跑鞋前所未有的缓震性能与稳定支撑。这些技术的成功应用不仅帮助运动员在国际赛场夺得荣誉，还大幅提升了他们的表现。

通过不断地创新与验证，安踏的跑步装备在稳定性、舒适度及性能上都达到了新的高度。讲述英雄故事，我们不得不提到身穿安踏装备创造佳绩的国家队队员们。他们的故事不仅是赢得比赛，更是坚持、努力和不懈追求的精神传递。

安踏不仅支持这些顶尖运动员，还把先进的运动科技带给普通消费者，真正做到了"冠军科技，普及大众"。历经 15 年的发展，安踏已经成为中国体育品牌的领头羊，市值和营收都有显著增长。安踏的成功不仅在于商业成就，更在于它与中国体育共同成长的历程。

2．实训要求

收集安踏在新媒体平台的推广文案，分析其文案写作策略，并使用 AIGC 工具为安踏撰写一篇与奥运会有关的营销软文。

3．实训思路

（1）收集安踏的推广文案

在微博、微信公众号、抖音等平台收集安踏的推广文案，分析这些文案的特征，提炼其写作策略。

（2）为安踏撰写推广文案

收集安踏与奥运会有关的资讯、信息，整合之后作为自己的资料库，然后使用文心一言为安踏撰写一篇推广其跑鞋的营销软文，要求软文有创意，适合在小红书平台发布。

课堂实训 2：使用 135 编辑器进行图文排版

1．实训背景

新媒体运营人员除了使用微信公众号发布营销内容，还可以发布一些与行业有关的专业知识，如岗位职能、行业动态等，一方面提升企业在用户心目中的专业形象，另一方面帮助用户理解并认同企业文化。

慕课视频

使用 135 编辑器
进行图文排版

135 编辑器作为一款功能强大的在线图文排版工具，其应用范围广泛，已经成为多个行业领域进行图文排版和内容创作的重要工具。新媒体运营人员可以使用 135 编辑器撰写行业知识类文章，并进行图文排版。

2．实训要求

打开"素材文件\第 4 章\课堂实训\排版.docx"文档，将文档中的内容复制到 135 编辑器，对文章进行图文排版，图文排版之后的效果如图 4-41 所示。

图 4-41　图文排版之后的效果

3．实训思路

（1）文档简单排版

将文章内容复制到 135 编辑器，对文档段落进行划分，插入图片，然后在标题文本前输入"#"号。

（2）使用模板和样式排版

使用"一键排版"功能对文章进行快速排版，为文章中的小标题应用标题样式。

（3）自定义样式

设置全文文字样式、两侧边距和背景样式。

课后练习

1．按写作目的分类，新媒体文案可以分为哪些类型？

2．简述 RRBE 提示词模型。

3．图 4-42 所示为立白官方微博账号发布的微博文案。请在微博中搜索立白的官方微博账号，观看该短视频，了解其短视频的具体文案内容，然后分析微博文案和短视频文案，总结其使用的写作策略，然后使用 AIGC 工具生成类似的文案。

图 4-42　立白官方微博账号发布的微博文案

第5章 新媒体视频制作技能

学习目标

➤ 了解新媒体视频的类型与制作步骤。

➤ 掌握新媒体视频选题策划与脚本策划的方法。

➤ 掌握使用剪映 App 和 Premiere 剪辑新媒体视频的方法。

➤ 掌握使用 AIGC 工具制作新媒体视频的方法。

本章概述

在当今这个新媒体盛行的时代，视频制作技能已成为一项不可或缺的能力。随着互联网的飞速发展和社交媒体的广泛普及，视频内容以其直观、生动的特点，成为吸引观众、传递信息的重要媒介。掌握新媒体视频制作技能，不仅要求视频创作者能够熟练运用各种视频编辑软件和技术，更要求视频创作者具备敏锐的视觉感知、创新的思维方式和良好的叙事能力。本章主要介绍了新媒体视频内容策划、视频素材拍摄与剪辑，以及使用 AIGC 工具制作新媒体视频等技能。

本章关键词

新媒体视频　视听语言　选题策划　视频素材　AIGC 工具

案例导入

从默默无闻到千万粉丝，"深夜徐老师"的逆袭之路

"深夜徐老师"是一位知名时尚美妆博主，同时也是一位新媒体运营者，她运营的新媒体视频内容主要围绕美妆、护肤、时尚穿搭及生活方式等领域展开。她的视频以独特的个人风格、专业的美妆知识以及接地气的分享方式著称，吸引了大量粉丝关注，其微博账号粉丝 1000 多万，抖音账号粉丝 900 多万。

在视频内容定位上，她精准地抓住了年轻女性群体的兴趣点，提供了有价值且实用的信息。她的视频制作精良，画面清晰，色彩搭配和谐，给人以舒适的观看体验，如图 5-1 所示。她善于运用镜头语言和剪辑技巧，将复杂的美妆教程或产品评测以简洁明了的方式呈现给用户。

"深夜徐老师"在视频中的解说风格亲切自然，既有专业的美妆知识讲解，也不乏幽默风趣的段子，使观众在轻松愉快的氛围中学习美妆技巧。另外，她在视频中还经常穿插与粉丝的互动环节，如提问、投票等，增强了观众的参与感和黏性。

"深夜徐老师"的成功并非偶然，而是她在新媒体领域精耕细作、不断创新的结果。通过精准定位年轻女性群体的兴趣点，提供有价值且实用的信息，她不仅满足了用户的需求，更在美妆、护肤、时尚穿搭及生活方式等领域树立了行业标杆。

图 5-1 "深夜徐老师"抖音账号视频

案例思考：制作新媒体视频的关键要素是什么？

5.1 初识新媒体视频

新媒体视频是随着互联网技术、数字技术和社交媒体的快速发展而兴起的一种新型视频内容形式。新媒体视频是指通过互联网、移动设备等新媒体渠道传播的视频内容，包括短视频、直播、网络剧、微电影、Vlog（视频博客）、纪录片等多种形式。

5.1.1 新媒体视频的类型

新媒体视频可以从多个角度进行分类，根据不同的维度可以分为不同的类型。

1．按时长分类

按照时长的不同，可以将新媒体视频分为短视频、中视频和长视频。

（1）短视频

短视频是指在各种新媒体平台上播放的、适合在移动状态和短时休闲状态下观看的、高频推送的视频内容，时长一般为 15 秒到 5 分钟之间。短视频的内容可以是技能分享、幽默搞怪、时尚潮流、社会热点、街头采访、公益教育、广告创意、商业定制等主题。短视频的内容较短，既可以单独成片，也可以制作成系列栏目。

（2）中视频

中视频一般是指时长在 5 分钟至 30 分钟之间的视频。中视频允许视频创作者完整地讲述一件事情，表达更加连贯、从容，用户也可以获得更大的信息量，加深记忆。中视频时长适中，适合深入介绍或探讨某个话题，内容较丰富，包含更多的细节和情节。中视频既适合在移动设备上观看，也适合在电视、计算机等固定设备上观看。

（3）长视频

长视频通常指的是时长在 30 分钟以上的视频，如电影、电视剧、纪录片等。长视频一般需要较高的制作成本和较长的观看时间，适合在固定设备上观看。长视频通常主要由专业团队完成制作，其版权的获得至关重要。

2．按内容分类

按照内容的不同，可以将新媒体视频分为以下类型。

（1）电视剧

电视剧包含国产剧、美剧、韩剧、日剧等各国出品的电视剧。这些电视剧通常具有连续的剧情，围绕一个或多个主角展开。

（2）电影

电影包括各国出品的电影、网络大电影或微电影。电影是虚构的视频类型，通过故事情节、角色表演和视觉效果等元素，讲述一个虚构的事件或经历。

（3）综艺节目

综艺节目是以电视或互联网为载体，通过运用电视艺术手段将多种不同艺术体裁的单个节目进行有机的组合，从而形成一个具有娱乐性质、内容丰富、形式多样的节目类型。这类节目适合用户在休闲时放松心情和娱乐。

（4）动漫

动漫是动画与漫画的合称，是一种集合了绘画、涂鸦、电影、数字媒体、摄影、音乐、文学等众多艺术门类而形成的艺术表现形式，通常有丰富的角色、情节和视觉效果。

（5）纪录片

纪录片是展现真实事件、人物或历史的视频。纪录片通过拍摄真实场景或采访相关人士，以展现某一主题或事件的全貌。

（6）新闻

新闻包括历史重大事件视频、时事新闻视频或新闻直播，也包含娱乐、科技等内容的新闻。

（7）生活视频

生活视频即个人拍摄的生活片段、化妆技巧或 Vlog 等，记录日常生活和兴趣爱好。

（8）旅游视频

旅游视频是指展示旅游景点的风光、文化或旅行者体验的视频。

（9）教育视频

教育视频是指提供知识、技能或教育内容的视频，如在线教育课程、科普视频等。

5.1.2　新媒体视频制作步骤

新媒体视频制作是一个系统性的创作过程，涉及多个关键步骤。以短视频制作为例，一般包括以下步骤。

1．准备工作

准备工作包括两个方面，一是内容创意策划，二是视频拍摄准备。

视频创作者首先要做好内容创意策划，明确视频主题、目的和风格，确保内容有价值，表现形式独特且有吸引力，然后根据视频主题进行脚本创作，设定故事情节、角色和对话内容，并做好拍摄计划，规划拍摄时间、拍摄地点、所需设备及人员分工等。

在视频拍摄前，视频创作者需要准备好拍摄设备，如相机、手机，以及一些辅助设备，如灯光设备、稳定器、音频设备等，并确保其状态良好。根据视频脚本选定拍摄地点，并布置好场景。提前通知演员演出时间与地点，并安排好他们的服饰与妆容，准备好拍摄需要的道具。

2. 视频拍摄

视频拍摄是视频创作过程中最重要的阶段，它是在前期筹备的基础上进行的，旨在为后面的视频剪辑提供充足的视频素材。

视频拍摄阶段涉及的工作人员有导演、摄像师和演员等。导演负责安排和引导演员和摄像师的工作，并处理拍摄现场的各项工作；摄像师负责根据导演和脚本的安排，拍摄好每一个镜头；演员需要在导演的指导下，完成脚本中设计的所有表演。另外，在拍摄过程中，诸如灯光、道具和录音等方面的工作人员也要全力配合。当然，如果预算低，没有组建创作团队，也可由视频创作者一人来完成视频拍摄。

在视频拍摄过程中，摄像师要注意画面构图与光线的运用，拍摄出的画面要简洁明了，主次分明，给人以赏心悦目之感。摄像师要考虑好采用哪种拍摄表达手法，场景的切换、机位的摆放、灯光的布置，以及收音设备的配置等。

为了获得更好的拍摄效果，在拍摄过程中，摄像师一方面要运用防抖器材，拍摄出清晰的画面；另一方面，摄像师要灵活运用不同的镜头，使画面富有变化、生动有趣。

3. 视频剪辑

视频拍摄完成后，剪辑人员就要使用专业的视频剪辑工具对视频素材进行后期制作，包括剪辑、配音、调色、添加字幕和特效等工作，最终将视频素材制作成完整的视频作品。

需要注意的是，视频剪辑要按照创作主题、思路和脚本来进行。在剪辑视频前，剪辑人员要做好视频素材的归类整理，构思好视频主题、风格、背景音乐等，想象视频剪辑完成以后的样子，这样更便于视频剪辑工作的顺利进行。

视频剪辑的一般步骤如下。

（1）整理素材

剪辑人员对拍摄的所有视频素材进行整理和编辑，按照时间顺序或脚本中设置的剧情顺序进行排序，还可以对所有视频素材进行编号归类。

（2）梳理流程

熟悉视频脚本，了解脚本对各种镜头和画面效果的要求，再按照整理好的视频素材设计剪辑工作流程，并注明工作重点。

（3）视频粗剪

粗剪就是观看所有整理好的视频素材，从中挑选出符合脚本需求、画质清晰且精美的视频画面，然后按照脚本中的剧情顺序进行重新组接，使画面连贯、富有逻辑。

（4）音频处理

剪辑人员根据视频的主题选用合适的配乐或音效，并与视频进行合成处理，形成第一稿成片，并适当调整音频的音量和音效，确保音频的清晰度和和谐度。

（5）视频精剪

精剪就是在第一稿成片的基础上进行进一步的分析和比较，剪去多余的视频画面，并对视频画面进行调色，添加滤镜、特效和转场效果，以增强视频的吸引力，进一步突出内容主题。

（6）视频成片

在完成视频精剪后，视频创作者可以对其进行一些细微的调整和优化，根据视频内容和表现形式添加适合的标题和字幕，帮助用户更好地理解视频内容并增加观看的趣味性，最后为视频添加片头和片尾，完成视频制作。

4．视频发布

视频剪辑完成后，视频创作者需要选择合适的视频格式和分辨率导出视频，确保导出的视频文件大小适中且质量上乘，然后将制作完成的视频发布到合适的平台上，如抖音、快手、视频号、哔哩哔哩。视频创作者还要编写吸引人的标题和描述并添加关键词和位置等信息，以获得更多的流量和曝光。

视频创作者要熟知各个新媒体平台的推荐规则，同时还要积极寻求商业合作、互推合作等来拓宽短视频的曝光渠道，通过社交媒体、推广渠道等方式进行视频宣传和推广，以增大流量。

短视频发布后，视频创作者还要监控短视频的各项数据，并与用户积极互动，关注他们的反馈，不断优化短视频，这样才能使短视频在较短的时间内吸引更多的流量，从而提升短视频账号和 IP（Intellectual Property，知识产权）的知名度。

5.1.3　新媒体视频视听语言

新媒体视频视听语言是利用视觉和听觉元素来传达信息、情感和故事的一种语言艺术表现形式。在新媒体环境下，这种语言艺术表现形式通过视频、音频等多种媒介手段，结合剪辑、特效等技术，实现信息的直观、生动传播。

新媒体视频视听语言主要由影像、声音和剪辑三要素组成。

1．影像

视频影像主要涉及分镜构成、镜头角度、画面构图与光线运用等方面。

（1）分镜构成

视频创作者可以通过运用不同的景别来拍摄视频所需的不同镜头，表达不同的内容主题，如远景、中景、近景、特写等不同景别，用于展示不同的场景和细节。

景别是指拍摄主体和画面形象在屏幕框架结构中所呈现出的大小和范围。按照取景范围从大到小来划分，景别分为远景、全景、中景、近景和特写。不同的景别能够给用户带来不同的感受，拍摄者在拍摄过程中可以根据需要选择合适的景别来呈现故事和情感。

● 远景：主要用于呈现人物与周围环境的关系，以及广阔的空间景色，通常人物只占据画面的一小部分，如图 5-2 所示。

● 全景：主要用于表现人物的全身，同时保留一定范围的环境和活动空间，如图 5-3 所示。

图 5-2　远景

图 5-3　全景

● 中景：取景范围在人物膝盖以上部分或场景局部的画面，适合用于表现人物的动作，以及场景中的人物关系，如图 5-4 所示。

● 近景：取景范围在人物胸部以上，可以细致地表现人物的精神面貌，从而拉近画面中的人物与观众的距离。

● 特写：取景范围一般在人物肩部以上，可以突出人物面部情绪，如图 5-5 所示。

图 5-4　中景

图 5-5　特写

（2）镜头角度

在视频拍摄中，镜头角度是影响画面效果的重要因素，它决定了用户如何观看和理解被摄对象。

● 正面角度：指摄像机镜头正对着拍摄主体，主要表现正面形象。这种角度有利于表现人物的脸部特征和表情动作，给人以平展、整齐、稳定、庄严的感觉。

● 侧面角度：指从拍摄主体的侧面进行拍摄，其侧面轮廓特征明显，拍摄主体在画面中的立体感和空间感强烈，显得活泼、自然。

● 背面角度：指摄像机镜头从拍摄主体的背后进行拍摄。用户虽然看不到拍摄主体的正面表情，但可以通过环境进行想象，主要适合拍摄人物。

● 低角度：指摄像机镜头降低至地面或者从拍摄主体底部或底部以下的位置进行拍摄，能够拍摄出具有视觉冲击力和故事感的画面，如图 5-6 所示。

● 高角度：指摄像机镜头位于高处，从高处向下拍摄。这种角度可以使拍摄主体显得比较渺小，从而强调环境或场景的宏大，如图 5-7 所示。

图 5-6　低角度镜头

图 5-7　高角度镜头

（3）画面构图

画面构图是视频拍摄中不可或缺的一环，它直接影响着视频的质量和用户的观看体验。合理的画面构图不仅能够让画面更加生动、有趣，还能增强画面的视觉冲击力，提升视频作品的品质。

在视频拍摄中，常用的画面构图方式如下。

● 中心构图：将拍摄主体放在画面中心位置，这种构图方式更容易把用户的视线聚焦于拍摄主体。

● 对称构图：通过创造对称性来营造平衡和稳定感，可以是水平对称、垂直对称或中心对称。

● 对角线构图：利用对角线线条来引导用户的目光，从而创造出动感和视觉张力。

● 黄金分割构图：将画面分为与黄金比例相符合的两个或多个部分，以创造出视觉上的吸引力。一般将拍摄主体放到画面九宫格的交叉点位置或者三分线上。

● 框架构图：利用自然或人工的框架元素将拍摄主体置于画面中，这种构图方式能够增加画面的层次感，在一定程度上也可以规避杂乱的环境，如图 5-8 所示。

● 引导线构图：利用线条、路径或曲线来引导用户的目光，将用户的注意力吸引到画面中的重要区域，如图 5-9 所示。

图 5-8 框架构图   图 5-9 引导线构图

● 留白构图：通过在画面中留出空白区域，给用户留下想象的空间，使画面更具意境和韵味，还可以起到引导视线的作用。

● 前景构图：通过在画面前方放置有趣或引人注目的前景元素，以增强画面的层次感和空间感。

（4）光线运用

光线可以分为顺光、侧光和逆光，视频拍摄者可以根据自己的需求合理地选择光线。

● 顺光：指光线来自拍摄主体的正面，也就是让拍摄主体正对着光线进行拍摄，如图 5-10 所示。在充足的光线下，顺光拍摄可以将拍摄主体的细节表现得很清楚，但缺少光线的变化，可能会使拍摄画面略显单调。

● 侧光：指光线从拍摄主体的侧面照射过来。侧光在生活中最为常见，只要不是正对或背对着太阳，都属于侧光拍摄。侧光拍摄的画面有明有暗，具有层次感和立体感。

● 逆光：指光线来自拍摄主体的后面，如图 5-11 所示。在视频拍摄时，视频拍摄者可以将日出或日落时分的光线作为逆光，这个时候的光线倾斜照射且强烈，可以为拍摄主体营造出一轮金色的轮廓光，为画面添加浓重的氛围感。

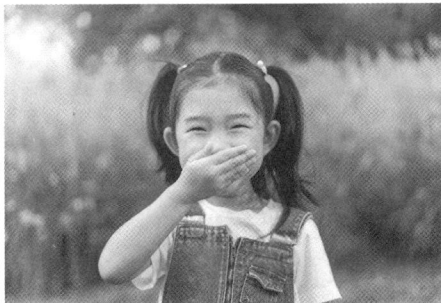

图 5-10 顺光拍摄   图 5-11 逆光拍摄

（5）运镜方式

运镜是指通过摄像机镜头的变化，让画面产生动感的效果，从而形成视点、场景空间、画面构图、表现对象的变化。通过合理的运镜，可以创造出丰富多样的视觉效果，展现出不同的视角和景别，使画面更加生动、有趣，让用户更全面地了解拍摄主体。

基本的运镜手法包括推镜头、拉镜头、摇镜头、移镜头、升降镜头、跟镜头、环绕镜头等。

● 推镜头：指镜头慢慢向拍摄主体靠近，通过逐步放大局部细节来突出拍摄主体。这种运镜方式可以引导用户对拍摄主体的关注，还可以用于描绘细节、刻画人物、制造悬念等，使用户更好地理解人物特点和故事情节。

● 拉镜头：指镜头慢慢远离拍摄主体，拍摄主体由大变小，周围环境由小变大。这种运镜方式常用于展现拍摄主体与环境的关系，或者为画面带入其他的元素或人物。

● 摇镜头：指在拍摄过程中左右或上下摇动镜头，从而让用户感受到场景的变化和动态效果。摇镜头可以是左右横摇、上下纵摇、倾斜摇等。这种运镜方式可以创造出动态感和视觉张力。

● 移镜头：指在拍摄过程中在场景中移动镜头，从而从不同的角度和方位拍摄。这种运镜方式可以创造出视觉上的层次感和立体感。

● 升降镜头：指镜头在垂直方向上做上升或下降运动，是一种从多个视点表现主题或场景的运镜方式，可以呈现出多角度、多方位的构图效果，能够增强画面的空间感，还能引导用户的视线，增强节奏感。

● 跟镜头：指在拍摄过程中镜头跟踪运动的被摄对象。常用的跟随方式有推镜头跟随、拉镜头跟随、侧面移镜头跟随、摇镜头跟随等。这种运镜方式可以用于表现一个在行动中的对象，以便连续而详尽地表现其活动情形，或者表现被摄对象在行动中的动作和表情。

● 环绕镜头：指镜头围绕拍摄主体进行环绕拍摄，常用来展现拍摄主体与环境之间的关系或人物之间的关系。这种运镜方式可以增强画面的立体感，能够给观众带来身临其境的感觉，还可以营造一种独特的艺术氛围。

2. 声音

声音是视频视听语言中的重要元素，它与镜头画面相互作用，共同构成了影视作品的艺术魅力。视频中的声音包含以下要素。

（1）音效与配乐

在视频中，音效和配乐是增强镜头语言表现力的重要手段。音效可以模拟环境声、动作声等，使用户产生身临其境的感觉；配乐则能通过旋律、节奏等音乐元素引导用户的情绪，强化画面的情感表达。这些声音元素与镜头画面紧密结合，更容易感染用户，使用户获得沉浸式体验。

（2）旁白与对话

旁白是独立于画面之外的声音叙述，常用于交代背景、推动情节或表达主题思想；对话则是角色之间的语言交流，是展现人物性格、推动剧情发展的重要手段。旁白与对话通过声音的方式，补充和丰富了镜头画面的内容，使故事更完整、更生动。

（3）沉默与留白

在镜头语言中，沉默与留白也是一种重要的声音表达方式。有时一个安静的场景或一段没有对话的片段，就能引发用户深度的思考和共鸣。这种声音上的"缺失"，实际上是在用另一种方式讲述故事、传递情感，如沉默可以表达悲痛、愤怒等情绪。

3．剪辑

剪辑是将拍摄的视频片段作为素材，经过选择、删除、分解与组接，最终以完整、连贯且主题明确的视频形式进行呈现的过程。剪辑不单纯是对素材的简单拼接，而是对视频内容的再创作。通过视频剪辑，可以调整视频的节奏、氛围和情感，使视频内容更加紧凑、生动、感人。同时，剪辑也是展现导演意图、表达主题思想的重要手段。

视频剪辑的常用技巧如下。

（1）选择剪接点

剪接点是不同镜头画面相连接的点，选择剪接点时应以镜头画面的主体动作为依据。常见的剪接点包括动作剪接点、情绪剪接点、节奏剪接点和声音剪接点。

● 动作剪接点：以形体动作为基础，结合剧情内容和人物行为来确定。

● 情绪剪接点：以心理动作为基础，根据人物在不同情境中的情绪变化来选择。

● 节奏剪接点：以故事情节的性质和剧情的总节奏为基础，结合其他因素来处理镜头剪接长度。

● 声音剪接点：以声音的特征为基础，根据内容的要求及声音和画面的有机关系来处理镜头的衔接，保持声音的完整性和连贯性。声音剪接点主要包括对白剪接点、音乐剪接点和音效剪接点等。

（2）转场技巧

转场是镜头之间的过渡方式，常用的转场技巧包括淡入淡出、叠化、划像、硬切等。在视频剪辑中，转场方式的选择应根据影片的风格和需要来决定。

● 淡入淡出：也称为渐显渐隐，其视觉效果为：在下一个镜头的起始处，画面的亮度由 0 逐渐恢复到正常的亮度，画面逐渐显现，这一过程称为淡入；在上一个镜头的结尾处，画面的亮度逐渐减为 0，画面逐渐隐去，这一过程称为淡出。淡入淡出是视频作品表现时间和空间间隔的常用手法，持续时间一般为 2 秒。

● 叠化：某一个镜头逐渐模糊直至消失，而下一个镜头逐渐清晰直至完全显现，两个镜头在渐隐和渐显的过程中有短暂的重叠和融合。叠化的时间一般为 3～4 秒。与直接切换相比，叠化具有轻缓、自然的特点，可用于比较柔和、缓慢的画面转换。

● 划像：在某一个镜头从一个方向上渐渐隐去的同时，下一个镜头随之出现的一种画面切换技巧。根据画面隐去和出现的方向和方式，划像通常分为左右划像、上下划像、对角线划像、圆形划像、菱形划像等。划像的时间通常为 1 秒左右。

● 硬切：前后的视频画面直接进行切换，没有任何遮挡、相同景物、同向运镜或后期转场效果，硬切转场是一种非常直接的转场形式。

视频创作者在剪辑视频时，要注意内容的连贯性，使用户能够清晰地理解故事情节的发展，还应围绕视频的主题进行剪辑，通过镜头的选择和组接来强化主题思想。

素养课堂

要想创作出精良的新媒体视频作品，视频创作者要不断提升自身的审美能力和创意能力。视频创作者只有具备对美的敏锐感知和鉴赏能力，才能在视频制作中运用色彩、构图、光影等元素营造出良好的视觉效果。同时，视频创作者还要具备创意能力，运用独特的创意和思维方式创作出新颖、有趣、有深度的视频内容。

5.2 新媒体视频内容策划

新媒体视频内容策划是一个综合性的过程，视频创作者可以根据营销目标和受众特点，策划具有创意和吸引力的内容，通过新媒体平台向目标用户传递有效的信息，并引导他们产生共鸣，主动参与互动。

5.2.1 视频选题策划

视频选题策划，简单来说就是确定视频的内容，即明确要拍摄视频的内容方向。视频创作者要清楚视频创作是为了输出哪方面的内容，想表达什么观点、对用户具有何种意义和价值等。

在进行选题策划时，视频创作者需要注意以下几点。

1．受众面广

视频创作者在选择视频细分领域时，往往已做好账号定位，并且已经明确目标用户。视频的内容方向、账号的运营策略、视频内容能否在新媒体平台上实现针对性的分发等，在很大程度上都是由目标用户的细化程度决定的。

视频创作者在策划选题时，要清楚目标用户群体的特征，既要做好垂直化，又要考虑大众化的元素，将两者有机地结合起来，受众面广，传播才会更广泛、更有效，视频才更有可能成为爆款。例如，策划剧情类选题时，视频创作者要选择受众面广、大众所喜闻乐见的类型，如悬疑剧、励志剧、情感剧等，不宜选择受众面较窄的儿童剧、校园剧等。

2．切中痛点

视频创作者可以通过收集用户反馈信息、与用户积极互动等方式，掌握用户在不同阶段的痛点和诉求。视频创作者在确定选题角度时，只有击中了目标用户的痛点，才更容易促使他们产生共鸣，引导他们点开视频并观看，从而提升视频的流量。视频创作者要定期进行调研，了解行业趋势和竞品情况，收集相关数据，分析用户的行为与心理特征，了解用户需求，进而挖掘用户痛点。

3．结合热点

借势热点是引爆流量的有效策略之一。视频创作者可以借助一些工具进行热点筛选，关注主流新媒体平台（如抖音、微博等）的热搜榜单，利用数据分析工具进行热点的预判。另外，视频创作者还要注意热点的时效性和传播性，及时跟踪和分析热点事件，提炼出适合自己的观点和角度。

视频创作者要时刻关注社会动态和新闻热点，对各个领域的新趋势、新技术、新观点保持敏感和好奇心。视频创作者找到适合自己的热点后，要与自身内容定位相结合，策划出既有话题性又符合品牌调性的视频内容。同时，视频创作者还要把握好时间节奏和切入点，避免内容同质化，这样才有可能打造出爆款选题。

4．多角度思考

在进行视频选题策划时，视频创作者要从多个角度进行思考，形成自己独特的视频风格和品牌调性，增强视频作品的辨识度和记忆点。

- 专业角度：选取专业性强、具有权威性的选题，以满足用户对专业知识的需求。
- 情感角度：选取能够打动人心、引发共鸣的选题，增强用户的情感连接。

● 实用角度：选取具有实用性和指导性的选题，为用户提供有价值的信息和帮助。

视频创作者还可以考虑跨界融合，尝试将不同领域、不同文化、不同角度的元素进行融合，融入自己的创意，创作出既新颖又有趣的视频内容。

总之，新媒体视频选题策划需要综合考虑多方面的因素，视频创作者要保持高度的敏锐度和洞察力，掌握用户的需求变化，关注时事热点，注重内容质量，确保选题策划的成功实施。

5.2.2　视频脚本策划

视频脚本策划是视频制作过程中的重要环节，它决定了视频的整体框架、内容呈现和视觉效果。

1．视频脚本的类型

以短视频为例，其脚本分为拍摄提纲、文学脚本和分镜脚本 3 种类型，它们都是短视频故事轮廓的文字化表达。但是，不同的脚本类型具有不同的特点，适用的拍摄场景也不尽相同。

（1）拍摄提纲

拍摄提纲在短视频拍摄中起着提纲挈领的作用，是短视频内容的基本框架，可用于提示拍摄要点，适合采访型短视频。

拍摄提纲的组成要素如下。

● 主题：明确视频主题与立意，为作品明确创作目标。
● 视角：表达视频主题角度和切入点。
● 体裁：确定体裁，体裁不同，其创作要求、创作手法、表现技巧和选材标准也不一样。
● 风格：确认作品风格、画面呈现和节奏。
● 内容：拍摄内容能体现作品主题、视角和场景的衔接转换，让摄影师清楚作品拍摄要点。

（2）文学脚本

与拍摄提纲相比，文学脚本囊括了更多的内容细节，对后期制作的要求也更高。文学脚本需要给出所有可控的拍摄思路。在进行小说等文学作品的影视化脚本创作时，由于原著的形式往往是纯文字的，所以采用文学脚本的形式会更便于创作。

（3）分镜脚本

分镜脚本比拍摄提纲、文学脚本更加详细，它既可以指导前期拍摄，又能为后期制作提供依据。分镜脚本的特点是以分镜为单位，明确罗列每一个镜头的时长、景别、画面内容、演员动作、台词、配音、道具等。

2．脚本策划维度

不同主题的视频，其策划思路也不同。以短视频为例，常见的脚本策划可以从产品、用户两个维度着手，视频创作者可以依照自身账号的特性选择适合的策划方式，并在不同场景中灵活运用。

（1）产品维度

具有带货或广告性质的短视频，其核心往往是产品，从产品的维度出发策划短视频脚本是一种常见的策划思路。视频创作者可以脚本文案的形式，将产品的卖点转化为短视频内容，最终展现给用户。

優秀的产品类视频脚本，一般具备三大要素，即专业性、产品卖点与优惠活动。

- 专业性：特定产品在其领域中的可信度。视频创作者需要通过恰当的方式为产品背书，如讲解产品中的可靠成分、生产厂家的悠久历史与信誉等。
- 产品卖点：视频创作者要从多方面了解产品的优势，包括产品性能、价格、外观及附加值等，这些都需要视频创作者明确把握并融入脚本中。
- 优惠活动：除了专业性和产品卖点，视频创作者如果运用独特的优惠活动作为催化剂，往往能够促使用户产生购买行为。

（2）用户维度

粉丝是视频的受众，是流量的来源。当短视频运营到一定程度，拥有大量的粉丝基础时，视频创作者就需要转变策划思路，以维护用户为主要运营目的，增加粉丝的黏性，保证流量不流失。视频创作者要学会换位思考，站在粉丝的角度来策划脚本。

- 营造氛围：大多数用户观看短视频都是出于放松身心的目的，视频创作者需要在视频内容中融入诙谐、幽默的元素，使用户心情愉悦。同时，视频创作者还要为用户营造其向往的场景，满足用户的期待感，引发用户的共鸣。
- 解决痛点问题：用户关注视频账号主要是因为视频账号能够给予他们需要的东西。无论是知识、技能还是娱乐内容，视频创作者只有抓住用户痛点，为其提供解决方案，才能吸引用户的持续关注。视频创作者应根据视频账号专注的细分领域，输出具有实用价值的短视频作品，以满足有相关诉求的用户观看，吸引更多的用户关注。

5.3 新媒体视频素材的准备

无论是打造专业级的短片，还是制作富有创意的社交媒体视频，准备视频素材都是不可或缺的一环。视频素材的获取渠道主要有两种，分别是收集免费视频素材和拍摄视频素材。

5.3.1 收集免费视频素材

收集免费视频素材是一个相对简单且富有成效的过程，以下是一些常用的途径。

1. 利用免费视频素材网站

免费视频素材网站是提供各类免费视频素材供用户下载和使用的在线平台。这些网站通常包含大量的视频资源，涵盖自然风光、城市景观、人物活动、动画效果等多个领域，用户可以根据自己的需求进行搜索和下载。常见的免费视频素材网站有 Pexels、Pixabay、Mixkit、Mazwai、Coverr、Videezy 等。

2. 利用社交媒体和开放平台

许多专业剪辑师和设计师会在社交媒体（如微博、抖音、哔哩哔哩）分享他们拍摄的短视频素材，用户可以通过搜索或关注相关账号来获取素材，或者加入相关的视频剪辑或设计社群，与其他视频创作者进行交流，获取更多高质量的免费视频素材资源。还有一些政府机构、非营利组织或教育机构会开放其免费视频素材库，供公众免费使用，用户可以通过搜索引擎查找相关组织或机构的官方网站或社交媒体账号来获取免费视频素材。

3. 使用搜索引擎

用户利用搜索引擎搜索"免费视频素材"，可以找到大量相关的网站和链接。在搜索引擎或素材库中，用户使用与视频主题相关的关键词进行搜索，以缩小搜索范围并提高准确性。需要注意的是，用户在使用这些素材时，要确保它们没有版权限制或已获得授权。

5.3.2 拍摄视频素材

视频创作者依据特定的需求与创意构想，使用相机、手机等设备拍摄的视频素材，具有独特性和原创性。视频创作者拍摄视频素材时需要注意以下事项，以确保最终的视频质量符合预期。

1．确定拍摄目标和主题

在拍摄视频素材之前，视频创作者首先要明确自己需要制作什么类型的视频（如广告、纪录片、短视频等），以及视频的制作目的和受众群体。视频创作者根据视频的类型和制作目的，规划需要拍摄的素材内容和风格，确保拍摄的素材与视频主题紧密相关。

2．规划拍摄内容和场景

视频创作者根据主题和目标，列出需要拍摄的内容清单。选择合适的拍摄场景，视频创作者要考虑光线、背景、氛围等因素，确保场景符合视频内容的需求，并能体现出所需的氛围和情感。

3．准备拍摄设备

视频创作者根据拍摄需求选择合适的相机、手机或其他拍摄设备，并确保其性能稳定，能够拍摄出高质量的视频。视频创作者在拍摄前要调试设备，要确保各项功能正常。检查设备是否充满电、存储卡空间是否充足等。此外，视频创作者还需要准备拍摄辅助设备，如三脚架、稳定器、话筒等，以拍摄出更稳定、更清晰、音质更好的视频素材。

4．运用拍摄技巧

在拍摄视频时，视频创作者运用以下拍摄技巧可以提高所拍摄视频素材的质量。

（1）稳定画面

使用稳定器、三脚架或其他稳定设备，避免画面抖动，保持画面稳定。运动镜头时，视频创作者要确保运动平稳，避免晃动或模糊。

（2）光线运用

光线是视频拍摄中不可或缺的因素，合理运用自然光和人工光源，调整光线强度和方向，可以获得最佳的拍摄效果。

（3）焦点与构图

要确保拍摄主体清晰，视频创作者可以通过自动对焦或手动对焦进行调整。同时，视频创作者还应采用合适的构图方式，如黄金分割、对称等，使画面具有吸引力和平衡感。

（4）多样化拍摄角度与镜头

视频创作者尝试从不同的角度拍摄同一场景或人物，以增加视频的多样性和趣味性。视频创作者要运用不同的镜头（如特写、中景、远景等）来切换画面，使视频画面更加生动、有趣。

5.4 新媒体视频的剪辑

下面以案例制作的方式讲解使用剪映 App、Premiere 和剪映专业版剪辑新媒体视频的方法和技巧。

5.4.1　使用剪映 App 剪辑视频

剪映 App 是抖音官方推出的一款移动端视频编辑应用，它具有强大的视频剪辑功能，操作简单且功能强大，适用于短视频创作新手。下面以制作美食推荐短视频为例，详细介绍使用剪映 App 剪辑视频的方法。

📋 案例在线

剪辑视频素材

下面我们先将视频素材（"素材文件\第 5 章\美食推荐段视频"文件夹）导入剪映 App 中，然后添加背景音乐，将旁白文案转换为旁白音频，并根据旁白音频剪辑视频素材，具体操作方法如下。

慕课视频

剪辑视频素材

（1）打开剪映 App，在下方点击"剪辑"按钮✂，然后点击"开始创作"按钮⊞，如图 5-12 所示。

（2）打开"添加素材"界面，依次点击视频素材右上方的选择按钮◎，选中要添加的视频素材，在界面下方长按并左右拖动视频缩览图调整先后顺序，然后点击"添加"按钮，如图 5-13 所示。

（3）进入视频剪辑界面，在界面下方的一级工具栏中点击"比例"按钮▦，在弹出的界面中选择 9∶16 的比例，如图 5-14 所示。

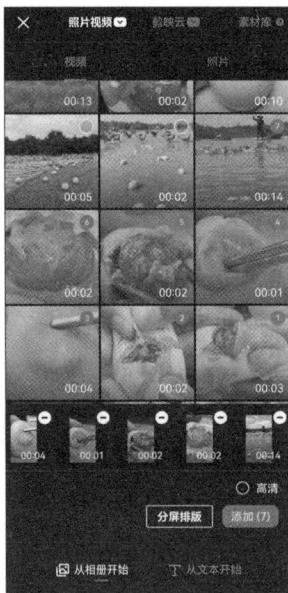

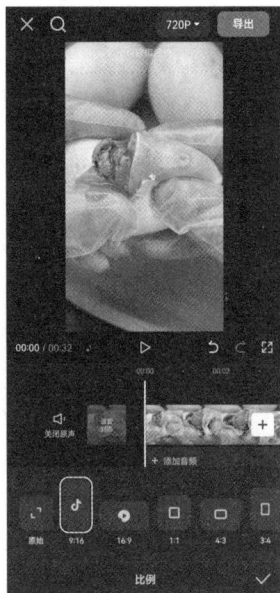

图 5-12　点击"开始创作"按钮　图 5-13　添加视频素材　图 5-14　选择比例

（4）将时间指针定位到最左侧，在一级工具栏中点击"音频"按钮♪，然后点击"音乐"按钮◑，如图 5-15 所示。

（5）在弹出的界面中搜索音乐"真香"，然后点击音乐进行试听，点击"使用"按钮添加音乐，如图 5-16 所示。

（6）将时间指针定位到要添加文本的位置，在一级工具栏中点击"文字"按钮Ⓣ，然后点击"新建文本"按钮A+，如图 5-17 所示。

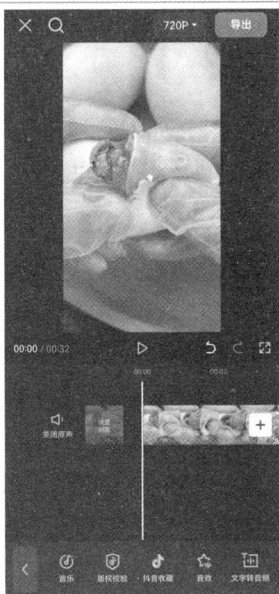

图 5-15 点击"音乐"按钮　　图 5-16 选择音乐　　图 5-17 点击"新建文本"按钮

（7）在弹出的界面中输入旁白文案，然后选中文本片段，点击"文本朗读"按钮 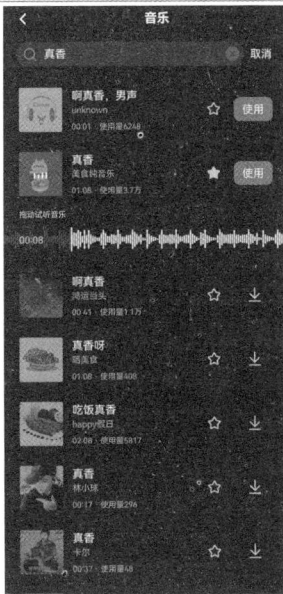，如图 5-18 所示。

（8）在弹出的界面中选择音色，在此选择"甜美解说"音色，点击 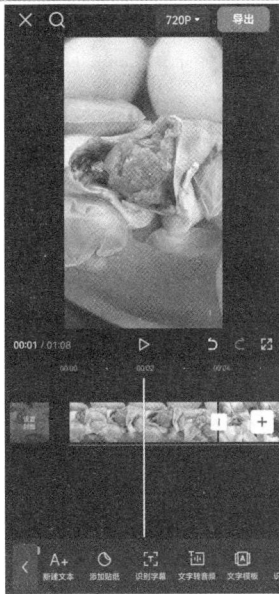 按钮，如图 5-19 所示。

（9）此时即可生成旁白音频，选中旁白音频，然后点击"变速"按钮 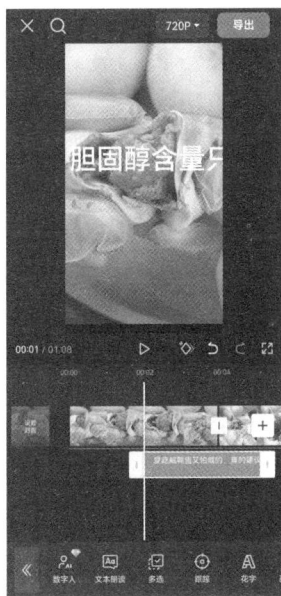，如图 5-20 所示。

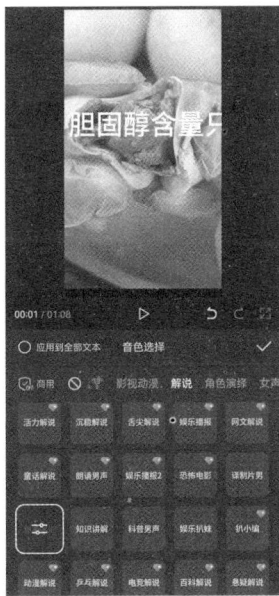

图 5-18 点击"文本朗读"按钮　　图 5-19 选择音色　　图 5-20 点击"变速"按钮

（10）在弹出的界面中拖动滑块调整速度为 1.1x，选中"声音变调"选项，然后点击 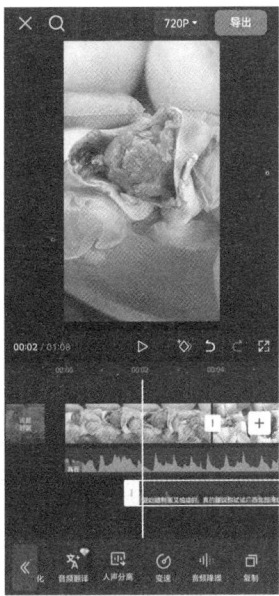 按钮，如图 5-21 所示。

（11）将时间指针定位到旁白音频的开始位置左侧 10 帧的位置，选中音乐音频，在预览区域下方点击"添加关键帧"按钮◇，添加第 1 个音量关键帧，然后在旁白音频的开始位置添加第 2 个音量关键帧，并将音量调整为 10，点击✓按钮，如图 5-22 所示，然后根据需要增大旁白的音量。

（12）选中第 1 个视频片段，点击"变速"按钮⊙，然后点击"常规变速"按钮⊿，在弹出的界面中拖动滑块调整速度为 1.7x，点击"播放"按钮▷预览效果，然后点击✓按钮，如图 5-23 所示。

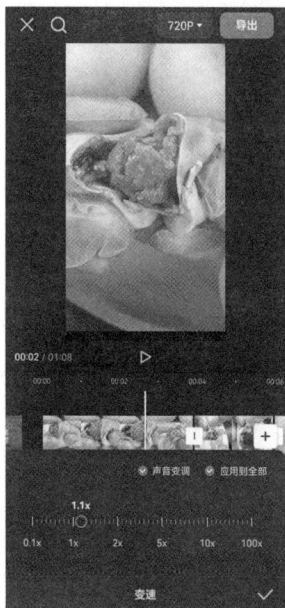

图 5-21　调整音频速度　　　　图 5-22　调整音量　　　　图 5-23　调整视频速度

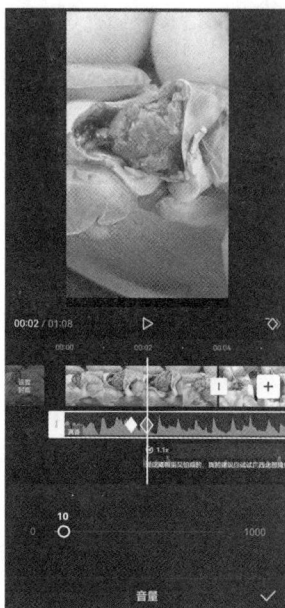

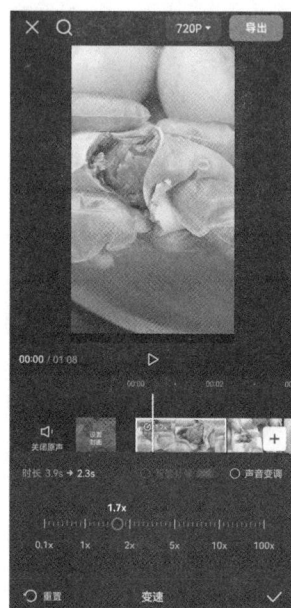

（13）拖动视频片段两端的滑块修剪视频片段，在预览区域通过两指向外拉伸或向内捏合调整画面构图。根据旁白音频修剪视频片段并进行变速调整，然后预览视频整体效果，如图 5-24 所示。

图 5-24　预览视频整体效果

📓 **案例在线**

添加视频效果

下面为短视频添加所需的视频效果，如转场效果、动画效果、画面特效等，具体操作方法如下。

（1）点击视频片段之间的"转场"按钮 |，如图 5-25 所示。

慕课视频

添加视频效果

（2）在弹出的界面中点击"热门"分类，选择"放射"转场，拖动滑块调整转场时长，然后点击 ✅ 按钮，如图 5-26 所示。采用同样的方法，在其他播放不流畅的视频片段之间添加合适的转场效果。

（3）在要制作画面放大动画的视频片段上添加两个关键帧，将时间指针定位到第 2 个关键帧位置，在预览区域放大画面，如图 5-27 所示。

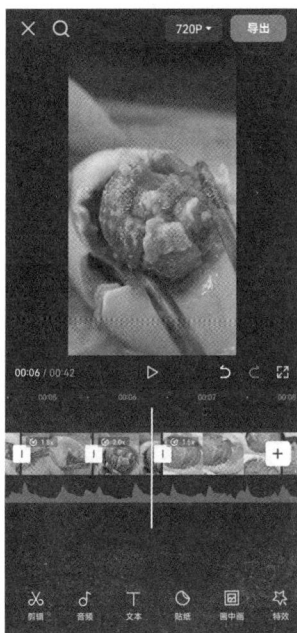

图 5-25　点击"转场"按钮　　图 5-26　选择转场效果　　图 5-27　制作画面放大动画

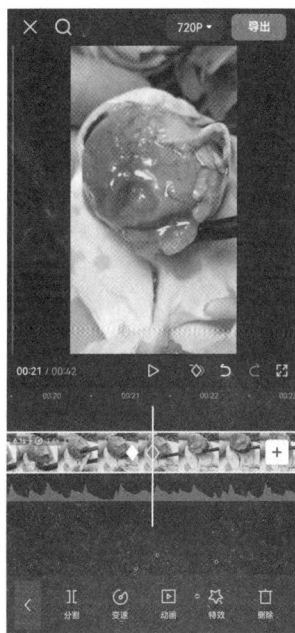

（4）要使视频切换变得流畅，除了要添加转场效果，还可以为视频片段添加"动画"效果。选中视频片段，点击"动画"按钮 ▣，在弹出的界面中点击"组合动画"按钮，然后选择"缩放"动画，拖动滑块将动画时长调至最长，点击 ✅ 按钮，如图 5-28 所示。

（5）采用同样的方法为下一个视频片段添加"动感放大"入场动画，根据需要调整动画时长为 0.4s，然后点击 ✅ 按钮，如图 5-29 所示。

（6）将时间指针定位到最后两个视频片段转场位置附近，在一级工具栏中点击"特效"按钮 ❄，然后点击"画面特效"按钮 ▣，在弹出的界面中点击"光"类别，选择"闪动光斑"特效，点击 ✅ 按钮，如图 5-30 所示。

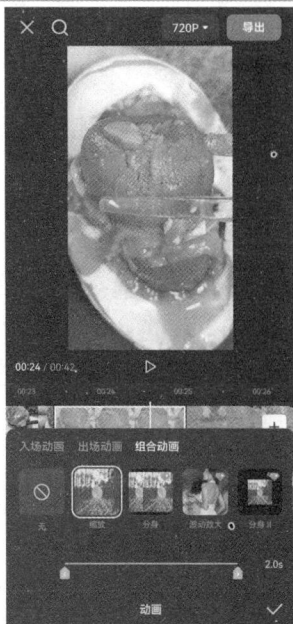

图 5-28　添加组合动画　　　图 5-29　添加入场动画　　　图 5-30　添加画面特效

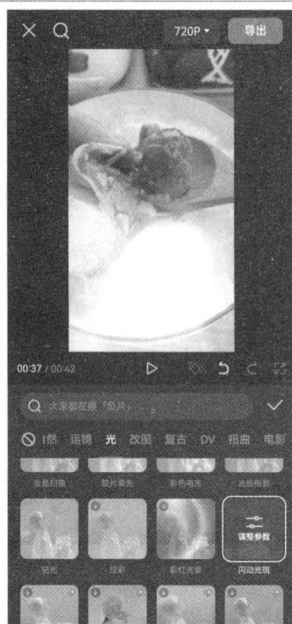

（7）调整"闪动光斑"特效的长度，点击"调整参数"按钮 ，在弹出的界面中调整"速度"参数，然后点击 按钮，如图 5-31 所示。

（8）对背景音乐的尾部进行修剪，点击"淡入淡出"按钮 ，在弹出的界面中调整淡出时长，然后点击 按钮，如图 5-32 所示。

（9）将时间指针定位到有鸭子出现的部分，在音频工具栏中点击"音效"按钮 ，在弹出的界面中搜索"鸭子叫声"，选择要使用的音效，点击"使用"按钮，然后对音效片段进行修剪，如图 5-33 所示。

图 5-31　调整特效参数　　　图 5-32　调整淡出时长　　　图 5-33　添加音效

案例在线

视频调色

下面对短视频进行调色，以提升视频画面的表现力，具体操作方法如下。

（1）选中需要调色的视频片段，点击"调节"按钮，在弹出的界面中调整"亮度"为 8、"光感"为 8，"阴影"为-15，然后点击界面上方的 按钮，选择"保存预设"选项，如图 5-34 所示。

（2）选中其他需要调色的视频片段，点击"调节"按钮，在弹出的界面中点击"滤镜"按钮，然后点击"我的"类别，即可看到保存的调色预设。选择该调色预设，拖动滑块调整强度，然后点击 按钮，如图 5-35 所示。

（3）在一级工具栏中点击"滤镜"按钮，在弹出的界面中选择"复古胶片"分类，然后选择"德古拉"滤镜，拖动滑块调整滤镜强度，点击 按钮，如图 5-36 所示。调整滤镜片段的长度，使其覆盖整个短视频。

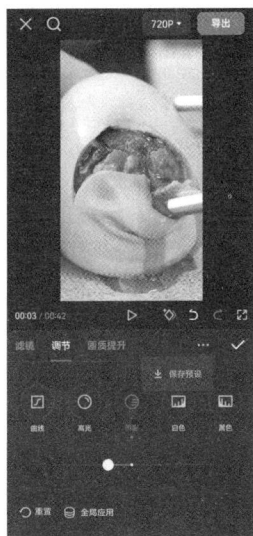

慕课视频

视频调色

图 5-34　调整调节参数
并保存预设

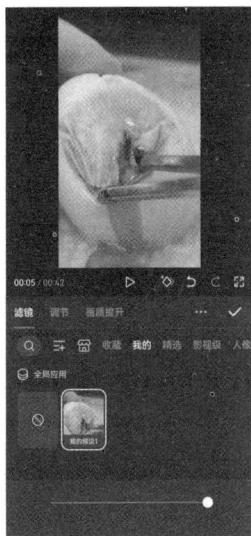

图 5-35　应用调色预设

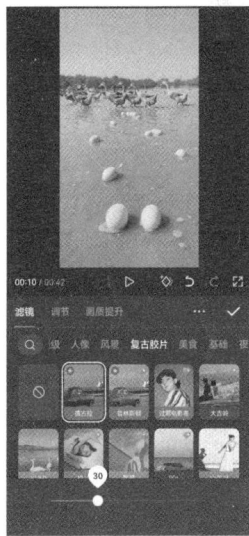

图 5-36　添加调色滤镜

案例在线

添加字幕与贴纸

下面为短视频添加旁白字幕和结尾的箭头贴纸，具体操作方法如下。

（1）在一级工具栏中点击"文本"按钮，然后点击"识别字幕"按钮，如图 5-37 所示。

（2）在弹出的界面中选择"所有"选项，然后点击"开始识别"按钮，开始自动识别视频中的旁白语音字幕，如图 5-38 所示。

慕课视频

添加字幕与贴纸

（3）选中识别出的字幕，在预览区域调整字幕大小，点击"编辑字幕"按钮，如图 5-39 所示。

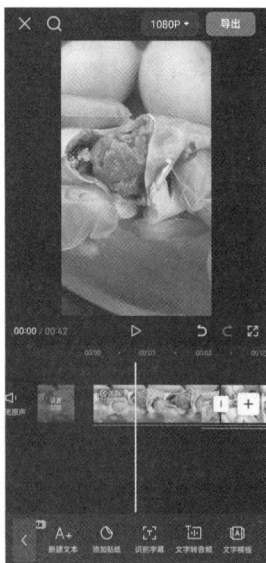

图 5-37　点击"识别字幕"
按钮

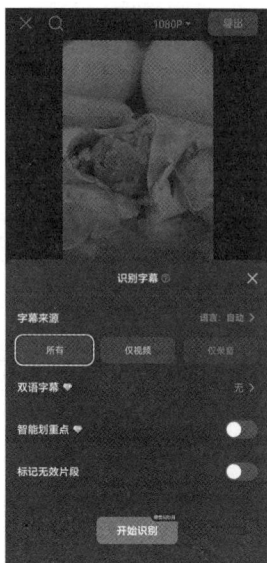

图 5-38　点击"开始识别"
按钮

图 5-39　点击"编辑字幕"
按钮

（4）在弹出的界面中编辑旁白字幕，如修改错字、换行等，然后点击✓按钮，如图 5-40 所示。

（5）选中字幕，点击"样式"按钮，在弹出的界面中点击"花字"按钮，然后选择所需的花字样式，如图 5-41 所示。

（6）点击"添加贴纸"按钮，在弹出的界面中搜索"箭头"，然后选择所需的箭头贴纸即可添加贴纸，如图 5-42 所示。

图 5-40　编辑字幕

图 5-41　选择花字样式

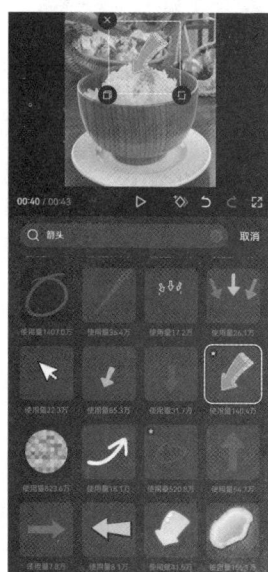

图 5-42　添加贴纸

（7）修剪贴纸片段的长度，在预览区域调整贴纸大小和旋转角度，点击"动画"按钮 ⊙，在弹出的界面中选择"放大"入场动画，拖动滑块调整时长，然后点击 ✓ 按钮，如图 5-43 所示。

（8）在贴纸的入场位置添加音效，在此添加"叮叮叮"音效，如图 5-44 所示。

（9）视频编辑完成后，点击界面右上方的 720P▾ 按钮，在弹出的界面中设置分辨率、帧率和码率，然后点击"导出"按钮导出短视频，如图 5-45 所示。

图 5-43　添加入场动画　　　图 5-44　添加音效　　　图 5-45　导出短视频

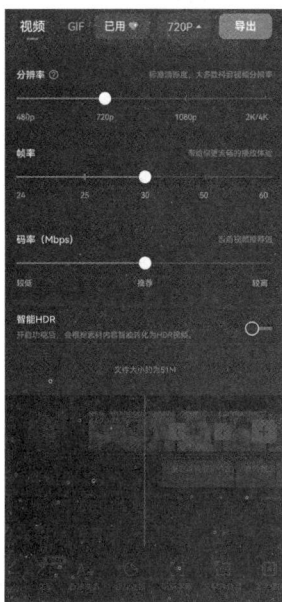

5.4.2　使用 Premiere 剪辑视频

Premiere 是由 Adobe 公司开发的一款非线性视频编辑软件，它在影视后期、广告制作、电视节目制作等领域有着广泛的应用，在新媒体视频制作领域也是非常重要的工具。下面以制作三农短视频为例，详细介绍使用 Premiere Pro 2020 剪辑视频的方法。

📋 案例在线

创建项目与序列

下面在 Premiere Pro 2020 中创建项目并导入要使用的素材文件（"素材文件\第 5 章\三农短视频"文件夹），然后创建用于剪辑视频的序列，具体操作方法如下。

慕课视频

创建项目与序列

（1）启动 Premiere Pro 2020，单击"文件"|"新建"|"项目"命令，在弹出的"新建项目"对话框中设置名称和位置，然后单击"确定"按钮，如图 5-46 所示。

（2）进入 Premiere 工作区窗口，在窗口上方选择"编辑"工作区，用鼠标右键单击"编辑"工作区标签，选择"重置为已保存的布局"命令，可恢复工作区的布局，如图 5-47 所示。

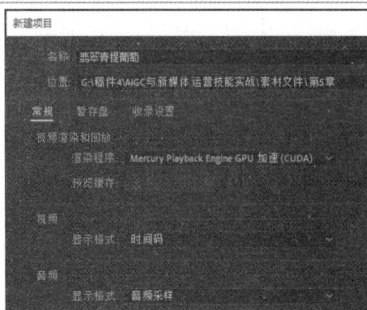

图 5-46 "新建项目"对话框

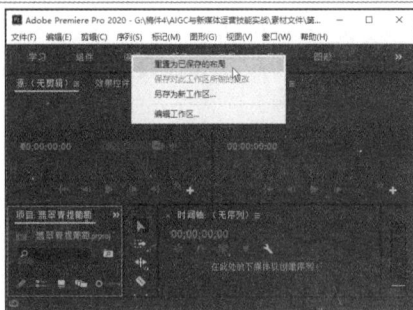

图 5-47 重置"编辑"工作区

（3）将要用到的视频素材和音频素材拖至"项目"面板中，选中所有视频素材并将其拖至面板下方的"新建素材箱"按钮 上，创建素材箱并重命名，然后采用同样的方法管理音频素材，如图5-48所示。

（4）双击"素材箱 视频"，在新的面板中打开素材箱，调整"素材箱"面板大小。单击面板下方的"自由变换视图"按钮 切换视图，用鼠标右键单击空白位置，选择"重置为网格"|"名称"命令，即可对视频素材进行排序。将鼠标指针置于视频缩览图上并左右滑动，可以快速预览视频素材，如图5-49所示。

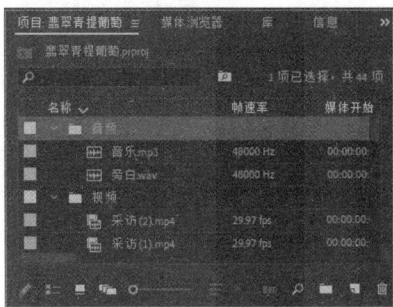

图 5-48 创建素材箱

图 5-49 预览视频素材

（5）在"项目"面板右下方单击"新建项"按钮 ，选择"序列"选项，弹出"新建序列"对话框，在"序列预设"中选择"AVCHD"|"1080p"|"AVCHD 1080p25"选项，在右侧可以看到预设描述，如图5-50所示。

（6）选择"设置"选项卡，根据需要对序列参数进行修改。在"编辑模式"下拉列表框中选择"自定义"选项，在"时基"下拉列表框中选择"30.00 帧/秒"选项，如图 5-51 所示。在对话框下方输入序列名称"翡翠青提"，然后单击"确定"按钮，即可创建一个序列，在时间轴面板中会自动打开创建的序列。

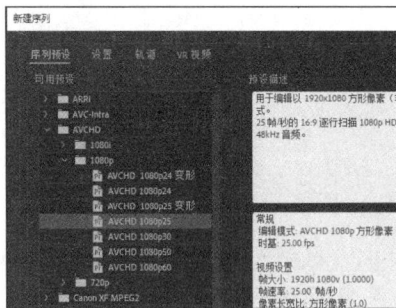

图 5-50 选择序列预设

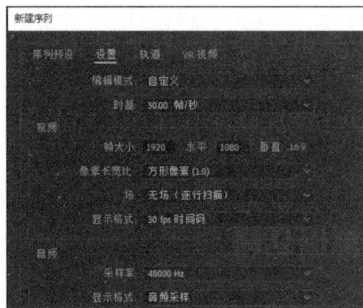

图 5-51 设置序列参数

案例在线

粗剪视频

　　下面将视频剪辑和音频剪辑添加到序列中，并依据旁白音频对视频剪辑进行调整，如修剪视频剪辑、调整音量、调整视频速度、调整剪辑构图等，具体操作方法如下。

　　（1）在"项目"面板中双击"葡萄(10)"视频素材，在"源"面板中拖动播放指示器将其移至视频剪辑的起始位置，单击"标记入点"按钮，然后在视频剪辑的结束位置标记出点，如图 5-52 所示。

　　（2）拖动"仅拖动视频"按钮到序列的 V1 轨道上，在弹出的对话框中单击"保持现有设置"按钮，如图 5-53 所示。

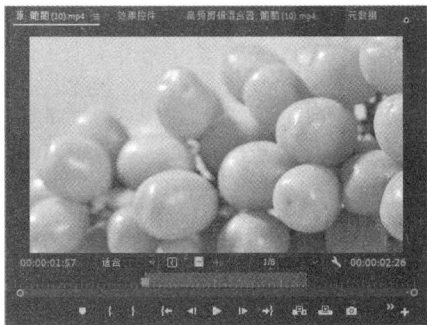

图 5-52　标记入点和出点　　　　　　　　图 5-53　单击"保持现有设置"按钮

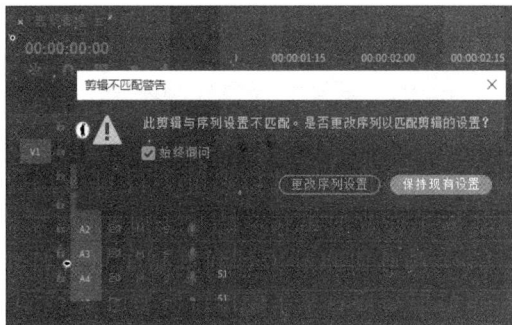

　　（3）此时即可在序列中添加视频剪辑，按【\】键缩放时间轴。用鼠标右键单击"葡萄（10）"视频剪辑，选择"设为帧大小"命令，即可自动调整视频剪辑的缩放比例，使其适应序列大小，如图 5-54 所示。

　　（4）将"音乐"音频剪辑添加到序列的 A1 轨道上，并对其左侧空白部分进行修剪，如图 5-55 所示。

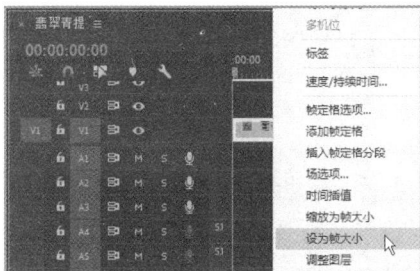

图 5-54　选择"设为帧大小"命令　　　　图 5-55　添加并修剪"音乐"音频剪辑

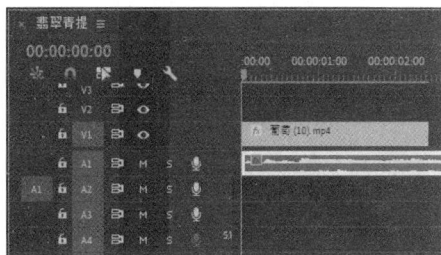

　　（5）在时间轴面板中将播放指示器移至 00:03:00:00 位置，选中音频剪辑并按【Ctrl+K】组合键分割音频，如图 5-56 所示，然后删除分割音频后右侧的音频。

　　（6）将"旁白"音频剪辑添加到 A2 轨道上，并对其左侧进行修剪，然后将其移至 00:00:01:15 位置。在时间轴面板头部双击 A1 轨道将其展开，按住【Ctrl】键的同时在音量控制柄上单击即可添加音量关键帧，在旁白音频的开始位置添加两个关键帧并向下拖动第 2 个关键帧降低音量，如图 5-57 所示。

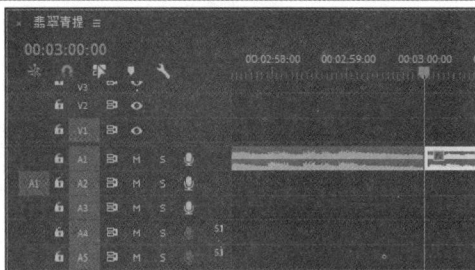

图 5-56　分割音频

图 5-57　编辑音量关键帧

（7）在序列中选中"葡萄（10）"视频剪辑，按【Ctrl+R】组合键打开"剪辑速度/持续时间"对话框，设置"速度"为 50%，然后单击"确定"按钮，如图 5-58 所示。

（8）按照前面的方法，继续在 V1 轨道上添加视频剪辑，并根据需要调整剪辑速度，如图 5-59 所示。

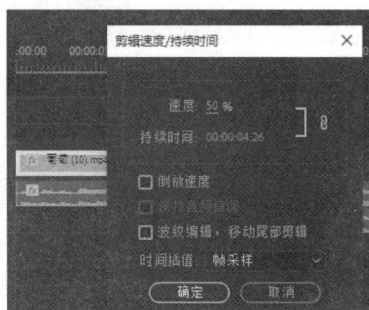

图 5-58　设置剪辑速度

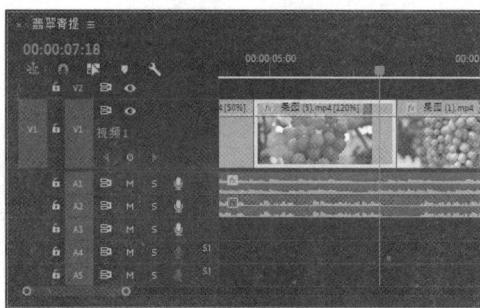

图 5-59　继续添加视频剪辑并调整剪辑速度

（9）选中"果园（5）"视频剪辑，在"效果控件"面板中设置"位置"和"缩放"参数，以调整剪辑构图，如图 5-60 所示。

（10）用鼠标右键单击"航拍（4）"视频剪辑左上方的 fx 图标，选择"时间重映射"|"速度"命令，如图 5-61 所示。

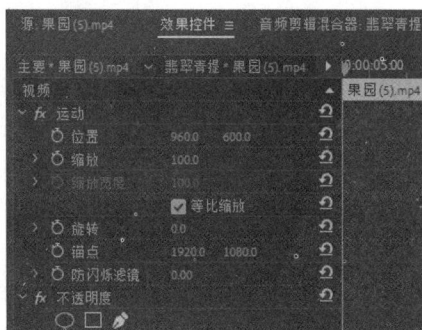

图 5-60　设置"位置"和"缩放"参数

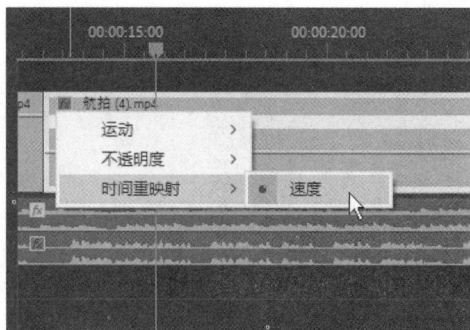

图 5-61　选择"速度"命令

（11）此时，在"航拍（4）"视频剪辑的中间位置出现速度控制柄，按住【Ctrl】键的同时在速度控制柄上单击添加速度关键帧。上下拖动速度控制柄，可以对速度进行调整。在此将关键帧左侧的速度调整为 600.00%，如图 5-62 所示，将关键帧右侧的速度调整为 200.00%。

（12）按住【Alt】键的同时拖动速度关键帧，调整其位置。拖动速度关键帧，将其拆分为左、右两个部分，使速度逐渐变慢；拖动速度关键帧之间的速度控制柄，调整斜坡坡度，如图 5-63 所示。

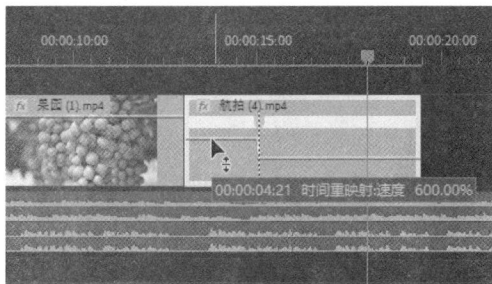

图 5-62　调整速度控制柄

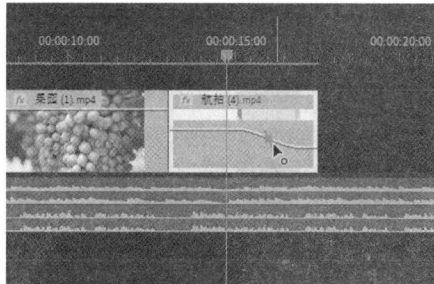

图 5-63　拆分速度关键帧

（13）在时间轴面板头部用鼠标右键单击轨道，选择"添加轨道"命令，弹出"添加轨道"对话框，设置添加 1 个音频轨道，在"放置"下拉列表框中选择"在第一条轨道之前"选项，然后单击"确定"按钮，如图 5-64 所示。

（14）在序列中定位播放指示器的位置，在时间轴面板最左侧打开 V1 轨道和 A1 轨道的"对插入和覆盖进行源链接"功能，即打开 V1 轨道和 A1 轨道的源轨道指示器，源轨道指示器呈蓝色显示，如图 5-65 所示。

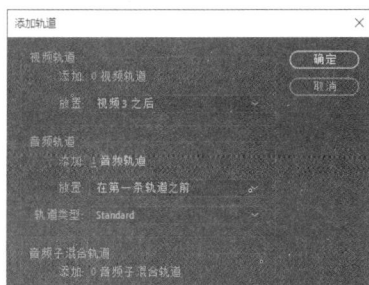

图 5-64　"添加轨道"对话框

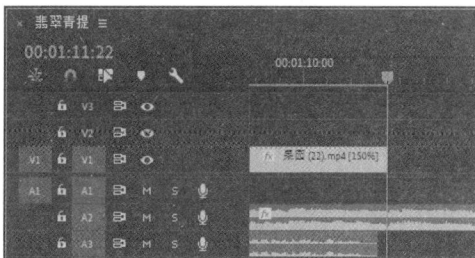

图 5-65　打开源轨道指示器

（15）在"源"面板中预览"教授指导"视频素材，标记入点和出点，如图 5-66 所示。

（16）在"源"面板中拖动视频画面到播放指示器的位置，即可在 V1 轨道和 A1 轨道上添加相应的视频剪辑和音频剪辑，如图 5-67 所示。

图 5-66　标记入点和出点

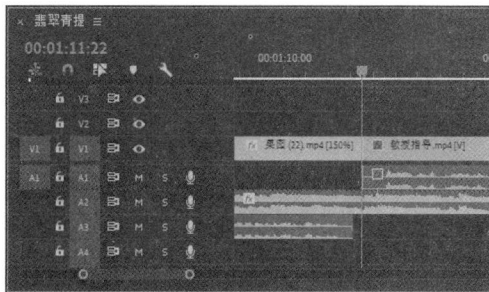

图 5-67　添加视频剪辑和音频剪辑

（17）根据需要在"教授指导"视频剪辑的教授采访片段上方添加相关联的环境镜头，如在V2轨道上添加"果园（11）"视频剪辑，如图5-68所示。

（18）采用同样的方法在V1轨道上对人物采访视频进行修剪，在V2轨道上添加与视频内容相关的空镜头、细节镜头等辅助镜头，可根据需要将这些辅助镜头置于人物采访视频的组接位置，使人物采访视频切换更加流畅，如图5-69所示。

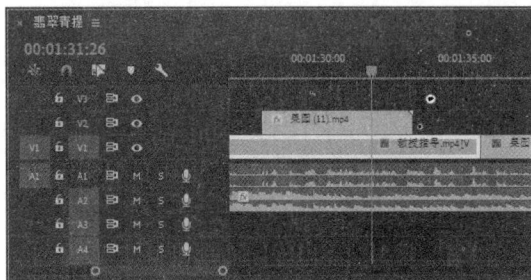

图5-68　添加相关联的环境镜头　　　　图5-69　剪辑人物采访视频

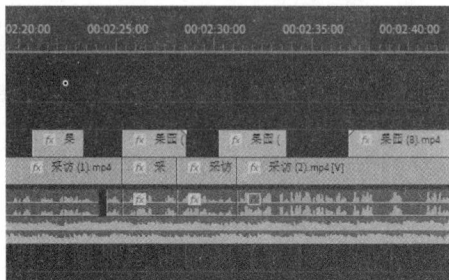

（19）视频粗剪完成后，预览视频整体效果，并根据需要使用各种剪辑工具修剪视频剪辑。例如，使用选择工具对视频剪辑进行单独修剪，而不影响其他视频剪辑；使用波纹编辑工具修剪视频剪辑的长度，其后方的视频剪辑会自动跟进；使用滚动编辑工具调整相邻两个视频剪辑之间的编辑点位置；还可以选中视频剪辑的编辑点后，按住【Ctrl】键的同时按【←】或【→】方向键进行逐帧修剪。在"节目"面板中预览视频粗剪效果，如图5-70所示。

图5-70　预览视频粗剪效果

案例在线

添加视频效果

下面为视频添加视频效果，如添加转场效果、动画效果、调色效果等，以增加视频的表现力，具体操作方法如下。

（1）打开"效果"面板，展开"视频过渡"|"溶解"效果组，用鼠标右键单击"交叉溶解"效果，选择"将所选过渡设置为默认过渡"命令，设置默认转场效果，如图5-71所示。

慕课视频

添加视频效果

（2）选中"葡萄（10）"和"果园（5）"视频剪辑之间的编辑点，按【Shift+D】组合键即可添加默认转场效果，如图 5-72 所示。

（3）按住"交叉溶解"转场效果并左右拖动，调整其切入位置。双击"交叉溶解"转场效果，在弹出的对话框中设置过渡持续时间，然后单击"确定"按钮，如图 5-73 所示。采用同样的方法，在其他需要添加转场的位置添加"交叉溶解"转场效果。

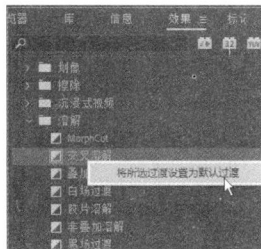

图 5-71　设置默认转场
　　　　　效果

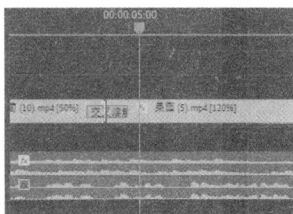

图 5-72　添加默认转场
　　　　　效果

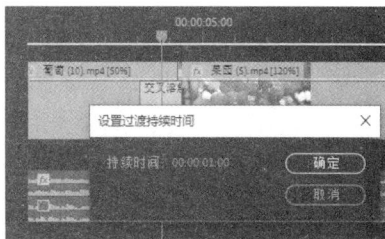

图 5-73　设置过渡持续时间

（4）在序列中选中"葡萄（4）"视频剪辑，在"效果控件"面板中选中"运动"效果，此时画面四周出现调整控件，拖动锚点将其移至画面右侧，如图 5-74 所示。

（5）在"效果控件"面板中将播放指示器移至最左侧，单击"缩放"属性左侧的秒表图标，启用"缩放"动画，即可在播放指示器位置自动添加一个关键帧，如图 5-75 所示。

图 5-74　移动锚点位置

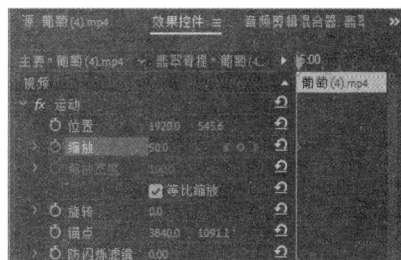

图 5-75　启用"缩放"动画

（6）将播放指示器向右移动一定的距离，然后设置"缩放"参数为 55.0（见图 5-76），将自动添加第 2 个关键帧，在两个关键帧之间会形成以锚点为中心的放大动画，然后将第 2 个关键帧拖至最右侧。

（7）在 Premiere Pro 2020 窗口上方单击"颜色"标签，切换为"颜色"工作区。在序列中选中"航拍（7）"视频剪辑，在"Lumetri 颜色"面板的"基本校正"选项下根据需要调整"色调"选项中的各项参数，对该视频剪辑进行调色，如图 5-77 所示。

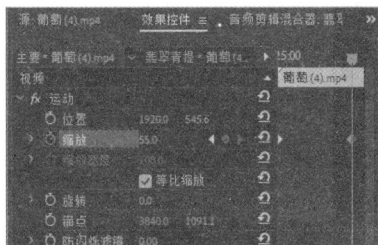

图 5-76　编辑"缩放"动画

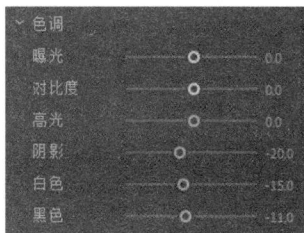

图 5-77　调整"色调"参数

（8）在"节目"面板中预览调色效果，如图 5-78 所示。

（9）在"效果控件"面板中可以看到添加的"Lumetri 颜色"效果，要将该调色效果应用到其他视频剪辑，可以选中"Lumetri 颜色"效果并按【Ctrl+C】组合键复制效果，然后在序列中选中其他视频剪辑并按【Ctrl+V】组合键粘贴效果，如图 5-79 所示。

图 5-78　预览调色效果

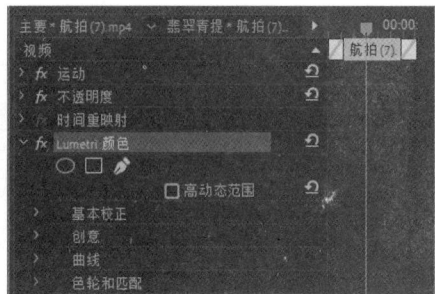

图 5-79　复制与粘贴效果

（10）要对多个视频剪辑同时进行调色，可以使用调整图层进行操作。在"项目"面板中单击"新建项"按钮，选择"调整图层"选项即可创建调整图层，将调整图层添加到要调色的视频剪辑上方，如图 5-80 所示。

（11）选中调整图层，在"Lumetri 颜色"面板"基本校正"选项下调整"色调"选项中的各项参数，如图 5-81 所示。

（12）展开"曲线"选项，在"RGB 曲线"选项下调整白色曲线，在曲线的阴影区和高光区添加控制点，拖动控制点调整曲线，如图 5-82 所示。

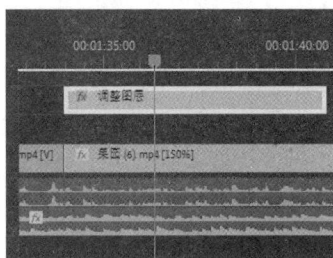

图 5-80　添加调整图层

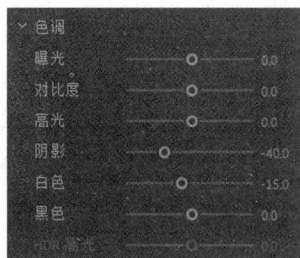

图 5-81　调整"色调"参数

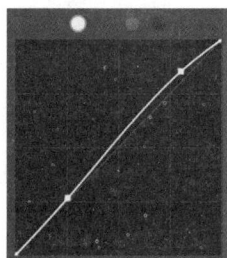

图 5-82　调整白色曲线

（13）在"节目"面板中预览调色效果，如图 5-83 所示。

（14）根据需要修改调整图层的长度，使其覆盖需要调色的视频剪辑，如图 5-84 所示。

图 5-83　预览调色效果

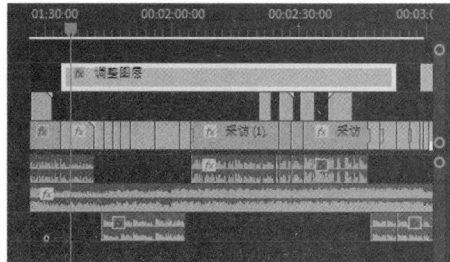

图 5-84　修改调整图层的长度

知识链接

"Lumetri 范围"面板是用于颜色分析和参考的重要工具，可以帮助用户观察画面颜色信息的分布，从而找出画面存在的问题，如过曝、过暗、色偏等。"Lumetri 范围"面板提供了一系列视觉辅助工具，如 RGB 分量图、直方图、矢量示波器等。使用 RGB 分量图可以帮助用户了解画面中各种颜色的分布形态和强度，从而判断画面是否存在颜色问题。使用直方图有助于评估阴影、中间调和高光，从而整体调整图像色调。使用矢量示波器可以查看视频中的色相、饱和度和亮度信息，帮助用户识别并纠正色偏问题，确保视频色彩的自然和准确。

案例在线

添加字幕

下面为视频添加标题字幕与旁白字幕，具体操作方法如下。

（1）将播放指示器移至序列最左侧，使用文字工具在第 1 个视频剪辑中输入文字"翡翠青提"。打开"基本图形"面板，选择"编辑"选项卡，选中添加的文本，在"对齐并变换"选项中设置位置参数，然后单击"水平居中对齐"按钮 ，如图 5-85 所示。

（2）在"文本"选项组中设置文本的字体、大小、对齐方式、字距、外观等格式，如图 5-86 所示。

（3）在"节目"面板中预览文本效果，如图 5-87 所示。

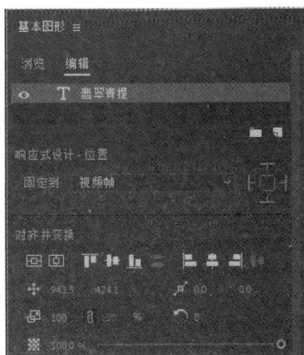

慕课视频

添加字幕

图 5-85 设置文字位置　　　图 5-86 设置文本格式　　　图 5-87 预览文本效果

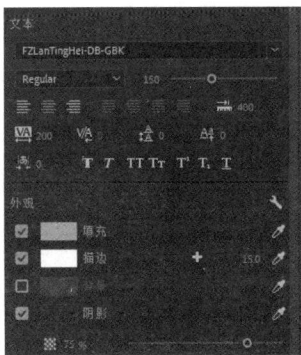

（4）单击"新建图层"按钮 ，在弹出的列表中选择"文本"选项（见图 5-88），然后输入文本，并设置文本格式。

（5）采用同样的方法继续新建"矩形"形状图层，将"形状 01"图层移至最下方，设置形状颜色为白色，不透明度为 8.0%，如图 5-89 所示。

（6）在"节目"面板中预览标题字幕效果，如图 5-90 所示。

（7）展开 V2 轨道，按住【Ctrl】键的同时单击图形剪辑的不透明度控制柄，在图形剪辑右侧添加两个不透明度关键帧，并将第 2 个关键帧向下拖至底部，如图 5-91 所示，制作标题字幕渐隐效果。

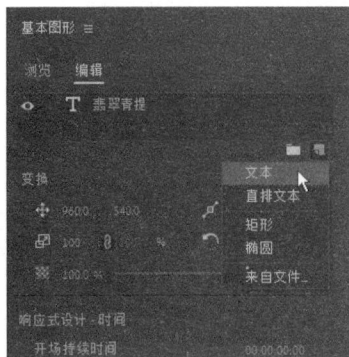

图 5-88　选择"文本"选项

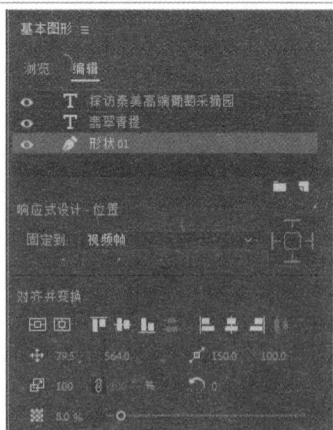

图 5-89　新建并设置形状图层

图 5-90　预览标题字幕效果

图 5-91　编辑不透明度关键帧

（8）在"效果控件"面板中拖动时间轴视图右上方的控制柄，调整结尾持续时间，使其覆盖不透明度关键帧动画，如图 5-92 所示。

（9）在序列中根据需要调整标题字幕剪辑的长度，根据旁白音频使用文字工具在 V3 轨道上添加文本剪辑并调整剪辑长度，如图 5-93 所示。

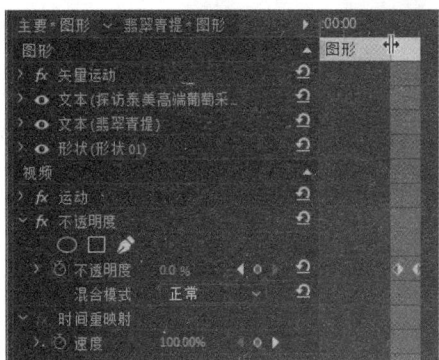

图 5-92　调整结尾持续时间

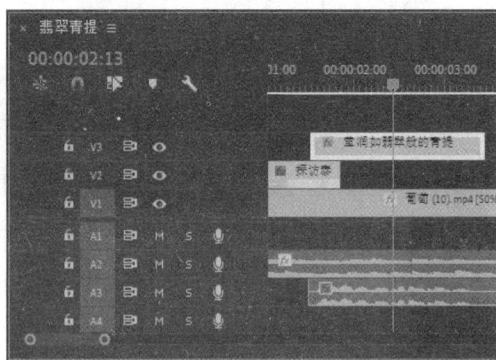

图 5-93　添加文本剪辑并调整剪辑长度

（10）在"基本图形"面板中根据需要设置文本的格式，在"节目"面板中预览旁白字幕效果，如图 5-94 所示。

（11）在"基本图形"面板"主样式"组中单击下拉按钮，选择"新建主文本样式"选项，在弹出的对话框中输入样式名称，然后单击"确定"按钮，如图 5-95 所示。

（12）新建文本样式后，在"项目"面板中即可看到该文本样式，如图 5-96 所示。要为其他文本剪辑应用该样式，只需将该字幕样式拖至其他文本剪辑上即可。

图 5-94　预览旁白字幕效果　　图 5-95　新建文本样式　　图 5-96　查看文本样式

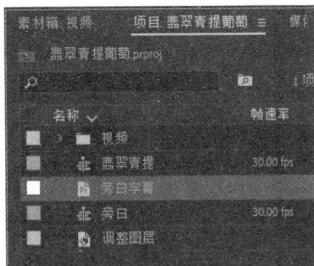

（13）按住【Alt】键的同时向右拖动文本剪辑进行复制，然后根据旁白音频修改文本，并制作其他旁白字幕，如图 5-97 所示。

（14）在"基本图形"面板"文本"组中根据需要更改文本样式，如调整字距，此时"主样式"选项中显示"旁白字幕<已修改>"，单击"推送为主样式"按钮![按钮]，即可一键更新所有旁白字幕的文本样式，如图 5-98 所示。

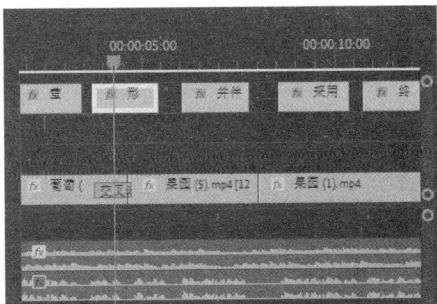

图 5-97　复制文本剪辑并修改文本　　　图 5-98　单击"推送为主样式"按钮

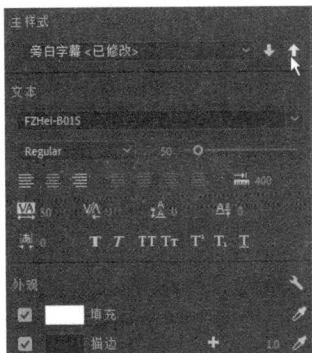

（15）按【A】键调用向前选择轨道工具![工具]，按住【Shift】键的同时单击第 1 个旁白字幕，即可选中该轨道中的所有旁白字幕，如图 5-99 所示。

（16）用鼠标右键单击选中的旁白字幕，选择"嵌套"命令，在弹出的对话框中输入名称，然后单击"确定"按钮，即可创建嵌套序列，如图 5-100 所示。创建嵌套序列后，可以根据需要设置嵌套序列的位置，以调整所有旁白字幕的位置。

图 5-99　选择所有旁白字幕　　　　　图 5-100　创建嵌套序列

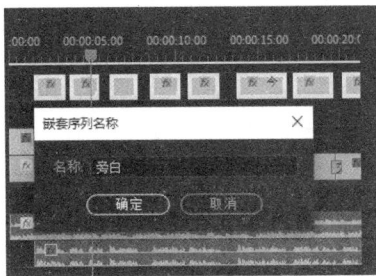

案例在线

制作人物介绍字幕

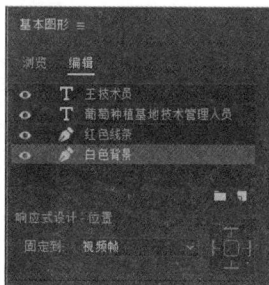

下面为视频中人物采访部分制作人物介绍字幕，并编辑字幕动画，具体操作方法如下。

（1）使用文本工具在"采访（1）"视频剪辑中输入文字，然后在"基本图形"面板中创建文本图层和形状图层，设置文本和形状的样式，以制作人物介绍字幕剪辑，如图 5-101 所示。

（2）在"节目"面板中预览人物介绍字幕效果，如图 5-102 所示。

慕课视频

制作人物介绍字幕

（3）选中"王技术员"文本图层，在"固定到"下拉列表框中选择"白色背景"图层，然后单击右侧方位锁的中间位置，设置固定 4 个边，如图 5-103 所示。采用同样的方法，将另一个人物的介绍文本图层固定到"白色背景"图层。

图 5-101　制作人物介绍
字幕剪辑

图 5-102　预览人物介绍字幕
效果

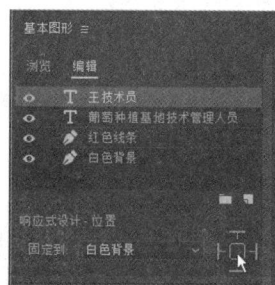

图 5-103　设置固定图层

（4）选中"白色背景"图层，在"节目"面板中将锚点拖至形状的下边框位置，如图 5-104 所示。

（5）在"效果控件"面板"白色背景"形状中展开"变换"选项，取消选择"等比缩放"复选框，启用"垂直缩放"动画，添加两个关键帧，设置"垂直缩放"参数分别为 0、100，即可制作形状从下向上滑出的动画效果，如图 5-105 所示。

图 5-104　调整形状锚点

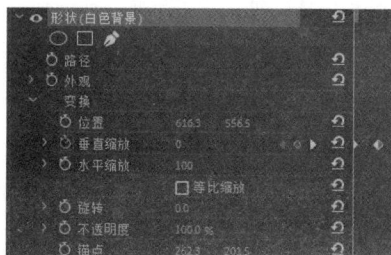

图 5-105　制作"垂直缩放"动画

（6）选中两个关键帧并用鼠标右键单击，选择"缓入"命令，然后再次单击鼠标右键，选择"缓出"命令，展开"垂直缩放"属性，调整贝塞尔曲线，改变动画快慢速度，如图 5-106 所示。采用同样的方法，设置"红色线条"形状从左向右滑出的动画效果。

（7）在"节目"面板中预览人物介绍字幕动画效果，如图 5-107 所示。采用同样的方法制作人物字幕消失动画，将人物字幕复制到教授采访片段中，并根据需要修改文字。

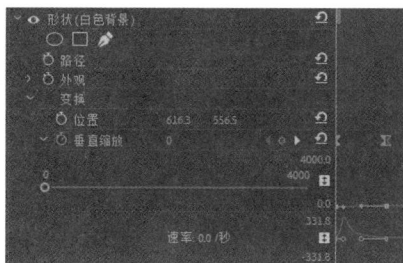

图 5-106　调整贝塞尔曲线

图 5-107　预览人物介绍字幕动画效果

（8）选中字幕剪辑，在"效果"面板中搜索"裁剪"，双击"裁剪"效果添加该效果，如图 5-108 所示。

（9）在"效果控件"面板中选中"裁剪"效果，如图 5-109 所示。

（10）此时在画面的四周显示裁剪边框，拖动下边框至图形的底部，如图 5-110 所示。

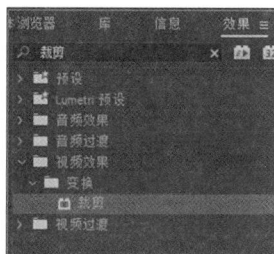

图 5-108　添加"裁剪"
效果

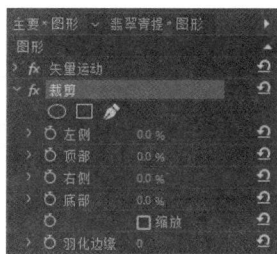

图 5-109　选中"裁剪"
效果

图 5-110　调整裁剪框

（11）以上修改完成后，在"节目"面板中预览视频的整体效果。按【Ctrl+M】组合键，打开"导出设置"对话框，在"格式"下拉列表框中选择"H.264"选项，单击"输出名称"选项右侧的文件名，设置保存位置和文件名，如图 5-111 所示。

（12）在"导出设置"选项下方选择"视频"选项卡，展开"比特率设置"选项，调整"目标比特率[Mbps]"参数，压缩视频大小，在下方可以看到"估计文件大小"的数值，如图 5-112 所示。设置完成后单击"导出"按钮，即可导出视频。

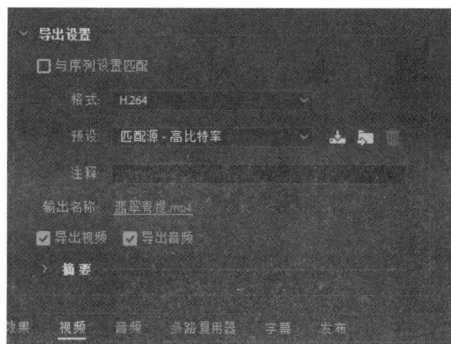

图 5-111　导出设置

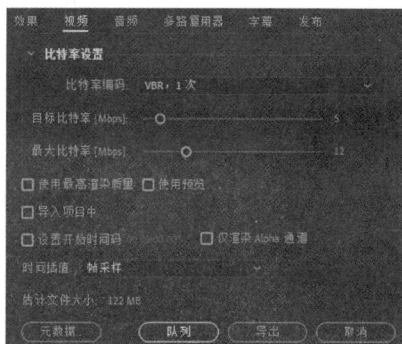

图 5-112　设置目标比特率

5.4.3　使用剪映专业版剪辑视频

下面使用剪映专业版剪辑一个端午节文艺短片，生动地展现挂艾草、制作香囊，以及进行祈福活动等充满浓厚传统韵味的温馨场景。这些场景不仅展现了端午节的独特魅力，更深刻地传达了人们对中华优秀传统文化的尊重，以及对美好生活的向往与追求。

📋 案例在线

剪辑视频素材

在剪辑过程中，视频创作者要仔细分析旁白所传达的情感与信息，通过对视频片段的修剪，使视频画面与旁白内容相辅相成，形成和谐、统一的视听体验。剪辑视频素材的具体操作方法如下。

慕课视频

剪辑视频素材

（1）将视频素材（"素材文件\第 5 章\端午节文艺短片"文件夹）导入"媒体"面板中，然后依次将视频素材添加到时间线面板中，并对其进行粗剪，然后在主轨道左侧单击"关闭原声"按钮，如图 5-113 所示。

图 5-113　粗剪视频素材

（2）将"旁白"素材拖至时间线上，选中"视频 1"片段，在"变速"面板中设置"倍数"为 0.8x，如图 5-114 所示。

（3）拖动时间线指针至音频中人声开始的位置，选中"视频 1"片段，按【W】键向右进行裁剪，如图 5-115 所示。

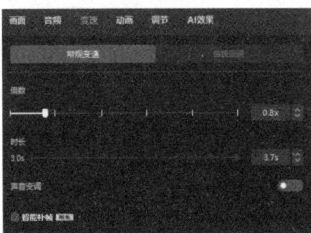

图 5-114　调整"视频 1"片段的播放速度

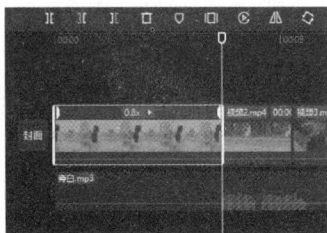

图 5-115　修剪"视频 1"片段

（4）采用同样的方法，根据旁白调整其他视频片段的播放速度并进行修剪，让视频画面呈现的场景与旁白相吻合，如图 5-116 所示。

图 5-116　修剪其他视频片段

案例在线

编辑音频

背景音乐与环境音效的巧妙融合，能够更生动、更立体地展现端午节的传统文化魅力。编辑音频的具体操作方法如下。

慕课视频

编辑音频

（1）选中"旁白"音频片段，在"基础"面板中设置"音量"为-8.0dB，如图5-117所示。

（2）将"背景音乐"素材拖至时间线上，在"基础"面板中设置"音量"为-6.0dB、"淡出时长"为5.0s，如图5-118所示。

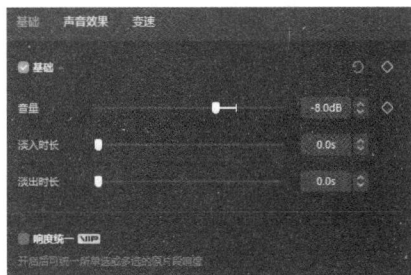

图 5-117　设置音量

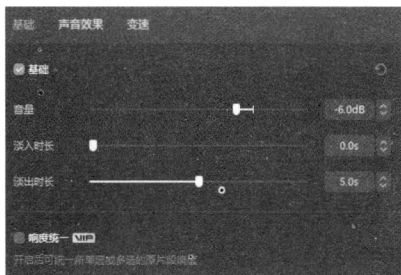

图 5-118　设置音量和淡出时长

（3）在素材面板上方单击"音频"按钮♪，然后在左侧单击"音效素材"按钮，搜索"微风"音效，然后将其拖至"视频7"片段的下方并进行修剪，如图5-119所示。

（4）在"基础"面板中设置"淡入时长"为2.0s、"淡出时长"为2.0s，如图5-120所示。

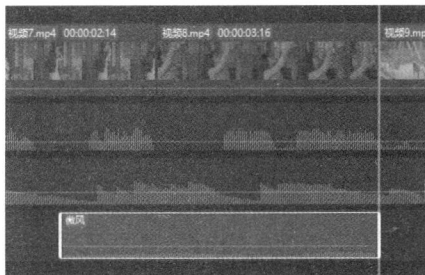

图 5-119　添加并修剪音效

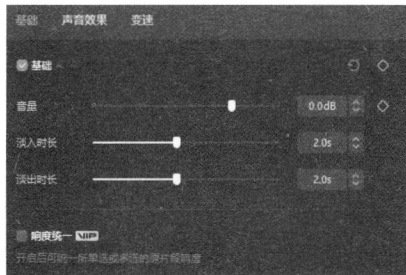

图 5-120　设置淡入和淡出时长

（5）根据需要在时间线上添加所需的音效，在此搜索并添加"倒水音效""小女孩开心的笑""知了""淅沥沥的小雨声"等音效，如图5-121所示。

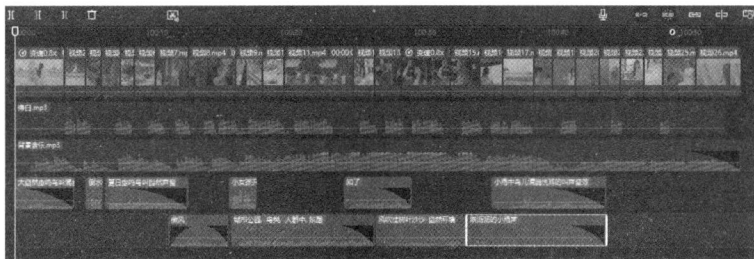

图 5-121　添加其他音效

案例在线

视频调色

下面利用色彩预设文件和风格化滤镜对视频进行调色，具体操作方法如下。

（1）在素材面板中单击"调节"按钮，然后在左侧单击"LUT"按钮，接着单击"导入"按钮，导入色彩预设文件，如图 5-122 所示。

（2）拖动时间线指针至视频的开始位置，将"自定义调节"片段添加到调节轨道中。在"调节"面板中选中"LUT"复选框，在"名称"下拉列表框中选择所需的色彩预设文件，设置"强度"为 90，如图 5-123 所示。

图 5-122　导入色彩预设文件　　　　图 5-123　选择色彩预设文件

（3）在素材面板上方单击"滤镜"按钮，选择"户外"类别中的"风铃"滤镜，将其拖至时间线上，在"滤镜"面板中设置"强度"为 25，如图 5-124 所示。

（4）选择"人像"类别中的"亮肤"滤镜，将其拖至"视频 8"片段的上方，此时人物面部肤色明显提亮，如图 5-125 所示。

图 5-124　添加"风铃"滤镜　　　　图 5-125　添加"亮肤"滤镜

（5）采用同样的方法，继续添加"亮肤"滤镜和"风景"类别中的"棠梨"滤镜，然后根据需要调整滤镜片段的长度，如图 5-126 所示。

图 5-126　添加"亮肤"滤镜和"棠梨"滤镜

（6）选中"视频 10"片段，在"调节"面板中设置"对比度"为 10、"阴影"为-16、"白色"为-3，如图 5-127 所示。采用同样的方法，根据需要对部分视频片段进行单独调色。

图 5-127　"视频 10"片段基础调色

案例在线

添加视频效果

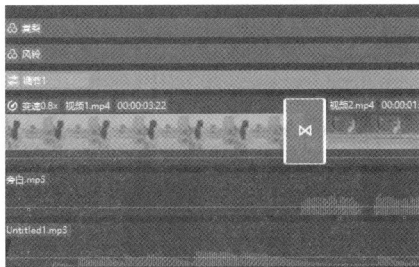

下面为端午节文艺短片添加合适的转场和动画效果（统称为视频效果），使不同镜头之间的转换更加平滑，具体操作方法如下。

慕课视频

添加视频效果

（1）在素材面板上方单击"转场"按钮⊠，选择"叠化"类别中的"叠化"转场，将其拖至"视频 1"和"视频 2"片段的组接位置，如图 5-128 所示。

（2）选择"叠化"类别中的"云朵"转场，将其拖至"视频24"和"视频 25"片段的组接位置，如图 5-129 所示。采用同样的方法，在"视频25"和"视频 26"片段的组接位置添加"叠化"转场。

图 5-128　添加"叠化"转场

图 5-129　添加"云朵"转场

（3）选中"视频 26"片段，在"动画"面板中单击"出场"选项卡，选择"渐隐"动画，设置"动画时长"为 0.5s，如图 5-130 所示。

图 5-130　选择"渐隐"动画

案例在线

添加字幕

字幕的字体、颜色与大小需要根据短片的整体风格和氛围进行设计，要与视频画面和谐统一。下面在端午节文艺短片中添加旁白字幕，具体操作方法如下。

慕课视频

添加字幕

（1）选中"旁白"音频片段并单击鼠标右键，选择"识别字幕/歌词"命令，如图 5-131 所示。

（2）选中文本，在"文本"面板中设置"字体"为"圆体"，"字号"为 5，"字间距"为 1，如图 5-132 所示。

图 5-131 选择"识别字幕/歌词"命令

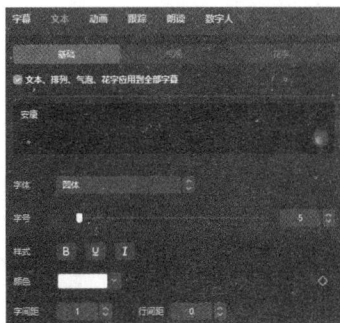

图 5-132 设置文本格式

（3）在素材面板中单击"贴纸"按钮，在搜索框中输入"端午"，将合适的贴纸拖至时间线上，在"贴纸"面板中设置"缩放"为 62%，如图 5-133 所示。

（4）在"动画"面板中单击"入场"选项卡，选择"渐显"动画，设置"动画时长"为 1.0s。单击"出场"选项卡，选择"渐隐"动画，设置"动画时长"为 1.0s，如图 5-134 所示。单击"导出"按钮，即可导出视频。

图 5-133 添加贴纸

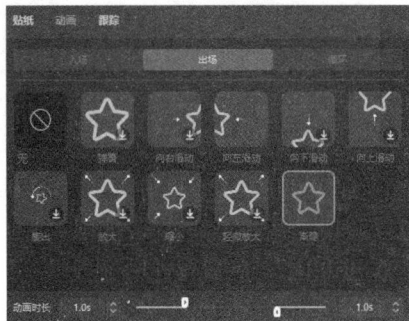

图 5-134 选择"渐显"和"渐隐"动画

5.5 AIGC 辅助新媒体视频制作

当前，AIGC 工具（本节的 AIGC 工具主要指与新媒体视频制作相关的 AIGC 工具）

在新媒体视频制作中扮演着日益重要的角色。这些工具利用先进的 AI 技术，能够自动化或半自动化地完成新媒体视频制作的多个环节，从脚本撰写、画面生成、音频配乐到后期剪辑，极大地提高了新媒体视频制作的效率。

5.5.1　AIGC 工具与应用场景

在新媒体视频制作的后期阶段，AIGC 工具能够自动进行视频剪辑、调色、抠像等工作。通过识别新媒体视频中的关键帧、人物动作和情绪变化，AIGC 工具能够智能地调整剪辑节奏，使新媒体视频的故事内容更加流畅、专业。

1．常用的 AIGC 工具

常用的 AIGC 工具有很多种，这些工具利用 AI 技术能够帮助视频创作者快速生成、编辑和优化视频内容。以下是一些常用的 AIGC 工具。

（1）度加创作工具

度加创作工具作为百度倾力打造的 AIGC 工具，集成了 AI 成文、智能改写、AI 数字人、智能提词、智能字幕、快速剪辑及一键包装等多元化功能，旨在通过前沿的 AI 技术重塑内容生成方式。

（2）剪映

剪映的 AI 图文成片功能能够自动识别素材中的关键信息，根据预设的模板和算法自动完成视频的剪辑、配音、配乐、字幕添加等后期工作。视频创作者只需简单操作，即可在短时间内生成高质量的视频作品。

（3）有言

有言是一款一站式 AIGC（3D）视频创作平台，视频创作者不需要具备专业的视频制作技能，只需在有言上输入脚本或选择预设的模板，即可快速生成高质量的 3D 视频。这一过程包括 3D 人物的建模、动画设计、镜头运镜、灯光设置及声音合成等多个环节，且全部由 AI 自动完成。

（4）可灵大模型

可灵大模型（KLING）是快手 AI 团队倾力打造的一款创新视频生成大模型，它凭借强大的 3D-VAE 技术和先进的深度学习算法，能够自动生成高清、逼真的视频内容。该模型不仅支持复杂的运动建模和物理特性模拟，还能将视频创作者的想象力转化为生动的画面，实现文本到视频的精准转换。从静态图像到动态视频，从基础编辑到高级特效，可灵大模型提供了全方位的视频创作解决方案。

（5）腾讯智影

腾讯智影是腾讯推出的智能视频创作工具，支持智能剪辑、文字转语音、智能配音等功能。腾讯智影于 2023 年 3 月 30 日正式发布，作为一款云端智能视频创作工具，它不需要下载即可通过 PC 端浏览器访问，支持视频剪辑、文本配音、数字人播报、自动字幕识别等多种功能，能够帮助视频创作者更好地利用视频进行内容表达。

2．AIGC 工具的应用场景

AIGC 在新媒体视频制作领域的应用日益广泛，其应用场景涵盖了多个方面，极大地提高了视频制作的效率和质量。AIGC 工具的主要应用场景如下。

（1）视频内容生成

AIGC 可以基于深度学习算法和大量的视频数据，自动生成符合特定风格和主题的视频内容，这包括新闻报道、广告片、纪录片、微电影等多种类型的视频。

（2）视频剪辑与合成

AIGC 可以自动识别视频中的关键帧和场景，并根据视频创作者的需求进行智能剪辑和合成。AIGC 可以自动为视频添加各种特效，如转场效果、滤镜效果、动画效果等，使视频内容更丰富、更生动。

（3）语音合成与字幕生成

AIGC 结合自然语言处理技术，可以自动生成符合人类语言习惯的语音解说，为视频增加声音元素。同时，AIGC 还能自动生成视频字幕，方便语言不通或听力障碍的观众进行观看。

（4）虚拟主播与角色生成

AIGC 通过学习和模仿真实主播的声音、动作和表情，可以生成逼真的虚拟主播。这些虚拟主播可以 24 小时不间断地进行内容创作和直播。在动画、游戏等领域，AIGC 可以生成多样化的角色形象，包括外貌、动作、表情等，能够为视频创作者提供丰富的素材。

5.5.2　利用 AIGC 工具制作视频的要点

利用 AIGC 工具制作视频是一个复杂但高效的过程，它结合了先进的技术和创意表达。利用 AIGC 工具制作视频时，视频创作者需要注意以下要点。

1．明确视频主题和目标受众

首先需要明确视频的主题和风格，这将决定后续创作的整体方向和氛围。主题可以是教育、娱乐、广告、宣传等，风格则可以是正式、幽默、科幻、复古等。视频创作者要深入了解目标受众的兴趣、偏好和需求，以便在内容设计中更有针对性地吸引他们的注意力。

2．选择合适的 AIGC 工具

在众多 AIGC 工具中，视频创作者要选择最适合项目需求的 AIGC 工具，不仅需要考虑 AIGC 工具的功能、易用性、兼容性等因素，还要确保所选的 AIGC 工具能够支持自己的创意和内容表达，以便生成符合预期的视频内容。

3．剧本创作与分镜头设计

利用文心一言、笔灵 AI 写作等 AIGC 工具快速生成脚本初稿，并根据需要进行修改和完善，确保脚本逻辑严密、情节紧凑，能够吸引观众的兴趣。将脚本转化为具体的视觉语言，完成分镜头的绘制和调整。确定每个镜头的构图、拍摄角度、运镜方式等，以展示不同的视角和细节。

4．配音效果

先进的 AIGC 配音工具能够根据输入的文字内容，自动转换为流畅、自然且高质量的语音输出，其强大之处在于它们不仅支持全球范围内的多种语言，还提供了丰富多样的声音风格，从标准的新闻播报到情感丰富的叙述，再到个性化定制的角色声音，都能完美地呈现。

5.5.3　利用 AIGC 工具进行图文转视频

利用 AIGC 工具进行图文转视频，是当前内容创作领域的一个新兴趋势。AIGC 工具能够基于输入的文本和图像，自动生成高质量的视频内容，极大地提高了创作效率和灵活性。以下是利用 AIGC 工具进行图文转视频的步骤。

1．选择合适的 AIGC 工具

目前市场上存在多种 AIGC 工具，如 Stable Diffusion、DALL-E 2、Midjourney，以及专门针对视频生成的 Stable Video、Morph Studio 等，很多短视频剪辑工具也具备 AI 的功能。这些 AIGC 工具各有特色，用户可以根据自己的需求选择合适的工具。

2．准备输入材料

输入材料包括文本和图像两种形式。文本内容是指要转换成视频的文本描述，可以是故事梗概、产品介绍、知识讲解等，文本内容应尽可能详细，以便 AIGC 工具能够准确理解并生成相应的视频内容。

除了文本，视频创作者还可以准备一些与文本内容相关的图像素材，这些图像可以作为视频中的背景、插图或动画元素，增强视频的视觉效果。

3．进行图文转视频

利用 AIGC 工具进行图文转视频的操作步骤如下。

（1）需要在选定的 AIGC 工具上注册账号并登录。

（2）在 AIGC 工具的操作界面中，按照提示输入准备好的文本内容和图像素材，有些 AIGC 工具还支持从外部链接中导入素材。

（3）根据需要，设置视频的分辨率、时长、帧率等参数。这些参数将影响最终生成视频的质量和效果。

（4）单击"生成"或类似的按钮，AIGC 工具将开始根据输入的文本内容和图像素材生成视频。这个过程可能需要一定的时间，具体时间取决于 AIGC 工具的性能和输入内容的复杂度。

（5）视频生成后，可以在 AIGC 工具中预览视频效果。如果不满意，可以根据需要进行编辑和调整。一些 AIGC 工具还提供了丰富的功能，如剪辑、添加滤镜、调整音效等。

（6）完成以上操作步骤后，视频创作者可以将视频导出到本地设备或上传到云存储中，也可以将视频分享到社交媒体、视频网站或其他平台上。

📋 案例在线

使用剪映专业版进行图文转视频

下面使用剪映专业版的"图文成片"功能，一键完成从文案输入到视频生成的全过程，具体操作方法如下。

（1）在剪映专业版的初始界面中单击"图文成片"按钮，打开"图文成片"窗口，在左侧选择"智能写文案"下的"旅行感悟"选项，并输入相关主题或描述，如图 5-135 所示，然后单击"生成文案"按钮，AI 开始自动生成文案。也可以选择"自由编辑文案"选项，手动输入文案。

慕课视频

使用剪映专业版
进行图文转视频

（2）在文案结果文本框中对生成的文案进行编辑，在右下方选择所需的朗读音色，在此选择"知性女声"，然后单击"生成视频"按钮，在弹出的列表中选择"智能匹配素材"选项，如图 5-136 所示。

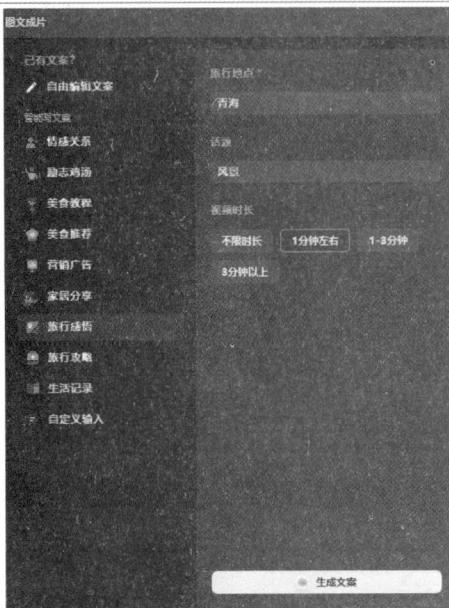

图 5-135　输入主题或描述

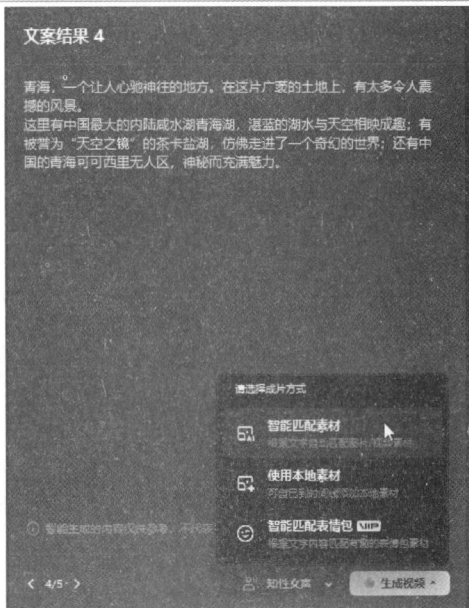

图 5-136　选择成片方式

（3）开始智能生成视频，完成后进入视频编辑界面，可以看到剪映专业版自动为文案添加了图片素材、背景音乐、旁白和字幕，如图 5-137 所示。根据需要调整视频效果，如替换视频素材、添加转场效果、设置字幕文本格式等，然后导出视频即可。

图 5-137　生成视频

5.5.4　利用 AIGC 工具剪辑视频

利用 AIGC 工具剪辑视频的方法包括以下几种。

1. 利用 AIGC 工具生成素材

视频创作者可以利用 AIGC 工具根据视频主题生成相关的图像或动画素材。这些素材可以作为视频的背景、过渡效果或装饰元素，提升视频的视觉效果。利用 AIGC 工具的语音合成技术，将视频脚本或旁白文本转化为语音，将生成的语音文件作为音频素材添加到视频中，以节省录制语音的时间，并增强视频的表现力。

2. 选择集成 AI 功能的视频编辑软件

视频创作者要选择一款集成 AI 功能的视频编辑软件，软件要提供智能剪辑、颜色校正、音频处理等功能。

（1）将需要剪辑的视频素材、AIGC 工具生成的图像或动画素材，以及通过语音合成技术生成的语音文件导入软件中。

（2）利用软件的 AI 功能对视频素材进行智能分析，获取剪辑建议，如自动检测视频中的高光片段、人脸识别、场景分类等。

（3）根据 AI 建议或自己的需求进行视频剪辑，包括裁剪、拼接、添加过渡效果、调整色彩等。

（4）利用软件的 AI 功能进行智能调整，如自动调整亮度、对比度、饱和度等。

（5）为视频添加合适的配乐，可以使用软件内置的音乐库或自己上传的音乐文件。

（6）添加字幕来增强视频的观赏性。一些软件支持 AI 字幕生成功能，可以自动识别视频中的语音并生成字幕。

（7）完成剪辑后，导出视频文件，并分享到各大视频平台或社交媒体上。

3．自定义 AI 模型

有高级需求的用户或专业团队可能会选择训练自己的 AI 模型来执行特定的视频剪辑任务，这需要深厚的 AI 技术背景和大量的数据支持。通过持续不断地训练，AI 模型可以实现更个性化的视频剪辑效果，如自动识别人脸、跟踪对象、调整色彩等。

案例在线

使用度加创作工具生成视频片段

度加创作工具中的"高光剪辑"功能借助 AI 技术能够自动识别视频中的关键内容，并根据预设的模板或用户自定义的参数，快速生成符合需求的视频片段，具体操作方法如下。

（1）打开度加创作工具网站，单击页面左侧的"高光剪辑"按钮，上传视频素材，在页面下方设置"处理范围"和"剪辑长度"参数，然后单击"一键剪辑"按钮，如图 5-138 所示。

慕课视频

使用度加创作工具生成视频片段

图 5-138　上传并设置剪辑参数

153

（2）AI 完成视频创作后，会展示多条创作结果供视频创作者选择。这些结果是基于用户输入的脚本、选定的素材及 AI 算法分析自动生成的，视频创作者可以在预览页面中快速浏览每一条视频，评估其是否符合预期的主题、风格和质量。选择合适的视频，单击"编辑"按钮，如图 5-139 所示。

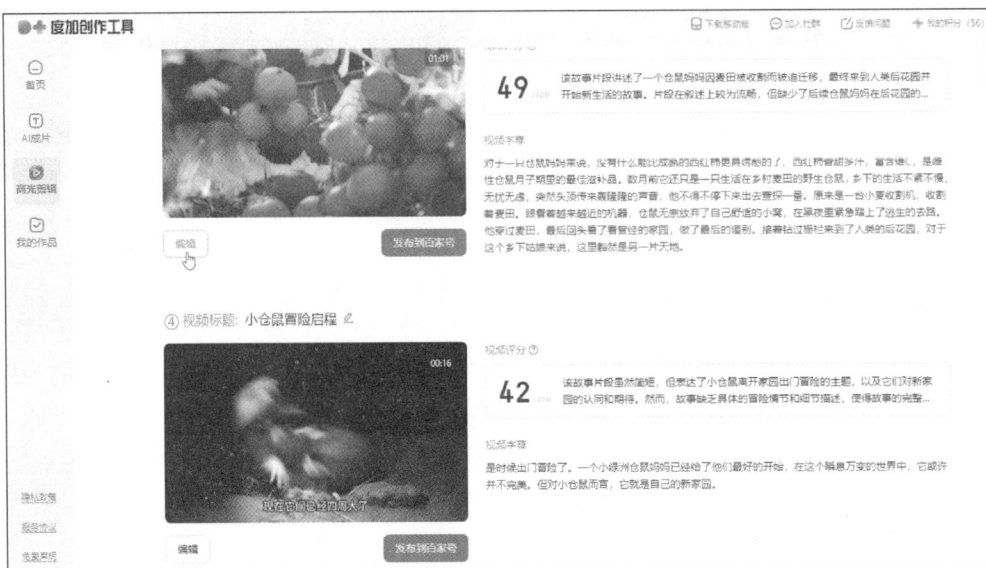

图 5-139　单击"编辑"按钮

（3）在页面左侧的文本框中根据需要修改字幕内容，单击"播放"按钮▶预览视频效果，然后单击页面右上方的"下载"按钮⬇，即可保存视频到本地，如图 5-140 所示。此外，视频创作者也可单击"发布视频"按钮直接分享到百家号平台，与更多人分享自己的创作成果。

图 5-140　单击"下载"按钮

课堂实训：使用 Premiere 剪辑美食探店短视频

1．实训背景

美食探店短视频，作为一种极具吸引力的视频内容形式，以其独特的魅力征服了广大用户的心。这类短视频通过博主的亲自探访，将镜头对准各式各样的美食场所，从繁华都市的知名餐馆到街头巷尾的隐秘小店，带领用户身临其境地感受美食的魅力，发现并推荐那些令人垂涎欲滴的佳肴与独特的美食文化。这些视频也为美食行业的发展注入了新的活力，推动了美食文化的传播与交流。

慕课视频

使用 Premiere 剪辑美食探店短视频

2．实训要求

打开"素材文件\第 5 章\课堂实训"文件夹，将素材文件导入 Premiere 项目中，剪辑美食探店短视频，效果如图 5-141 所示。

图 5-141　美食探店短视频效果

3．实训思路

（1）创建项目与序列

在 Premiere Pro 2020 中创建剪辑项目，导入视频素材和音频素材，在"项目"面板中对素材进行整理，然后创建 1080 像素×1920 像素的竖版视频序列。

（2）粗剪视频

对视频素材进行剪辑并添加到序列，然后将背景音乐和旁白音频添加到序列，根据旁白音频对视频剪辑进行修剪，并根据需要调整视频剪辑的速度和画面构图。

（3）添加视频效果

为视频剪辑添加合适的转场效果，根据需要制作画面运动动画。创建调整图层，使用"Lumetri 颜色"工具对短视频进行调色。

（4）添加字幕

添加旁白字幕后，在"基本图形"面板中设置文本格式，根据需要创建文本样式，并对重点字幕的颜色进行更改。

课后练习

　1.　简述新媒体视频制作的操作步骤。

　2.　简述视频中的声音包含哪些要素。

　3.　打开"素材文件\第 5 章\课后练习"文件夹，使用剪映专业版制作烤肉店宣传短视频，效果如图 5-142 所示。

图 5-142　烤肉店宣传短视频效果

第6章 网络直播技能

☑ 学习目标

➤ 了解网络直播的类型、工具和相关规范。

➤ 熟悉与网络直播活动筹备相关的工作内容。

➤ 掌握实施网络直播活动的流程和方法。

➤ 掌握 AIGC 在网络直播中的应用。

☑ 本章概述

网络直播不仅是内容创作者与观众实时互动的有效方式，也是品牌推广、教育普及、娱乐分享等多领域的关键传播手段。掌握这一技能能够显著提升个人或组织的影响力、增强用户黏性，并促进商业价值的实现。本章主要介绍了网络直播的类型、工具及相关规范，网络直播活动的筹备与实施，以及 AIGC 辅助网络直播等内容。

☑ 本章关键词

网络直播 直播团队 直播脚本 抖音直播 数字直播间

☑ 案例导入

安吉尔参与品牌联合直播，打造连麦栏目

2023 年 10 月，抖音平台的品牌联合直播活动十分火爆，也引起了很多消费者的关注。借此机会，知名净水器品牌安吉尔携手多家品牌，打造连麦栏目，以生动、有趣的直播连麦活动，向消费者们展现自身的科技实力。

在此次活动中，公牛、鸿星尔克、郁美净、奥克斯、TCL 和安吉尔等品牌齐聚线上直播间，介绍自身发展历程、科技力和产品力，不仅带来了新奇有趣的产品展示，还为消费者发放了实实在在的福利，整个直播活动好看、好玩，更好买。

安吉尔积极参与此次活动，在直播连线环节中抓住机会，向消费者热情介绍了品牌的发展历程和强大的科技创新能力，这一简单、直观的展示方式引发了消费者的连连惊叹，从某种意义上说，这也是安吉尔对自身产品和科技实力高度自信的体现。

案例思考：企业在进行网络直播时可能会使用哪些直播功能？直播活动策划要考虑哪些方面？

6.1 初识网络直播

网络直播是指利用互联网技术，将现场音视频信号实时传输到网络平台，供用户在线观看与互动的一种新型内容传播方式。网络直播具有即时性、互动性和便捷性，它不受时间和地域的限制，在任何有网络的地方，人们都可以通过手机、计算机等设备进行直播或观看直播，极大地丰富了人们的娱乐生活和信息获取渠道。

6.1.1 网络直播的类型

网络直播的类型多种多样，从不同的维度可以分为不同的类型。下面从内容和生成方式两个维度来划分。

1. 按内容划分

按照直播内容的不同，网络直播可以分为以下几类。

（1）生活娱乐类

生活娱乐类直播是以日常生活和娱乐活动为主要内容的直播形式。生活娱乐类直播是指主播通过直播平台，向用户展示其日常生活、才艺表演、美食制作、旅行经历等内容的实时互动活动，这类直播颇受用户的喜爱。据统计，年轻男性用户更愿意观看游戏、体育赛事等相关的直播内容，而女性用户则对美食、美妆、情感等内容更感兴趣。

（2）新闻资讯类

新闻资讯类直播是一种以新闻事件为主题的网络直播形式，是指主播通过直播平台实时向用户播报新闻事件、传递资讯信息，并进行解读和分析的直播活动。随着互联网的发展，传统媒体已将直播作为常用的新闻发布方式，普通用户也可以开启直播分享一手新闻资讯。

新闻资讯类直播能够在第一时间将新闻信息传递给用户，确保信息的时效性和新鲜度。同时，用户可以通过弹幕、评论等方式与主播进行实时互动，表达自己的观点和看法，增强参与感和互动性。

（3）教育类

教育类直播是一种通过网络平台将教学内容实时传送给用户，实现主播与用户实时互动的教学方法。随着知识付费领域的逐渐完善与成熟，越来越多的用户养成了线上学习的习惯，因此传授专业知识、技能的教育类直播颇受用户欢迎。

教育类直播的常见内容有学习方法指导、心理健康教育、职场技能提升，以及英语、法律、理财等相关专业知识的讲解。这类直播要求主播具备扎实的学科知识和丰富的教学经验，是教育类企业和个人进行知识产品营销和引流的重要渠道。

（4）电商类

电商类直播作为电子商务与实时直播相结合的营销方式，近年来在电商行业中迅速崛起并占据了重要地位。电商类直播是指通过实时直播的方式，向用户展示和推销商品或服务，实现线上销售的一种直播模式。

（5）体育类

体育类直播是指以体育比赛为主题的网络直播，涵盖了各种类型的体育赛事，如足球、篮球、羽毛球等。这种直播形式通过实时传输比赛画面和信息，结合主播的解说和评论，为用户提供沉浸式的观赛体验。

2．按生成方式划分

根据生成方式的不同，网络直播划分为以下几类。

（1）UGC（用户生成内容）

用户生成内容（User Generated Content，UGC）的概念来源于互联网领域，指的是用户自主创造内容并通过互联网平台向其他用户展示并传播。除了垂直领域的专业平台，在大部分新媒体平台上，UGC 是平台内容构成的主体部分。UGC 纷繁多样，可以丰富平台内容，提升平台用户的活跃度。

（2）PGC（专业生成内容）

专业生成内容（Professional Generated Content，PGC）是与 UGC 相对应的概念，其输出者是具有专业身份（资质、学识）或组织专业身份用户提供专业内容的人。

这里的 PGC 输出者既指在某领域拥有专长的个人，如拥有垂直领域专业知识的主播、经过系统学习并拥有丰富实操经验的写手、摄像人员、运营人员等，也指由专业用户组成的团队、机构。例如，很多主播都是垂直领域内的 PGC 个人输出者，他们同时也加入了由个人专业用户组成的 PGC 机构，由该机构负责对其直播业务进行规划和运营。

带 PGC 属性的直播间，在开播之初往往就有着明确的直播目标和周全的直播运营计划，其输出的内容质量高、直播时长与频次稳定，在内容生成、内容推广、直播运营、品牌打造、粉丝沉淀等方面更有优势，更容易提高自身的影响力并实现盈利。

（3）BGC（品牌生成内容）

品牌生成内容（Brand Generated Content，BGC）的直播，其输出者是品牌商、企业员工及与品牌合作的知名人士等。随着直播在电商领域的广泛应用，企业不再满足于依靠 PGC 和 UGC 输出者进行品牌曝光与产品销售，越来越多的企业在尝试搭建自己的直播团队，形成自有的直播力量。

带 BGC 属性的直播间具有两大优势，一是企业在产品销售策略的制定上拥有更多的主动权，二是主播可以利用更多的时间进行品牌理念、文化、价值观的输出，提升粉丝对品牌的忠诚度，并将粉丝沉淀至企业的私域流量池中。

6.1.2　网络直播的工具

网络直播工具是支持网络直播顺利进行的重要辅助设备或软件，它们在网络直播的各个环节发挥着不同的作用。网络直播的常用工具分为两大类，即直播软件和硬件设备。

1．直播软件

直播软件是网络直播的核心工具，它们提供了视频捕获、编辑、推流及互动等功能。常用的直播软件包括以下几种。

（1）OBS Studio

OBS Studio 是一款专业级的屏幕录制与直播软件，以其开源、免费且功能全面的特点，在直播和屏幕录制领域广受欢迎。它支持视频、音频捕获和混合，可以创建多个场景并通过自定义转换无缝切换。OBS Studio 提供直观的音频混频器和源过滤器，支持 VST 插件，还支持多平台推流，即同时在多个平台上进行直播。

（2）智能直播助手

智能直播助手是一款专为主播设计的辅助工具，旨在帮助主播轻松打造虚拟直播间效果，并提供多种直播封面背景、提词器功能，以及图片和视频编辑工具。高仿真的虚拟直播空间支持多人同时在线互动，增强了直播的互动性。智能直播助手操作简便、功能丰富，适合各类直播场景。无论是新手主播，还是有一定经验的主播，都能通过这款工具实现更顺畅、更精彩的直播体验。

（3）Stream Yard

Stream Yard 是一个基于云端的直播平台，无须下载和安装，即可快速开启直播。它支持多平台直播，主播可以通过 Stream Yard 轻松地创建和管理直播内容，与用户进行实时互动，并享受高质量的直播体验。

（4）平台专用直播软件

平台专用直播软件是各新媒体平台推出的直播辅助工具，如抖音直播伴侣、快手直播伴侣、视频号助手等，这些直播软件通常与各自平台深度集成，能够为主播提供便捷的直播功能和丰富的互动体验。

2．硬件设备

硬件设备是确保直播顺利进行，并提升直播质量的重要组成部分。以下是一些直播中常见的硬件设备。

（1）摄像设备

摄像设备包括专业相机、智能手机等。

● 专业相机：对于追求高质量画面的直播，专业相机和镜头是不可或缺的。它们能够提供 4K 高清画质，对焦速度快且精准，色彩还原度高，是娱乐直播和带货直播的首选器材。

● 智能手机：对于移动直播或预算有限的直播来说，智能手机是不错的选择。现代智能手机通常配备高分辨率摄像头和丰富的拍摄功能，能够满足基本的直播需求。一般用手机直播时，需要使用手机稳定器，这样能够有效避免手抖导致的画面模糊，提升直播画面的稳定性。

（2）音频设备

音频设备包括声卡、话筒、监听耳机等。

● 声卡：一个高品质的声卡可以避免出现杂音、延迟、失真等问题，能够提升直播的音质。对于娱乐主播来说，可以选择具有混响、电话音、降噪、变声等功能的声卡。

● 话筒：话筒的选择多种多样，如有线话筒、无线领夹话筒等。无线领夹话筒因其便携性和灵活性而备受欢迎，特别适合电商直播。

● 监听耳机：用来监听自己的声音，一般选择入耳式耳机，还可根据需要选择双插头、加长线的耳机。

（3）灯光设备

网络直播中的灯光设备必不可少，常用环形补光灯，可以调节光线，帮助主播在直播中保持良好的光线效果。此外，主播还可以选择专业灯光组合，如主灯、辅灯、背景灯、顶灯、面部补光灯等，根据直播场地大小和需要的直播效果进行搭配。

（4）稳定设备

稳定设备是确保直播效果的重要设备之一，一般直播常用直播支架，用于固定摄像设备，确保直播画面的稳定性。直播支架形式多样，有手机+声卡+话筒+补光灯一体的，也有分开单个独立的，主播可以根据自身需求进行选择。

（5）其他设备

其他设备包括计算机、直播一体机、绿幕等。

● 计算机：用于 PC 端直播，一台配置较高的计算机是非常有必要的。

● 直播一体机：这是一种集成音视频采集、智能处理、上传一体化的直播专用设备，支持多平台兼容，且操作简单，容易上手。

● 绿幕：用于抠图，添加虚拟背景，能够提升直播的视觉效果和趣味性。

6.1.3　网络直播的相关规范

网络直播的相关规范是确保网络直播行业健康、有序发展的重要基石。近年来，随着网络直播的普及和影响力的增强，相关部门出台了一系列规范文件，以加强对网络直播行为的监管和引导。直播运营者需要了解并遵守网络直播的相关规范。

1．直播运营规范

直播运营者需要取得相应的直播资质与许可证等，才能开始进行网络直播活动。开展互联网新闻信息、网络表演直播服务、网络视听节目直播服务必须持证或备案准入，包括申请取得《信息网络传播视听节目许可证》《网络文化经营许可证》《互联网新闻信息服务许可证》等，并到属地公安机关履行公安备案手续。

在直播运营过程中，还要遵守相关的法律法规，如《互联网直播服务管理规定》《中华人民共和国网络安全法》等。《互联网直播服务管理规定》是网络直播领域的基础性法规，规定了互联网直播服务的许可、备案、内容管理、用户保护、监督检查等方面的要求。《中华人民共和国网络安全法》主要是针对网络信息安全、个人信息保护等方面的要求与规定，同样适用于网络直播。

2．内容管理规范

网络直播的相关规范对直播内容方面的要求是多方面的，旨在维护直播平台的良好秩序，保护用户权益，传播正能量。网络直播平台需要建立健全内容审核机制，对直播内容进行实时监控和审核，确保内容符合法律法规和社会公序良俗。直播运营者应坚持健康的格调品位，传播积极向上的内容，弘扬社会主义核心价值观，必须遵守国家法律法规，不得传播违法信息。

直播运营者要尊重版权，确保直播内容不侵犯他人的知识产权，在网络直播中传播音乐、视频、图片等内容需要遵守《中华人民共和国著作权法》的相关规定，避免侵权。鼓励原创内容，打击盗版和侵权行为。

对于直播中涉及的广告内容，直播运营者要遵守《中华人民共和国广告法》的相关规定，确保广告的真实性和合法性。要加强对未成年人的保护，直播内容应当适合各年龄段用户观看，特别要保护未成年人的合法权益，不得传播有害信息。

3．主播管理规范

主播管理规范是确保直播内容健康、积极、合法的重要措施。主播管理规范主要包括行为规范、实名认证和文明互动等。

（1）行为规范

主播应自觉遵守《中华人民共和国宪法》和相关的法律法规，维护国家利益、公共利益和他人合法权益，自觉履行社会责任，接受行业主管部门监管和社会监督。

（2）实名认证

主播应遵守网络实名制注册账号的有关规定，配合平台提供真实、有效的身份信息进行实名注册，并规范使用账号名称。

（3）文明互动

主播应引导用户文明互动、理性表达、合理消费，共建文明健康的网络表演、网络视听生态环境。

📚 **素养课堂**

　　文明互动能够营造一个尊重、理解、包容的网络环境，减少因言语冲突和误解而产生的负面情绪，从而促进网络社区的和谐与稳定。在网络空间中保持文明礼貌，不仅是对他人的尊重，也是个人素质和道德修养的体现。

　　（4）形象管理

　　主播应保持良好的形象，服饰、妆容、语言、行为、肢体动作等都要文明得体，符合大众审美情趣和欣赏习惯。

　　（5）培训教育

　　直播运营者要加强对主播法律法规和职业道德的培训，以提升主播的素质和责任意识。

　　4．用户权益保护规范

　　直播运营者要注意保护用户的合法权益，严格遵守个人信息保护的相关规定，规范收集和合法使用用户信息，还要充分保障用户的知情权、选择权和隐私权等合法权益，并对用户进行必要的消费提醒。

6.2　网络直播活动的筹备

　　网络直播活动是指互联网平台通过实时传输音视频内容，使用户能够随时随地在任何有网络连接的地方观看直播内容的一种活动形式。它作为一种新兴的娱乐方式和营销手段，已经广泛运用在各个领域，为人们提供了更多的交流和娱乐机会。

　　网络直播活动的筹备是一个复杂而细致的过程，涉及多个方面的准备和规划。一场大型的直播往往需要多人组成的直播团队共同协作完成，而且需要提前撰写好直播脚本，做好直播间的搭建等工作。

6.2.1　直播团队的组建

　　无论是个人还是企业，要想做好网络直播，组建直播团队是非常有必要的。直播团队的规模，需要根据直播目标、直播内容、直播预算等多个方面来确定。

　　1．直播团队的成员

　　一个完整的直播团队通常包含主播、副播、场控、策划人员、运营人员、客服人员等角色。

　　● 主播：主播是直播团队的核心人物之一，负责在镜头前表演才艺、展示产品、讲解内容、与用户互动等。主播要具备某种技能或才艺，有良好的语言表达能力和沟通能力，熟悉产品知识，具有较强的镜头感。

　　● 副播：主要是协助主播进行直播，如补充产品信息、活跃直播间气氛等。

　　● 场控：负责直播间的设备调试、软件设置、后台操作、数据监测等，要熟悉直播设备和技术，具备快速响应和解决问题的能力。

　　● 策划人员：负责直播内容的策划和设计，包括脚本编写、活动设计等，需要具备创意策划能力和文案写作能力。

- 运营人员：主要负责制订直播策略、直播宣传、后台数据分析等，需要具备市场营销、数据分析等能力。
- 客服人员：主要负责直播间的日常互动答疑、售后等，需要具备良好的沟通能力和服务意识。

2. 直播团队的组建流程

组建直播团队的流程如下。

（1）做好准备工作

组建直播团队前，直播运营者首先要明确直播的主题领域，如美妆、服饰、食品、教育等，这将直接影响后续团队成员的选择和直播内容的规划。其次，还要确定直播的目标（一般包括提升品牌影响力、增加销售额、扩大粉丝基础等），最后还要了解目标受众、直播预算等，这些都是组建直播团队的基础与前提。

（2）打造团队架构

直播运营者应根据直播目标与需求，打造直播团队的架构，确定团队人员的数量与角色分配。直播运营者可以根据直播的规模与预算灵活调整团队架构，直播团队人员配置主要有以下几种。

- 初级版：初级版直播团队是只有核心人员组成的直播团队，一般是 2～3 人，由 1 名主播与 1～2 名运营人员组成。由于人员少，通常每个人都身兼数职。主播不仅是直播出镜人员，还要负责撰写直播脚本、直播话术，以及准备直播间道具等。运营人员主要负责直播平台的运营，还要负责招商、选品、直播数据分析、直播竞品分析等工作。
- 标准版：为了提升直播间的商业价值，打造更多、更优质的直播内容，直播运营者可以组建标准版直播团队，一般由 4～6 人组成，分别为 1 名主播、1 名副播、1～2 名运营人员、1～2 名策划人员。直播团队人员分工更细化，且能够充分发挥其专业性，进而提升直播营销效果。
- 升级版：升级版直播团队一般由 7～12 人组成，人员配置为 1～2 名主播、1～2 名副播、1 名编导、1 名场控、1～2 名运营人员、1～2 名策划人员、1～2 名客服人员。升级版直播团队岗位职能分工更完善、更细化，策划、直播、选品、运营等各个环节的重要工作都有专人负责，可以承担大规模的直播营销活动。

（3）招募团队人员

直播运营者需要制订招聘计划，选择合适的招聘渠道，如社交媒体平台、专业招聘网站、高校合作等。发布招聘信息时，要清晰、具体地描述每个职位的职责、要求及期望的候选人特质，明确薪资结构、奖金激励、职业发展路径等，以吸引优秀人才。

对于成功入职的团队人员要进行入职培训，包括企业文化、产品知识、工作流程、规章制度等方面，还要定期针对岗位需求进行专业技能培训，如直播技巧、内容创作、数据分析等。有条件的企业还要不定期组织团建活动，以增强团队凝聚力和协作能力。

6.2.2　直播活动的策划

直播活动策划是指将抽象的思路转换成具体化的文字表达，以方案的形式将其呈现出来，以保证直播活动顺利开展。一般来说，直播活动策划可以从直播整体规划、直播细节规划和直播宣传规划 3 个方面来着手。下面以直播营销活动为例进行详细阐述。

1．直播整体规划

直播整体规划是确定直播营销活动的目标、主题、时间、预算等基本内容。

- 设定目标：明确直播营销活动的目标，如提高品牌知名度、销售额。例如，"在 4 小时的直播活动中达到 5 万元的销售额"，此目标具有可衡量性和可达成性，便于评估直播活动的成功程度。

- 确定主题：主题是整场直播营销活动的核心，确定直播营销活动的主题可以体现活动的主要内容，如品牌促销季、美妆节等。

- 安排直播时间：选择用户活跃度较高的时间段开展直播营销活动，可以保证直播的曝光度。直播运营者可以在直播平台的后台查看用户画像，得到准确的活跃时间，以便安排直播时间。同时，还要考虑用户的观看习惯，直播时间要有规律性，如固定直播时间为晚上 8 点。

- 规划预算：直播运营者需要考虑各种费用支出，以确保活动的顺利进行。需要根据直播营销活动的目标确定合理的预算，包括人力、物资、时间等方面的成本，如广告投放费用、奖品费用、场地租赁费用等。

2．直播细节规划

直播细节规划是详细规划和安排直播营销活动的各个环节，包括直播内容设计、选择主播、人员分工、设计互动环节，以及奖品设置与奖励机制等。

- 直播内容设计：设计吸引人的直播内容，可以吸引更多的用户关注并进入直播间。例如，采用情景剧、故事化等方式来讲述品牌故事，增加用户的代入感；或者在展示产品时加入试吃环节，让用户更直观地了解产品。

- 选择主播：如果主播由品牌内部人员担任，可以选择对产品比较了解、语言表达能力和反应能力较强、个人形象较好的人员担任主播。如果是与外部专业主播合作，则可以通过飞瓜数据等网站了解当前热度较高的主播，选择与转化率较高、报价合适的主播进行合作。

- 人员分工：明确直播团队人员的职责，可以提高工作效率，确保各个环节的工作能够得到及时、有效的执行，使整个直播团队的工作更有条理性。开展大型直播时，还可以将直播团队人员进行分组，如分为宣传组、道具组、摄制组等，且每组都要设置相关负责人。

- 设计互动环节：互动环节可以促进用户与主播之间的交流，提升用户的活跃度和参与度。常见的互动方式包括点赞、评论和分享 3 种方式，常见的互动活动有问答、抽奖等，在不同时间段采用不同的互动方式可以优化用户的互动体验。

- 奖品设置与奖励机制：直播运营者可以设置具有吸引力的奖品和奖励机制，以吸引更多的用户参与。奖品应与品牌或直播营销活动相关，如以品牌产品、优惠券、免单福利等作为奖品。在预算充足的情况下，直播运营者可以选择价格合适的电子产品作为奖品，但这类奖品的抽奖频次不宜过高。根据用户的消费情况和活跃度还可以设置奖励机制，如用户可以通过观看直播、分享直播或购买产品等方式获得积分，积分可以用来兑换奖品或者参与抽奖活动。

3．直播宣传规划

直播宣传贯穿于直播活动的整个过程。直播开始前，直播运营者要进行预热宣传；直播开始后，直播运营者也要进行相应的宣传；直播结束后，直播运营者也应通过剪辑直播营销活动的亮点进行二次传播，以提高直播营销活动的影响力。直播宣传规划则是详细规划直播营销活动的宣传渠道、宣传内容、宣传时间等。

● 选择宣传渠道：根据品牌特点和目标用户选择合适的宣传渠道。例如，直播运营者在微博上发布图文消息，预告活动的主题、时间、地点等。

● 确定宣传内容：宣传内容需要与品牌形象和目标用户的需求相吻合，以便最大限度地提高活动的曝光度。

● 安排宣传时间：根据活动目标和宣传渠道的特点，合理安排宣传时间。考虑目标用户的作息时间和平台的流量高峰期，以提升直播营销活动的热度。

知识链接

直播运营者在策划直播内容时，需要注意以下几点。

（1）原创性

直播运营者要坚持直播内容的原创性，善于运用创新性思维，创作高质量的原创性内容。在直播内容原创的基础上，注意趣味性、实用性与独特性，以增强对用户的吸引力。

（2）真实性

直播内容要与用户产生联系，这样才能引起用户的注意。也就是说，主播要用真实的信息、真实的情感来打动用户，而不是策划一些虚假的内容，或者虚情假意地表达自己对某些事物的看法。

（3）文化内涵

直播运营者要精心创作具有深刻文化内涵的、具有艺术审美性的、积极健康的直播内容，让用户能够通过观看直播得到艺术的熏陶和精神的升华。特别是在企业直播中，要更加注重用户的观看体验。具有文化内涵的直播内容会让用户感受到企业及产品的高端品质，能够加深用户的认知，激发用户产生购买行为。

6.2.3　直播脚本的撰写

直播脚本的作用是为整场直播做出全局性谋划。一份清晰、详细的直播脚本是一场网络直播顺利进行并取得良好效果的有力保障。直播脚本分整场直播脚本和单品直播脚本两种类型。

1. 整场直播脚本

整场直播脚本用于对整个直播过程进行规划，通常是对直播流程和内容的细致说明。整场直播脚本包含直播主题、直播人员、直播时间、直播流程等。有整场直播脚本做指导，在直播前演练一遍，主播便可以更好地按照既定流程完成直播工作，从而提高直播的效率。

在做整场直播脚本策划时，团队要确定主题内容，准备好直播设备，安排好人员分工，并制订直播预热方案，规划直播流程，对直播过程中的每一个环节都进行妥善安排，同时规划直播中的细节，包括抽奖的频次、产品的卖点、引导关注的时机、优惠活动、直播话术等。

整场直播脚本示例如表 6-1 所示。

表 6-1　整场直播脚本示例

直播主题	××品牌年中大促			
直播人员	主播：××，助播：××			
直播时间	6月18日 19:00～21:00			
直播流程				
时间段		流程	主播	助播
19:00～19:05	直播开场	打招呼、热场	和用户打招呼，介绍基本信息	引导用户关注直播间
19:06～19:10		介绍活动	预告今日直播的产品与优惠信息	问候新进直播间的用户，协助主播预告福利
19:11～19:45	直播中	介绍3款新品	展示新品，包括材质、上身效果、搭配技巧等，回答用户的问题	把控直播节奏
19:46～19:50		福利抽奖	介绍奖品，引导用户参与抽奖	告知抽奖结果
19:51～20:00		介绍2款新品	展示新品，包括材质、上身效果、搭配技巧等，回答用户问题	把控直播节奏，引导用户关注直播间
20:01～20:30		投票活动	告知用户活动规则，引导用户参与活动，然后公布投票结果	告知投票结果
20:31～20:55		介绍剩余3款新品	展示新品，包括材质、上身效果、搭配技巧等，回答用户问题	把控直播节奏，引导用户关注直播间
20:56～21:00	直播结尾	本场直播总结和预告	预告下一场直播的时间、福利、直播产品等	引导用户关注直播间

2．单品直播脚本

单品直播脚本是围绕单个产品写作的直播脚本，对应的是整场直播脚本中的"产品推荐"部分。单品直播脚本要突出产品卖点，详细介绍产品的用途、价格、使用场景、质量和工艺等。为了条理清晰，在介绍产品卖点时可以分点进行介绍。

直播运营者在撰写单品直播脚本时，可以从以下几个方面来考虑。

● 产品信息：首先要介绍产品的基本信息，包括产品名称、特点、使用方法等。这部分的描述应该简洁明了，让用户对产品有一个基本的了解和认识。

● 卖点阐述：直播运营者可以通过阐述产品卖点，突出产品的优势和吸引力。在阐述产品卖点前，直播运营者可以使用 FAB 法则来提炼产品的卖点。FAB 法则是一种说服性演讲的结构，其中 F（Feature，特征）指产品具体的属性、功能或规格，A（Advantage，优势）指产品所带来的好处和具有的优势，B（Benefit，利益）指用户购买产品时可以获得的实际益处。

● 强调利益点：介绍产品可以给用户带来的利益。

● 引导转化：最后引导用户转化，包括引导用户购买、关注直播间等。在引导转化时，主播可以通过展示产品的实际使用效果、介绍优惠活动等方式来激发用户的购买欲望。

单品直播脚本一般以表格形式呈现，包含品牌介绍、产品卖点、优惠活动、注意事项等要素。例如，某款锅具的单品直播脚本如表 6-2 所示。

表 6-2　某款锅具的单品直播脚本

项目	宣传点	具体内容
品牌介绍	品牌理念	以向大众提供精致、创新、好用的小家电产品为己任，主张以愉悦、有创意、真实的生活体验丰富人生。选择××品牌不只是选择一种产品，更是选择一种生活方式
产品卖点	产品用途	具有煮、蒸、涮、炒、煎等多种烹饪功能
	产品设计	产品为分体式设计，可以当锅，也可以当碗；外观美观大方；锅体有不粘涂层，易清洗
优惠活动	延续"双十一"活动	在直播间下单的小伙伴可以享受与"双十一"同样的价格，下单时备注主播名称
注意事项	—	引导用户分享直播间并点赞，引导用户加入粉丝群

6.2.4　直播间的搭建

直播间的搭建是一个涉及多个方面的综合过程，包括场地选择、灯光布置、背景布置等多个环节。

1．场地选择

直播间搭建的第一步是选择合适的场所作为直播的固定场地。直播场地的大小应根据直播的规模和内容灵活选择。如果是小规模的一般性直播，场地大小一般控制在 8 平方米～20 平方米即可；如果是大型带货直播，则可以选择 20 平方米～40 平方米的场地；如果是个人美妆类直播，则 8 平方米左右的场地即可；如果是服装类直播，选择 15 平方米以上的场地更为合适。

在选择直播场地时，直播运营者要注意检测场地的隔音效果和回音情况，要确保隔音效果良好。如果场地的隔音效果不好或者有明显的回音，在直播时很容易产生杂音，影响用户的观看体验。

2．灯光布置

合理的灯光布置可以让直播间里的人物和物品更立体、更有质感。因为自然光线不容易掌控，所以仍然需要人为布置灯光来保证光线的稳定，其中灯具的选择与位置摆放格外重要。

直播间常用的三点布光法是一种经典的照明布光方式，旨在通过三种不同的光源组合，为直播间营造自然、明亮且富有立体感的画面效果。三点布光法主要应用三类光源，即主光、辅助光、轮廓光。

（1）主光

主光即画面中的主要光线，用于照亮画面主体及其周围区域。它是三类光源中最亮的一类，可以由一盏或多盏灯的光线构成。负责主光的灯具应具备频闪低、发热量低、亮度强的特性。

主光通常放置在摄像机前方，与摄像机形成一定的角度，以营造最佳的光影效果。对于人像布光，主光常置于人物前侧方 45 度左右的位置，并略高于人物头部，以形成经典的伦勃朗光效。

（2）辅助光

被主光照射的画面主体往往有明暗之分，辅助光主要用于填补主光造成的阴影部分，使画面更加均匀、自然。辅助光还能调整光比，柔化主光形成的阴影，增强画面的层次感。

辅助光通常放置在摄像机的侧面或后方，与主光形成一定的夹角，以便更好地照亮阴影区域。对于人像布光，辅助光常置于人物另一侧，与主光形成互补关系。

辅助光的亮度弱于主光，一般为散射光源。建议选择带有灯罩的柔光灯具，经过柔光处理后的光源，能令主播长时间直播也不会感觉灯光刺眼。常见的构成辅助光的灯具有四角柔光箱、八角柔光箱、球形柔光灯等。

（3）轮廓光

轮廓光的主要作用是分离画面主体与画面背景，使被拍摄的画面主体的轮廓更加明显，提升直播画面整体的纵深感和立体感。

轮廓光通常放置在人物后上方，以形成逆光效果。逆光能够勾勒出人物的轮廓线，使人物在画面中更立体、更生动。

直播运营者可以选择柔和的灯光作为轮廓光。同时，可以根据需要调整色温，以营造不同的氛围效果。

3．背景布置

直播间的背景应根据直播间定位及直播内容来确定，合适的背景可以有效营造良好的直播氛围。一个精心设计的直播间背景不仅能够提升观看体验，还能帮助主播更好地传达信息，增加与用户的互动。

（1）背景墙

直播间的背景墙建议以纯色为主，可以给人以简洁、大方之感，即使在其中添加品牌商标或广告词等元素，也不会显得过于杂乱。背景颜色要与主题和品牌形象相符。浅色背景如白色、米色或淡蓝色可以使画面看起来更加明亮、宽敞，适合多种类型的直播；而深色背景则能营造专业、沉稳的氛围，适合需要展示细节或专业讲解的直播。

打造背景墙并非必须使用复杂、昂贵的材料，可以使用背景布或墙纸。为了保持背景的整洁和一致性，直播运营者可以使用专门的背景布或墙纸，这些材料易清洁和更换，且能有效避免杂乱无章的背景干扰观众的视线。

（2）背景道具

直播间的入镜物品宜精不宜多，有两三件显眼的物品起到突出背景的作用即可。同时，背景道具应尽可能与直播内容相关联，与直播主题相契合。

书架、壁画、沙发等物品可以作为直播间背景道具，这样的道具可以给人以亲切、自然之感。如果是服装、日用品类的直播间，可以使用衣物陈列架或置物架作为直播间的背景道具。

（3）绿幕

绿幕是用于拍摄特效镜头的绿色背景幕布，专业的直播团队也会使用绿幕作为直播间背景。经过计算机处理后，拍摄画面背景中的绿色幕布部分会被抠掉，并替换成其他虚拟背景。使用绿幕的直播团队在布置好直播间的背景后，可以在直播镜头正对的墙体或其他支撑物上挂一块绿色幕布。需要注意的是，要确保幕布的面积足够大，可以覆盖直播镜头中的全部直播画面。

如果是知识教学类的直播间，直播运营者往往会将直播间背景设置为教学课件；如果是带货类直播间，直播运营者往往会将直播间的背景设置为品牌定制的虚拟背景。

（4）自然环境背景

还有一类直播以自然环境为直播背景，如农副产品产地直播以真实的果园、农作物为背景。此类直播向用户展示了其平时较少见到的场景，给用户以真实感和新鲜感。

此类直播间不需要添加过多的装饰元素作为背景，其重点在于选择与直播定位、内容相契合的场景，且应凸显真实、自然的特质。

6.2.5　OBS 工具推流

OBS（Open Broadcaster Software）是一款免费的软件，主要用于视频录制和直播。它支持多场景设置，包括图像、文本、浏览器窗口、网络摄像头等多种源，通过自定义实现场景之间的无缝切换。OBS 被广泛应用于在线教育、企业会议、游戏等多个直播领域，为用户提供专业的直播和录制解决方案。

📎 案例在线

使用 OBS 工具进行推流

1. 前期准备

使用 OBS 工具推流前，直播运营者需要做好以下准备工作。

（1）直播间布置：根据直播内容，合理布置直播间环境，包括灯光、背景、道具等。

（2）下载并安装 OBS 软件：访问 OBS 官网，下载最新版本的 OBS 软件，并按照提示进行安装。

（3）获取推流地址和密钥：登录直播平台账号，获取用于推流的 RTMP 地址和密钥。对于微信视频号等平台，需要先完成认证，然后在视频号助手或相应后台获取推流信息。

2. 设置 OBS 软件

（1）设置推流地址

① 打开 OBS 软件，单击底部工具栏的"设置"按钮。

② 进入"推流"设置界面，选择"自定义流媒体服务器"选项。

③ 在"服务器"栏填写 RTMP 地址，在"串流密钥"栏填写密钥，单击"确定"保存设置。

（2）添加直播来源

① 单击 OBS 底部工具栏的"来源"按钮，然后单击"+"号添加新的来源。

② 根据需要选择来源类型，如视频采集设备（摄像头）、显示器采集（计算机屏幕）、图像（背景图或商品展示贴片）、媒体源（视频文件）等。

③ 配置好每个来源的参数，如分辨率、帧率等。

（3）调整直播参数

根据直播当前的网络环境和计算机性能，调整视频码率、音频码率、编码器等参数。视频码率建议根据分辨率和帧率来设置，以确保直播画面的清晰度。音频码率一般保持默认即可，除非有特殊需求。

（4）调整布局和预览

① 在 OBS 的"场景"区域，可以添加多个场景，并在每个场景中放置不同的来源。

② 使用"预览"窗口查看当前场景的布局效果，并进行调整。

③ 根据需要可以在"工作室模式"下对直播内容进行实时编辑和预览。

3．开始推流

（1）检查设置：确保所有设置都已正确无误，包括推流地址、来源配置、布局调整等。

（2）开始推流：单击 OBS 底部工具栏中的"开始推流"按钮，将视频流推送到直播平台。

（3）检查推流状态：在 OBS 首页下方会看到一个绿色指示灯常亮，表示推流成功。同时，在直播平台的后台或直播间也可以看到推流成功的画面。

📖 **知识链接**

在使用 OBS 工具推流时，直播运营者应注意以下事项。

（1）网络稳定性：确保推流过程中网络连接稳定，避免出现网络卡顿或断流现象。建议使用有线网络连接，并关闭不必要的网络应用。

（2）设备兼容性：检查摄像头、话筒等直播设备是否与 OBS 软件兼容，并确保驱动程序已更新到最新版本。

（3）音频设置：注意音频输入的选择和混音器的设置，避免出现回声或杂音等问题。

（4）内容合规性：确保直播内容符合平台规定和相关要求，避免因内容违规导致被封号。

（5）备份与恢复：定期备份 OBS 的设置和直播内容，以便在出现问题时能够快速恢复。

6.3 网络直播活动的实施

随着互联网技术的发展，网络直播平台越来越多，人们可以选择适合自己的平台进行直播或观看直播。

6.3.1 抖音直播

抖音直播是抖音 App 内的一个功能模块，允许主播进行实时视频直播，与用户进行互动，实现商业变现或积累粉丝。主播可以通过直播展示自己的才艺、分享生活、推广商品等，而用户则可以通过发送弹幕、赠送礼物等方式与主播进行互动。

📒 **案例在线**

开始抖音直播

慕课视频

开始抖音直播的方法如下。

（1）在移动端打开抖音 App 并登录账号，点击抖音界面下方的 ⊞ 按钮，如图 6-1 所示。

（2）进入抖音视频拍摄界面，默认进入"快拍"界面，点击界面下方的"开直播"选项，如图 6-2 所示。

开始抖音直播

图 6-1 点击■按钮

图 6-2 "快拍"界面

（3）进入"开直播"界面，选择直播类型，如视频、语音和手游等，对直播间的标题、封面、位置、内容分类等信息进行设置，如图 6-3 所示。

（4）设置完成后，点击"开始视频直播"按钮（见图 6-4），即可开始抖音直播。

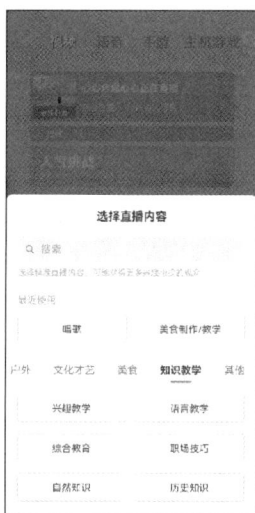

图 6-3 设置直播信息

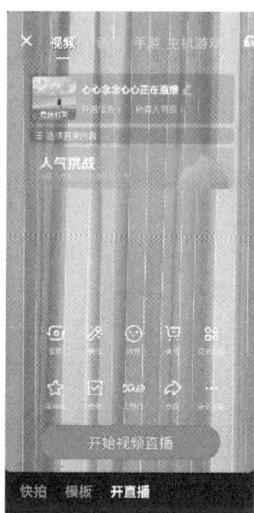

图 6-4 开始视频直播

抖音直播提供了丰富的功能，如连麦互动、派发红包、送福利、投 DOU+等，能够满足主播和用户的不同需求。

1．连麦互动

连麦互动是指在网络直播过程中，主播通过平台提供的连麦功能与其他主播或用户进行互动交流的一种形式。其流程通常包括以下几个步骤。

（1）发起连麦

主播在直播过程中，根据自身需求或用户要求，通过直播平台提供的连麦功能向其他主播或用户发起连麦邀请。

（2）接受连麦

被邀请方在收到连麦邀请后，可以选择接受或拒绝。如果接受，双方将建立实时语音或视频连接。

（3）互动交流

在连麦建立后，双方主播或主播与用户之间可以进行实时的语音或视频交流，分享观点、展示才艺、进行游戏等，双方的直播画面呈现在同一屏幕上。

（4）结束连麦

当互动交流结束后，主播可以通过平台提供的结束连麦功能来结束当前的连麦。

连麦互动能够增强直播间的互动性，提高用户的参与度。通过连麦互动，主播可以邀请其他主播或用户参与直播，共同创作和分享有趣的内容，使直播内容更加丰富多彩。连麦互动还可以帮助主播提高自己的影响力和知名度。

2．派发红包

派发红包是一种常见的直播间互动方式，旨在吸引用户、提升直播间人气和留存率。主播在直播间派发红包时，需要注意以下几点。

（1）设置红包金额与数量

主播应根据直播内容和用户的消费能力合理设置红包金额与数量。例如，主播进行高端奢侈品直播时可以设置较高金额的红包，而进行普通商品直播时则设置适中金额的红包。此外，主播还要谨慎规划红包数量，不能过多也不能过少，需要找到一个平衡点。

（2）选择合适的派发方式

红包的派发方式有抽奖式派发、随机红包派发等方式，主播要选择合适的派发方式。抽奖式派发能够激发用户的期待心理，增加参与的积极性。主播可以在直播过程中设置特殊时刻，派发大额红包作为奖励。随机红包派发可以避免"抢红包"的困扰，让用户更平等地参与。

（3）掌握派发时间

主播可以选择直播高峰期，如 19:00～23:00 派发红包；或者选择特定活动时段，如节日庆典、产品上新等时刻；也可以随机派发，增添直播悬念，为用户带来惊喜。

（4）确保公正、公平

主播可以利用直播平台提供的随机抽奖等功能来确保红包派发的公正性和透明度，也可以设置特殊规则，如每人限领一次、追加红包次数受限等规则，以保证用户有公平的机会参与红包领取。

3．送福利

直播间送福利是直播行业中常见的一种营销手段，主播通过设置合理的福利和营销策略，能够吸引更多用户、提升直播间人气并促进产品销售。直播间送福利往往与产品销售相结合，通过抽福袋、送优惠券、做优惠活动等方式来促使用户购买产品，实现销售转化。

送福利的常见方式如下。

（1）送福袋

这是直播间常用的一种送福利方式，福袋中常见的礼品多是一些热门实物奖品或虚拟货币，抽奖名额有限。用户通过在弹幕中发送主播预设的福袋口令，或者分享直播间等方式参与抽奖。

（2）广告抽奖

主播在直播间做广告，赞助方提供福利，多见于游戏主播的直播间。主播通过弹幕、截屏等多种方式在直播间为赞助方做广告宣传，同时发放虚拟产品、现金、热门商品等奖品。

（3）发放优惠券

主播会定期或不定期地向用户发放购物优惠券，鼓励他们在直播间或店铺中购买产品。

4．投 DOU+

DOU+是抖音官方平台推出的一款工具，严格来讲，DOU+是为抖音创作者服务的。这是一款可以通过付费方式来提高视频与直播各项数据的工具，通过投放 DOU+，主播可以增加直播间的热度和曝光度，使更多用户进入直播间，从而解决直播间人数少、粉丝量少和冷启动难等问题。

DOU+的投放方法为：在抖音直播间界面下方点击"更多"按钮，在弹出的界面中点击"上热门"按钮，在弹出的"DOU+上热门"界面中选择加热方式、希望提升的项目、期望曝光时长等，然后根据需要自定义投放人群，点击"支付"按钮进行订单支付即可。

主播也可以通过短视频推广直播间，在抖音"推荐"页触达更多用户，使其通过该视频作品进入直播间，具体操作方法为：在个人作品浏览界面中点击"更多"按钮，在弹出的界面中点击"上热门"按钮，进入"DOU+上热门"界面，在"我想要"选项中选择"直播间推广"选项，选择"想要获得什么"（如直播间人气、直播间涨粉等），然后根据需要选择推广套餐进行支付即可。

6.3.2　微信群直播

微信作为拥有 13 亿活跃用户的大型社交媒体平台，也开发了群直播功能，以满足用户或企业在教育、培训、企业内部沟通、产品推广等多元场景下的需求。

微信群直播是指在微信群内部进行的直播活动。企业通过建立和运营自己的私域流量（即微信社群），利用直播的形式进行产品展示、推广和销售，从而提高用户的订单转化率，增加商品销量和销售额。微信群直播是在微信群运营的基础上，结合直播带货的一种新型营销方式。

1．开通微信群直播

开通微信群直播的操作相对简单，可以通过两种方式来实现。

（1）通过微信视频号发起直播

直播运营者确保微信版本已更新至支持群直播功能，通过视频号入口开启直播。直播开启后，在相应的微信群中分享直播链接或二维码，群成员点击直播链接或扫描二维码即可实时观看并参与直播互动。

（2）利用微信群直播功能

● 打开微信应用，在界面下方点击"通讯录"按钮，然后点击"群聊"选项，选择要进行直播的微信群。

● 进入微信群，点击输入框右侧的"+"按钮，在弹出的界面中点击"直播"按钮，在弹出的"使用视频号身份发起直播"界面中点击"前往开播"按钮。

● 进入视频号直播开始界面，填写直播主题，让群成员了解直播内容概要。还可根据需要点击"选红包群"按钮，选择要发放红包的微信群聊，此时微信群聊将收到直播派发红包提醒。

● 确认直播信息无误后，点击"开始直播"按钮，即可进入直播间开始直播。此时，群内的所有成员都会收到一条直播通知，他们可以通过点击该通知直接观看直播。

2．微信群直播的功能特点

微信群直播具有互动性强、形式多样、营销效果显著的特点，除此之外，还具有以下功能特点。

（1）全员可发起

与传统直播不同，微信群直播并非只有群主和管理员才能发起，所有群成员都能发起直播。

（2）多场直播并存

由于所有群成员都可以发起直播，一个群内可同时存在多场直播，其他群成员可自行选择观看其中一场。

（3）基础互动功能

微信群直播暂不支持转发，但支持点赞和评论，群成员在直播间可发起语音连麦功能，在主播同意后即可连麦互动。

（4）直播回放限制

直播结束后会显示观看数、评价数和点赞数，但不支持观看直播回放。

3．微信群直播的注意事项

直播运营者在使用微信群直播时，需要注意以下事项。

（1）内容规划

直播运营者在直播前做好充分的内容规划，确保直播内容有趣、有价值，能够吸引用户的关注和兴趣。同时，要确保直播内容符合国家法律法规和微信平台的相关规定，避免出现违规内容。

（2）做好充分准备

直播运营者在直播前进行充分的宣传预热，通过多种渠道推广引流，吸引更多用户关注和参与直播。直播运营者要确保直播设备的稳定性和清晰度，避免因为设备问题而影响直播效果。

（3）注意互动引导

在直播过程中，直播运营者应积极引导用户参与互动，如提问、评论等，增强用户的参与感和黏性。除此之外，直播运营者还要加强对群直播的管理，维护群内秩序和氛围，避免出现不良言论和行为。

（4）保护用户隐私

在微信群直播中，直播运营者应注意保护用户的隐私信息，避免泄露敏感信息。

6.3.3 钉钉直播

钉钉是阿里巴巴旗下的一款专为企业打造的移动办公软件，能够助力企业在内部沟通、协同办公等方面更加高效。随着其不断发展，教育领域也借助钉钉实现了在线直播授课。自此开始，钉钉的用户群体逐渐扩大，由原来的职场人群扩大到学生及其家长等。

钉钉直播是钉钉平台提供的一项功能，它打破了时间和空间的限制，能够方便地完成一场直播活动，并广泛应用于企业培训、招聘宣讲、活动直播、在线课堂等多种场景。

1．钉钉直播功能与特点

钉钉的直播功能主要分为对内直播和对外直播。

● 对内直播：主要指在企业和组织内部开展的直播，这类直播有一定的私密性，多面向企业员工，直播内容多为某一个主题的学习和培训。

● 对外直播：主要是相对于对内直播而言的，不是面向企业内部，而是在钉钉上面向所有用户进行直播。

钉钉直播的功能特点如下。

● 直播预约：可以提前利用直播链接进行宣传，打通钉钉日历，开播前进行提醒。

● 权限自由设置：主播可以设置直播为公开可见或企业内可见，以满足不同场景的需求。

- 多群联播：轻松地将单场直播同步到多个群，扩大直播的覆盖范围。
- 实时互动：提供连麦、聊天、点赞、签到、答题等丰富的互动形式，增强用户的参与感。
- 直播录制：自动保存直播录像，方便直播内容回看和二次传播。
- 直播数据统计：精细记录观看人数、观看时长等数据，帮助直播运营者评估直播效果。

2．钉钉直播的操作步骤

钉钉是一款免费的沟通和协同软件，提供 PC 版、Web 版（在此先不介绍）和手机 App 版，支持手机和计算机间文件互传。

（1）PC 版

PC 版直播操作比较简单，在钉钉 PC 客户端界面中单击左下方的"更多"按钮，在弹出的界面中单击"直播"按钮，在弹出的界面中单击"预约直播"按钮，设置直播时间提前预热宣发，或者单击"立即直播"按钮开始直播。

（2）手机 App 版

在手机中打开钉钉 App，点击界面右上方的"+"按钮，在弹出的界面中点击"发起直播"按钮，设置直播主题、观看权限、是否开启直播回放，以及是否允许用户连线等选项，然后点击"开始直播"按钮，即可进入直播间进行直播。

3．钉钉直播的注意事项

直播运营者在进行钉钉直播时，需要注意以下几点。

（1）直播时长与人数限制

根据钉钉的版本和权限设置，直播时长和观看人数可能有所限制。例如，标准版直播功能可能限制单场直播时长最长 60 分钟，观看人数最高 300 人，而专业版则享有更高的直播权限。

（2）网络环境与设备要求

为了确保直播的顺利进行，建议直播运营者提前测试网络环境和设备性能，确保直播过程中不会出现卡顿或中断等问题。

（3）内容策划与互动设计

直播运营者应提前准备好直播内容，并设计好互动环节，以吸引用户的注意力，并提高参与度。

6.4 AIGC 辅助网络直播

AIGC 辅助网络直播是一种利用人工智能技术提升直播效率、优化用户体验的创新方式。随着人工智能技术的不断发展和应用，AIGC 在网络直播领域将发挥更重要的作用。未来，我们可以期待更加智能化、个性化的直播体验，以及更多创新的应用场景和商业模式的出现。

6.4.1 AIGC 在网络直播中的应用

AIGC 在网络直播中的应用日益广泛，为网络直播行业带来了前所未有的创新和发展机遇。AIGC 以"低门槛、低成本、高效率"的创作模式赋能直播内容创作，已经显著地推动了降本增效的进程。

具体来说，AIGC 在网络直播中的应用主要体现在以下几个方面。

1．虚拟主播生成

AIGC 通过计算机图形学、人工智能等技术，可以生成具有人类外貌、动作、表情等特征的虚拟主播（也称数字人主播）。

虚拟主播可以 24 小时不间断直播，不会受到情绪、健康等因素的影响。通过预先设定的脚本和互动话术，虚拟主播能够持续吸引用户的注意力，提高直播的吸引力。与此同时，企业或品牌在拥有虚拟主播后，也将逐渐减少对真人主播的依赖，降低了运营成本。

虚拟主播的应用不仅降低了直播的成本，还极大地丰富了直播的内容和形式。例如，虚拟主播可以涉足游戏直播、美妆直播、教育直播等多个领域，满足用户多样化的需求。

2．辅助内容创作

AIGC 具备强大的内容生成能力，可以根据输入的指令或样本数据自动生成符合特定主题或风格的内容。在直播中，这一能力可以用于快速生成直播脚本、文案、图片和视频等素材，减轻主播和制作团队的工作量，提升直播内容的产出效率和质量。

此外，AIGC 还可以通过分析用户的行为和偏好数据，为直播内容提供个性化的推荐和优化建议，从而提升用户体验并延长观看时长。

3．自动化测试和优化

AIGC 可以用于直播的自动化测试和调整，通过模拟大量的直播场景和用户行为，AIGC 可以帮助直播运营者快速发现直播中的问题并提供优化方案，提升直播内容的品质。这种自动化测试和优化能力对于提升直播的稳定性和用户体验至关重要。

直播运营者通过 AIGC 来优化直播质量，主要是指利用 AIGC 优化直播画面的清晰度和流畅度。例如，当外界环境"不友好"时，如光线暗，直播画面清晰度低，容易有噪点，这时粉丝的观感体验就很差，由于画面"又黑又糊"，很容易就丧失耐心，退出直播间。而通过 AIGC 的"AI 画质增强算法"，直播运营者能够在光线暗的环境下对直播画面进行调色，拉高亮度、饱和度，减少视频噪点，提升直播画面质感。其相当于一个智能、实时的调色插件，可提高观看直播的用户对直播间的好感度。

4．直播技术创新

直播技术创新包括很多方面，如 AIGC 赋能的绿幕技术、虚拟背景、AI 降噪等，能够为直播带来全新的视听效果。另外，AIGC 还通过内容水印、内容指纹识别、监测与屏蔽技术等，保护直播内容的版权，减少盗版风险。

5．智能互动和反馈

AIGC 还可以为直播带来智能的互动和反馈机制。例如，通过自然语言处理技术和语音识别技术，AIGC 可以实现直播间的智能问答和互动聊天功能，使用户能够更加方便地获取信息并参与讨论。同时，AIGC 还可以对直播间的用户行为进行实时分析，为直播运营者提供有价值的用户反馈和数据分析报告，帮助他们更好地了解用户需求并优化直播内容。

6．个性化和定制化服务

随着 AIGC 的不断发展，AIGC 在直播中的应用也将更加个性化和定制化。例如，通过深度学习和机器学习技术，AIGC 可以学习用户的观看习惯和偏好，为他们推荐更加符合个人喜好的直播内容和主播。此外，AIGC 还可用于创建个性化的虚拟场景和道具等，使直播内容更加丰富多彩。

7．商业化应用

在商业化方面，AIGC 为直播行业带来了新的机遇。例如，通过智能推荐和广告投放技术，AIGC 可以根据用户的兴趣和需求为广告主提供更加精准、高效的广告服务。同时，AIGC 还可被用于虚拟商品或服务的开发和销售等领域，为直播行业创造更多的商业价值和盈利空间。

6.4.2 数字直播间的搭建

数字直播间是指利用 AIGC 生成的数字人主播，结合实时动态捕捉、图像处理等技术，将数字人主播的实时动态以视频或图像的形式传输到网络上，以供用户观看的新型直播形式。数字直播间正以其独特的魅力和广泛的应用前景吸引着越来越多用户的关注。随着技术的不断进步和应用场景的不断拓展，数字直播间在未来将发挥更加重要的作用。

数字直播间的搭建过程如下。

1．选择合适的数字人直播系统

数字人直播系统是一种创新的直播技术，它结合了计算机图形学、人工智能、语音合成，以及动作捕捉等多种先进技术，为用户带来前所未有的体验。

数字人直播系统兼容多种直播平台，包括主流的直播网站和社交媒体平台，方便主播随时随地进行直播。数字人直播系统还可以根据用户的喜好和需求，提供丰富的个性化定制选项，如形象、声音、背景等，打造独特的直播风格。

现在市面上直播系统比较多，选择一个直播画面真实度高的数字人直播系统，能够减少直播间被封禁的风险。目前，比较常用的数字人直播系统有智享直播（三代）、优秘 AI 数字人（三代）、雨豚 AI 数字人系统、百度智能云曦灵等。

2．生成数字人主播

在生成数字人主播时，主播要在绿幕前进行 3～5 分钟的真人形象采集，以增强数字人主播的真实性和动态性，进而得到一个与主播本人在外形、表情、动作等方面都高度相似的数字人主播。

生成数字人主播的过程如下。

（1）准备绿幕

直播运营者可以选用一块颜色均匀、无反光、亮度适中的绿色背景幕布作为绿幕，将绿幕固定在直播间的背景位置，确保幕布平整无褶皱。同时，注意调整绿幕与主播之间的距离和角度，以避免阴影和曝光不均的问题。

（2）设置设备

直播运营者可以使用高清摄像机捕捉主播的表演和动作，确保画面清晰、流畅。同时，设置合适的灯光以照亮主播和绿幕，减少阴影和曝光不足的情况；灯光布置应考虑光源的方向和强度，以突出主播，并减少绿幕反光。

如果需要实现更高级的数字人交互效果，可以配置动作捕捉设备（如动作捕捉服装、动作捕捉传感器等）。这些设备能够实时捕捉主播的动作并转化为数字信号，用于驱动数字人模型。

（3）数据采集和处理

直播运营者在绿幕前进行直播录制，主播按照预定的内容进行表演和讲解，同时摄像机实时捕捉画面，然后将录制的视频数据进行整理和分类，为后续处理做准备。如果使用了动作捕捉设备，还需要对捕捉到的动作数据进行同步处理。

（4）后期制作

直播运营者可以使用专业的视频编辑软件（如 Premiere）对录制的视频进行绿幕抠图处理，通过软件中的抠图工具或插件将绿色背景从画面中去除，只保留主播的图像。在抠图过程中需要调整抠图参数（如颜色容差、边缘平滑度等），以获得最佳效果。

接下来是将抠图后的主播图像与虚拟背景进行合成，虚拟背景可以是预先制作好的3D 场景、二维图片或视频素材等。最后根据需要调整主播图像与虚拟背景的位置、大小、角度等参数，以确保合成效果的自然和逼真。

直播运营者还可以在合成后的视频中添加各种特效和动画元素（如光影效果、粒子效果、字幕等），以增强直播的视觉效果和观赏性。

3．设置数字人直播系统程序

直播运营者要在数字人直播系统中为数字人主播上传直播话术，直播话术中不要出现敏感话题，也不能有违规词，不然很容易导致数字人主播的直播间被封禁。

直播话术要与数字人直播系统的问答程序和互动程序相结合。问答程序可以保证数字人主播在直播时能够根据弹幕关键词及时回答直播间用户的问题，为用户解答疑问；互动程序可以保证数字人主播能够及时对进入直播间的用户表示欢迎，甚至在直播间达到一定人数后触发数字人主播讲述相应的互动话术。

4．生成数字人直播间

直播运营者设置好数字人直播系统程序并提交，待系统生成数字人直播间后，将数字人直播间接入直播平台或直播软件，确保数字人主播能够正常显示和互动。根据需要调整数字人主播的形象，包括发型、服装、妆容等，以符合直播主题和品牌形象。此外，还要确保数字人主播的动作和表情自然流畅，能够准确传达直播内容和情感。

5．直播间环境布置

直播运营者要选择合适的背景图或视频，确保背景的色彩和风格与直播内容相匹配，提升用户的观看体验；可以使用绿幕或背景布进行背景替换，以便在直播过程中灵活调整背景。使用 LED 灯光或其他照明设备，确保直播间光线充足且均匀，避免阴影和反光。根据需要调整灯光的亮度和色温，以营造适合直播的氛围。添加适当的装饰和道具，如产品展示架、背景板、绿植等，以增加直播间的吸引力和专业性。

6．测试直播效果

直播运营者要进行一次简短的直播测试，检查视频和声音的流畅度、清晰度，以及是否有延迟等问题。邀请朋友或同事观看测试直播，并收集他们的反馈意见，以便进行后续的调整和优化。

7．维护与优化

安排数字人主播的直播首秀后，直播运营者要持续跟踪直播数据，分析用户行为、观看时长、互动频率等指标，根据数据反馈改进内容和互动策略。同时，还要关注技术发展，定期更新相关的技术和功能，以保持直播间的先进性和竞争力。

课堂实训：蒙牛数字人主播"奶思"直播分析

1．实训背景

近些年来，数字人行业迎来高速发展。从 2022 年开始，腾讯、阿里、百度、快手、网易等多家科技企业纷纷加码布局数字人赛道。伴随虚拟偶像、虚拟员工、虚拟客服等数字人 IP 的不断涌现，数字人在品牌营销领域的应用场景持续拓宽，其中虚拟代言人更是成为新潮流。

在越来越多的品牌选择与数字人合作的同时，也有众多企业选择打造品牌专属的定制化数字人 IP。2022 年 12 月 12 日晚，由快手 StreamLake 助力蒙牛打造的 3D 写实数字人主播"奶思"，通过"蒙牛牛奶旗舰店"快手账号进行直播首秀。本场直播吸引近 300 万人观看，相较于该账号过去 30 天内的均值表现，互动量提升明显，直播间点赞数和评论数分别提升 800% 和 88%。

在"双十二"直播首秀中，"奶思"不仅展示了民族舞才艺，还分享了牛奶生产流程等乳品知识，通过游戏互动、福利派发、带货蒙牛产品等多种方式，为直播间用户带来惊喜。

2．实训要求

分析 AIGC 技术在蒙牛直播活动中的作用，并为蒙牛的某件产品撰写一篇直播脚本。

3．实训思路

（1）分析蒙牛直播活动

在网络上搜集此次直播活动的相关信息，详细了解后分析 AIGC 技术在其中所起到的作用，具体有何体现。

（2）撰写直播脚本

请选择蒙牛的某一款产品，如蒙牛旗下的纯甄酸奶，搜集网络上的纯甄酸奶的营销信息，然后以此为基础借助 AIGC 工具撰写一篇单品直播脚本。

（3）宣传规划

请构思要如何为纯甄酸奶的直播做预热和宣传推广，分别从渠道、内容和时间等方面来思考。

课后练习

1．撰写单品直播脚本要从哪些方面来考虑？

2．简述三点布光法。

3．简述生成数字人主播的过程。

4．请在抖音平台上观看账号"是可乐"的一场直播，分析其直播活动策划的要点，直播间的搭建以及直播团队成员的分工合作情况。

第 7 章　新媒体活动策划与执行技能

学习目标

➢ 掌握公益活动和营销活动策划的方法。
➢ 掌握利用 AIGC 工具写作活动方案的方法。
➢ 掌握活动邀请函的制作方法。
➢ 掌握在各种平台发布活动的方法。
➢ 掌握活动项目协同工具的运用方法。

本章概述

　　新媒体活动策划与执行是新媒体运营中的关键环节，它涉及从活动构思到实施的全过程。活动策划涉及选题策划、内容创作、用户运营等能力，而活动执行涉及项目管理、社交媒体管理、危机处理等能力。通过不断提升这些能力，策划人员可以更好地满足用户需求，提升品牌影响力，实现商业目标。本章主要介绍了新媒体活动策划与执行的各种技能。

本章关键词

　　AIGC 工具　营销活动策划　活动发布　项目协同

案例导入

元气森林用音乐节活动助力新品推广

　　2023 年，随着消费市场的竞争加剧，各大品牌纷纷寻找新的营销方式来吸引年轻消费者。元气森林作为新兴的健康饮品品牌，为了进一步提升品牌知名度并增强用户黏性，决定举办一场以"元气森林音乐节"为主题的创新营销活动。

　　"元气森林音乐节"将目标受众锁定为"Z 世代"（指在 1995 年到 2009 年间出生的一代人），这群人充满活力且热爱音乐。音乐节围绕"元气"主题，邀请了多位"Z 世代"喜爱的歌手等演艺界人士，打造了一场充满青春活力的音乐盛宴。现场特别设置了巨型气泡水舞台，让人们在享受音乐的同时也能感受到元气森林产品的独特魅力。

　　在微博、抖音、小红书等主流社交媒体平台上，元气森林提前发布了音乐节的相关信息，包括嘉宾阵容、舞台设计、互动环节等，吸引大量年轻用户的关注。元气森林还与多位知名博主合作，通过他们的社交账号分享音乐节的亮点和购票信息，进一步扩大宣传范围和影响力。

另外，元气森林还在微博和抖音上发起"#元气森林音乐节#"话题挑战，鼓励用户上传与音乐节相关的视频或图文内容，增加用户参与感和话题热度。

2023 年 4 月，"元气森林音乐节"在成都成功举办，现场气氛热烈，人们积极参与互动环节，如泡泡大战、冰茶品鉴挑战等。

在音乐节期间，元气森林特别推出了新品冰茶，并举办了一场盛大的"吉尼斯世界纪录挑战仪式"，通过现场品鉴活动成功挑战"最大规模软饮品鉴活动"的吉尼斯世界纪录，将新品推广与音乐节完美结合。

音乐节活动结束后，元气森林通过社交媒体收集用户反馈，整理活动亮点和感人瞬间，继续维持话题热度。借助音乐节的热度，元气森林在电商平台和线下门店同步推出折扣活动和买一赠一等促销活动，成功带动产品销量增长。

通过音乐节的成功举办，元气森林的品牌知名度显著提升，特别是在"Z 世代"中树立了良好的品牌形象。音乐节的互动环节和新品推广活动有效增强了用户的参与感和品牌忠诚度，许多用户在社交媒体上自发分享了活动体验和产品感受。

案例思考：元气森林的营销活动策划有哪些可取之处？

7.1 新媒体活动的策划与宣传

新媒体活动策划是一个复杂而细致的过程，涉及多个方面，包括目标设定、受众分析、内容策划、平台选择、执行与监控等。而在宣传方面，要利用社交媒体、短视频平台、搜索引擎、新闻稿等多种渠道进行宣传，形成多渠道传播效应。在 AIGC 时代，策划人员可以使用 AIGC 工具辅助新媒体活动策划，节省大量的时间与精力，提高工作效率。

7.1.1 公益活动策划

对于企业来说，做好公益活动可以使企业获得更大的曝光度，提升自身的美誉度，从而有效提高企业的市场影响力。公益活动与商业活动的最大区别就在于其营销传播以价值观为出发点，要符合目标受众的公益心理，要能体现企业的社会责任感。

企业在做公益活动策划时，要运用自身的产业资源优势来配合公益项目的细节，贯穿整个活动流程。同时，公益宣传不能因为内容的"高大上"就脱离目标受众，而应以受众的体验为主，在公益传播的内容、渠道、方法上都要围绕受众的体验进行全方位的设计。

企业策划公益活动的步骤如下。

1. 明确活动目的

策划人员首先要明确公益活动的核心目的是什么，如展现企业的社会责任感，提升品牌形象等，然后设定具体、可量化的目标，如提高公众对某一社会问题的关注度、筹集多少善款、帮助多少人等。目的不同，公益活动的形式和重点也会有所不同。

2. 策划创意内容

创意是吸引受众的关键。活动的内容和形式需要新颖独特，能够引起受众的共鸣和兴趣。策划人员要明确活动主题，选择一个具有广泛社会影响力和正面价值观的主题，如环保、教育等，并通过讲述真实、感人的故事，增强活动的感染力和说服力。

3．编写活动方案

活动方案包括活动主题、活动目的、活动时间、活动地点、活动对象、活动内容、宣传策略、活动预算、注意事项等。

活动内容可以分为前期准备、活动执行和后期跟进等。前期准备包括联系相关部门和企业以获得资助，进行场地调查等，尽量将准备过程详细地写入方案。活动执行时，执行人员要严格按照活动方案的部署要求实施，以保障活动的顺利进行，并与受众积极互动，以达到预期效果。后期跟进涉及企业的公益活动完成后一系列的后续处理事项，用于保证公益目标的实现。

下面是一篇"爱心书屋"公益活动的策划方案。

一、活动主题

"知识传递，爱心共享"。

二、活动目的

为山村地区的学校建立爱心书屋，提供丰富的图书资源，帮助孩子们开阔视野，增长知识。

三、活动时间

2024年××月××日。

四、活动地点

某山村地区的一所小学。

五、活动对象

该学校的学生。

六、活动内容

1．前期准备

（1）与学校取得联系，了解学校的需求和学生的年龄层次，确定所需图书的类型和数量。

（2）向社会发起图书捐赠倡议，通过线上线下相结合的方式，如社交媒体、企业合作、社区宣传等，收集适合学生阅读的图书。

（3）招募志愿者对捐赠的图书进行分类、整理和消毒。

2．活动执行

（1）在学校举行捐赠仪式，邀请相关领导、企业代表、志愿者和媒体参加。

（2）组织志愿者为学生们举办读书分享会，激发他们的阅读兴趣。

（3）设立图书管理志愿者团队，对爱心书屋进行日常管理和维护。

3．后期跟进

（1）定期与学校联系，了解爱心书屋的使用情况和学生的阅读反馈。

（2）根据需要，补充新书和开展相关阅读活动。

七、宣传策略

1．制作精美的宣传海报和视频，在社交媒体上广泛传播，吸引更多人的关注和参与。

2．邀请当地媒体对活动进行报道，提高活动的知名度和影响力。

3．利用企业内部渠道，如员工群、企业公众号等，发动员工积极参与活动。

八、活动预算

1．图书运输费用：××××元。

2．宣传物料制作费用：××××元。

3. 志愿者补贴费用：××××元。

4. 其他费用（如活动场地布置等）：××××元。

5. 总预算：××××元。

九、注意事项

1. 确保捐赠的图书内容健康、积极，适合学生阅读。

2. 在活动过程中要注意安全，特别是在图书运输和整理环节。

3. 尊重受赠学校和学生的意愿和需求。

4. 选择合适的新媒体宣传渠道

策划人员可以利用微信、微博等新媒体平台进行宣传，内容要新颖，以提高公益活动主题的关注度。还可以邀请一些有影响力的新媒体大号合作，借助他们的粉丝基础和影响力扩大活动传播范围，也可以制作吸引人的宣传素材，如图文、视频、H5 等，以生动有趣的方式传达活动信息和公益理念。

5. 活动执行与互动

在活动过程中，策划人员要及时通过新媒体平台分享现场情况，与参与者和关注者保持互动，解答疑问，增强他们的参与感和认同感。在活动执行过程中，策划人员还要密切关注进度和效果，及时调整策略。

6. 活动总结与反馈

活动结束后，策划人员要及时收集活动照片，编写详细的活动总结，细化活动细节，全面概括活动的全过程，分析活动效果，总结经验教训，为今后的公益活动提供参考和改进意见。

📚 素养课堂

企业开展公益活动，体现的是企业的社会责任感。对于个体也是同理，人们要积极参加公益活动，关注社会环境和社会需求，增强自身的社会责任感，同时也要意识到自己的行为和选择对社会有重要影响，从而更加积极地参与到社会建设中。在公益活动中也会接触到各种需要帮助的人群，通过为他们提供帮助和服务，我们可以学会关爱他人、尊重他人，培养同情心和同理心。

7.1.2 营销活动策划

企业进行营销活动策划是一个系统而复杂的过程，需要综合考虑市场、目标受众、品牌形象及资源等多方面的因素。活动从开始到结束，这个过程中的人员配备、活动宣传等方面都需要一定成本，如果不进行缜密的策划就开展活动，很有可能出现成本增加、效果不明显等不利情况。

企业在进行营销活动策划时，一般要经过以下几个步骤。

1. 明确活动目标

策划人员要设定具体的目标，如增加品牌曝光度、提高账号粉丝数、提升产品销量等。同时，还要明确活动要达到的效果，如增强用户黏性、提高互动率、促进口碑传播等。

2. 确定活动主题

策划人员要选择与品牌或产品紧密相关的活动主题，如节日庆典、新品发布、用户故事等。

3．制订内容计划

策划人员要明确活动期间的新媒体内容类型，包括文字、图片、视频、直播等多种形式，确保内容丰富多样；根据活动周期和受众习惯，合理安排发布时间，如每日、每周或特定时段发布；制订详细的内容计划，包括每日、每周发布的内容主题、形式、时间等。

4．选择推广方式

策划人员在选择新媒体平台进行宣传推广时，要根据目标受众的活跃平台来选择。常见的新媒体平台包括微信、微博、抖音、小红书、哔哩哔哩等。例如，美妆产品可能在小红书上更有推广优势，而科技产品在哔哩哔哩上可能更容易吸引关注。

策划人员在推广时要善于运用预热的方式，提前发布活动信息，引起用户的兴趣和期待；在活动期间，要通过多种渠道持续推广，引导用户参与；在活动结束后，要对活动进行总结和回顾，保持话题的热度。

5．设计互动形式

策划人员要设计多样化的互动形式，如表 7-1 所示。

表 7-1　多样化的互动形式

互动形式	具体说明
社交媒体互动	（1）话题讨论：围绕品牌或产品设置热门话题，鼓励用户发表看法并分享经验。 （2）问答环节：设置有趣或实用的问题，引导用户参与回答，增强用户黏性。 （3）投票活动：针对品牌或产品的某个方面发起投票，收集用户意见和偏好
内容共创	（1）用户生成内容：鼓励用户创作与品牌相关的内容，如图片、视频、文章等，并提供展示平台。 （2）挑战赛：发起创意挑战赛，邀请用户参与并分享自己的作品，设置奖项激励用户参与
游戏化互动	（1）在线游戏：设计与品牌或产品相关的在线游戏，如抽奖游戏、答题游戏等，增加活动的娱乐性和用户的参与感。 （2）积分兑换：设置积分系统，使用户参与互动活动即可获得积分，积分可用于兑换奖品或享受优惠
线下互动	（1）线下活动：组织线下体验会、发布会、展览等活动，邀请用户参与并体验产品。 （2）二维码互动：在线下活动中设置二维码，使用户扫码即可参与线上互动活动或领取优惠券等

6．活动执行与监控

策划人员要确保流程安排符合计划要求，并对活动进度、用户反馈等进行实时监控，及时调整活动策略。例如，收集活动数据，如点击率、转化率、用户反馈等，分析数据，评估活动效果，发现问题并及时解决。

7．活动评估与总结

策划人员可以通过数据分析、用户反馈等方式评估活动效果，如销售额增长、品牌知名度提升等，最后撰写活动总结报告，总结活动经验、问题及改进措施，为未来的营销活动提供参考。

7.1.3　利用 AIGC 工具辅助活动策划

在以下方面，策划人员可以充分利用 AIGC 工具辅助活动策划，进而显著提升活动的创意性、效率及效果。

1．市场分析和用户洞察

策划人员可以利用 AIGC 工具收集并分析大量用户数据，包括购买历史、浏览习惯、社交媒体互动等，以深入理解目标用户的偏好和需求，然后通过数据分析结果，为活动策划提供精准的市场洞察和用户画像。

2．内容创作与优化

AIGC 工具能够基于用户数据生成高度个性化的营销内容，如文案、图像、视频等，从而提高内容的吸引力和转化率。例如，通过输入关键词或主题，AIGC 工具可以快速生成符合品牌调性和用户喜好的营销素材。

AIGC 工具还能生成符合搜索引擎优化要求的内容，帮助提升品牌网站或活动页面的排名，吸引更多有意向的用户，并实时根据市场趋势和用户反馈调整内容策略，确保内容始终保持相关性和吸引力。

3．活动创意与设计

AIGC 工具能够突破传统思维模式的限制，生成创新和独特的活动方案。例如，策划人员可以通过 AIGC 工具生成活动海报、邀请函等视觉素材，展现与众不同的品牌形象和活动风格。

AIGC 工具提供的自动化设计功能可以快速生成多种风格的设计方案，满足不同场景和渠道的需求。例如，在海报设计中，AIGC 工具可以根据输入的图片和文字自动生成多个设计版本，供策划人员选择和进一步优化。

例如，某个品牌开展"个性化时尚穿搭挑战"活动，AIGC 工具辅助生成了丰富的穿搭示例和搭配建议，并通过社交媒体平台进行推广。该活动吸引了大量用户参与进来并分享自己的穿搭照片，使品牌的曝光度和粉丝互动量大幅增加。

4．自动化执行和监控

AIGC 工具可以辅助策划人员自动化执行部分营销活动任务，如社交媒体自动发布、邮件营销自动化等，不仅可以提高策划人员的工作效率，还能确保营销活动信息传播的及时性和准确性。

策划人员可以利用 AIGC 工具实时监控营销活动的表现，包括参与度、转化率等关键指标，AIGC 工具可以根据用户反馈和互动数据自动调整内容策略和推广方式，确保活动效果的最大化。

5．多渠道整合营销

AIGC 工具能够确保在不同渠道上生成并发布的内容都能维持相同的质量，进而提升品牌的整体形象和认知度，或者通过统一的内容生成和管理平台，实现跨渠道内容的无缝衔接和同步发布。

AIGC 工具还可以对各渠道数据进行深度挖掘和分析，整合各渠道的数据分析结果，为活动优化提供全面依据，从而发现潜在的市场机会和用户需求。

7.1.4　利用 AIGC 工具写作活动方案

虽然 AIGC 工具能够提供高效的文本生成能力，但策划人员这个创作者的角色依然不可或缺，尤其是在确保内容的质量、创意性和与品牌的一致性方面。

利用 AIGC 工具写作活动方案的步骤如下。

1．明确关键信息

写作活动方案的第一步是明确活动目标，除此之外还要明确活动类型、目标用户、活动时间、活动预算等关键信息，这些信息是 AIGC 工具写作活动方案的关键。例如，如果是一场针对年轻消费者的线上促销活动，则应明确促销的产品、期望的销售增长目标等。

2．提供详细指令

策划人员将第一步确定的信息准确地提供给 AIGC 工具，指令要尽可能具体、全面。这些指令将帮助 AIGC 工具更好地理解策划人员的意图，并生成更符合策划人员期望的内容。例如："你是一名活动策划专家，请为某玩具公司设计一份关于玩具新品的微博营销活动策划方案，策划方案需要包含背景、活动目标、可行性分析、行动计划、风险与应对措施。"

3．获取初步方案并评估

AIGC 工具会生成一个初步的活动方案，策划人员要仔细审查其内容，看其是否符合预期。策划人员要鼓励 AIGC 工具生成多种版本的内容，然后从多种版本中挑选自己满意的部分。这有助于避免内容的单调性，并提升整体的创意性。策划人员要善于利用 AIGC 工具的个性化功能，根据目标用户的不同特征生成定制化的内容，这可以增加内容的吸引力，并提高用户的参与度。

4．提出修改和优化建议

如果 AIGC 工具提供的初步方案存在不足或出现不符合实际情况的地方，策划人员可以再次向 AIGC 工具提出具体的修改和优化要求。例如："在宣传渠道部分，增加在小红书平台的详细推广策略。"

5．整合和完善

策划人员要将 AIGC 工具生成的内容与自己的想法和经验相结合，进行进一步的整合和完善，确保方案逻辑清晰、内容完整，具有可操作性。

6．审查和最终确定

策划人员要对整合后的方案进行最后的审查，检查是否存在遗漏或错误，确保方案能够有效地指导活动的实施。

需要注意的是，虽然 AIGC 工具能够提供有价值的帮助，但仍需要人类的判断力和专业知识来确保活动方案的质量和可行性。例如，在 AIGC 工具生成的活动方案中，可能对于某些市场规则或法律法规的考虑不够周全，这就需要人工进行补充和修正。

下面是一篇利用 AIGC 工具写作的微博营销活动策划方案的示例，策划人员给出的指令为："你是一名活动策划专家，请为某食品公司设计一份微博营销活动策划方案，策划方案需要包含背景、活动目标、可行性分析、行动计划、风险与应对措施。"

一、背景

在当前数字化营销时代，社交媒体已成为品牌与消费者沟通的重要桥梁。微博作为国内最大的社交媒体平台之一，拥有庞大的用户基数和高度活跃的社区氛围，是食品公司进行品牌宣传、产品推广的理想渠道之一。某食品公司为了提升新品的市场认知度和销量，特策划本次微博营销活动。

二、活动目标

本次活动希望通过微博平台，以创意内容和互动活动为驱动，快速提升公司新品的市场曝光度，吸引目标消费群体的关注，并直接促进产品销售，实现市场认知度与销量的双重提升。

三、可行性分析

1．目标用户匹配：微博用户群体广泛，与食品公司新品目标消费群体高度重合。

2. 内容传播力强：微博支持多媒体内容发布，便于展示新品特色，增强传播效果。

3. 互动性强：微博的多种互动方式有助于品牌与消费者建立联系，收集反馈。

4. 数据分析支持：微博数据分析工具可精准评估活动效果，优化策略。

四、行动计划

1. 前期准备

（1）准备新品宣传海报、视频等素材。

（2）制订微博话题标签，如#新品美食DIY#、#美味新发现#等。

（3）邀请美食博主进行新品试吃体验分享。

2. 活动实施

（1）新品发布会直播：在微博直播新品发布会，展示新品特点，邀请知名博主参与互动。

（2）话题挑战赛：发起#新品美食DIY#话题挑战赛，鼓励用户晒出自己用新品制作的美食照片或视频，提高用户参与度并促进内容传播。

（3）优惠促销：在活动期间，通过微博发布新品优惠信息，吸引用户购买。

3. 后期维护

（1）对参与话题挑战赛的优质内容进行评选和奖励，提升用户的积极性。

（2）收集用户反馈，对新品进行持续改进。

（3）持续发布与新品相关的美食内容，保持用户的关注度。

五、风险与应对措施

1. 用户参与度低

应对措施：优化活动规则，提高奖品吸引力；加强预热宣传，提高活动影响力；与知名博主深度合作，利用其影响力带动用户参与。

2. 负面舆论

应对措施：建立危机公关机制，快速响应并妥善处理负面评论；积极与用户沟通，解决问题；邀请第三方进行公正评价，引导舆论走向正面。

3. 活动效果不达预期

应对措施：活动结束后进行全面复盘，分析原因并总结经验教训；根据反馈调整后续营销策略，优化活动方案。

7.1.5 活动邀请函的制作

活动邀请函是主办方为了邀请特定对象参与某一特定时间、地点举行的活动而制作的书面或电子文件，其主要作用是明确告知受邀者活动的详细信息，包括活动主题、时间、地点、内容及日程安排等。

📋 案例在线

使用稿定设计制作活动邀请函

下面使用稿定设计的"AI设计"功能制作一张活动邀请函，具体操作方法如下。

（1）打开稿定设计网站并登录账号，单击页面左侧的"稿定AI"按钮，在页面中间单击"私域"选项卡，然后选择"邀请函"选项，如图7-1所示。

图 7-1 选择"邀请函"选项

（2）进入"邀请函"页面，根据需要输入活动名称、活动主题、邀请文案、活动时间和活动地点等，然后单击"开始生成"按钮，如图 7-2 所示。

图 7-2 输入活动文案

（3）在页面右侧选择合适的邀请函模板，然后单击"编辑"按钮，如图 7-3 所示。

图 7-3 单击"编辑"按钮

（4）进入"编辑"页面，根据需要修改文本内容并替换图片，调整各素材的位置和大小，如图7-4所示，然后单击"下载"按钮，即可完成活动邀请函的制作。

图7-4 修改文本和调整素材

7.2 活动的发布

通过使用各种新媒体平台发布活动，品牌可以充分利用互联网和数字媒体的力量，以更加精准、高效和充满互动性的方式与目标用户进行沟通，实现品牌推广和销售额增长的目标。

7.2.1 在微博发布活动

在微博上发布活动是一个相对直接且有效的推广方式，能够提升用户参与度和品牌曝光度，实现特定的营销目标。在微博发布活动时，策划人员要注意以下几个方面。

1．合理设置活动规则

在微博上发布活动时，合理设置活动规则是确保活动顺利进行、提升用户参与度和维护品牌形象的关键。

策划人员要明确列出参与活动的条件，如是否需要关注账号、转发特定微博、@指定用户等，图7-5所示为微博抽奖活动的基本参与条件。活动的参与门槛要合理，既不能过高也不能过低，既能吸引目标用户，又要保证活动的质量。活动要有时间限制，合理设定活动的开始和结束时间，给用户留有足够的准备和参与时间。

活动要有明确的奖励机制。策划人员应根据活动目的和预算设置具有吸引力的奖品，可以是实物、优惠券、会员资格等，同时明确奖品的数量及分配方式，如抽奖、排名奖励等，确保公平公正；说明获奖名单的公布时间和方式，增加活动的透明度和可信度。

在微博发布抽奖活动时，企业要先选择做抽奖活动的微博，然后设置奖品类型，包括实物奖品、现金、虚拟奖品。实物奖品要设置奖品名称、奖品价值（单个价值不超过5万元）、中奖人数（最多100人）；奖品类型为现金时要设置玩法，可以选择定额或拼手气；奖品类型为虚拟奖品时，要设置是否有兑换码、兑换方式、兑换期限等，如图 7-6 所示。

图 7-5 微博抽奖活动的基本参与条件

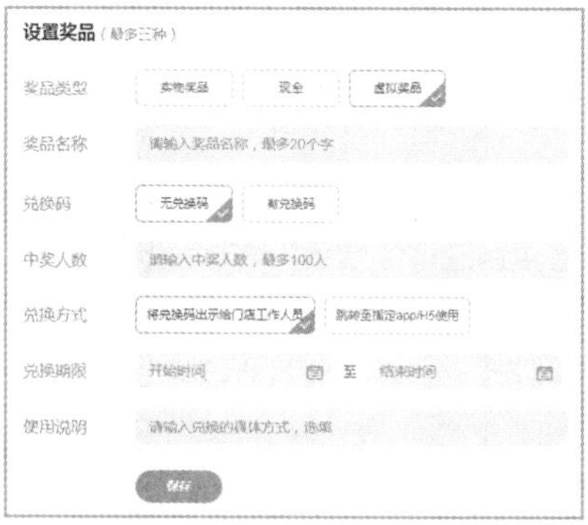

图 7-6 微博抽奖活动的奖品设置

2．编写活动文案

策划人员要使用简洁明了且富有冲击力的文案来吸引用户的注意力，如"重磅来袭！""惊喜不断，等你来！"等，并在文案中清楚介绍活动内容，包括活动主题、活动时间、活动地点、参与方式、奖品等关键信息。例如，"【我是美食生活家】活动盛大开启！8 月 12 日线上线下同步进行，只要参与就有机会赢取超值大奖！详情请戳链接。"

策划人员要在文案中强调活动的亮点，如知名嘉宾出席活动、全新的互动形式等，如"本次活动特别邀请了行业大咖××亲临现场，与您面对面交流！机会难得，千万不要错过！"

策划人员要制作精美的活动海报，包含活动主题等关键信息和吸引人的视觉元素，如活动现场的效果图、奖品的实物图、嘉宾的照片等，增强可信度和吸引力。策划人员也可以发布活动的预告视频，对活动进行简单介绍，生动地展示活动内容。

知识链接

在微博上发布活动文案时，语言要简洁易懂，避免使用过于复杂或生僻的词汇和句子结构，保持亲切、活泼的语气，让用户感觉像是在与朋友交流；发布前仔细检查，避免错别字和语病，以免影响文案的专业性和可信度；确保所添加的活动链接能够正常访问，且指向准确的页面；如果引用他人的图片、文字等内容，要注意是否有版权限制；虽然微博取消了 140 字的字数限制，但过长的文案可能会让用户失去耐心，一般建议重点内容在前 140 字内展示清楚。

3．合理使用话题和标签

策划人员在微博上发布活动时，可以结合当前热门话题，将活动与热门话题相关联，借助热门话题的曝光度来扩大活动的传播范围。

策划人员可以利用微博的话题功能，为本次活动设置一个专属的活动话题，便于用户搜索和讨论，同时也便于策划人员在活动结束后进行数据统计。

除了专属话题，策划人员还可以添加相关的话题标签，如"新媒体活动""互动抽奖"等，增加该活动的搜索可见性。

4．选择合适的发布时间

策划人员在微博上发布活动时要考虑用户的活跃时间，一般来说工作日的午休时间（12:00—14:00）和下班后（18:00—21:00），以及周末的全天是用户在微博上比较活跃的时间段。同时，策划人员也要避免高峰竞争，如果活动发布时间与其他重大事件或热门话题冲突，可能会被其他热度淹没，所以要尽量避开。

5．活动推广

在微博上发布活动时，活动推广的方法有两种，即站内推广和站外推广。

站内推广主要是利用微博的转发、@好友、话题讨论等功能增加活动的曝光度，也可以与微博上的名人合作，邀请他们转发微博或参与活动，引导用户参与互动和传播。

站外推广是指在其他社交媒体平台、论坛等渠道上宣传活动，吸引更多用户参与，可以利用广告投放等方式增加活动的曝光度。

6．与用户互动

在活动进行期间，策划人员要及时在微博上与用户互动，如回复用户的评论或私信，解答用户的疑问，以增强用户的参与感和信任感。策划人员还要引导用户转发或点赞微博，增加互动环节，如提问、投票等，以增加用户的参与度。

7．做好活动管理

微博上的活动管理主要涉及监控活动进展、调整活动策略、总结活动经验等方面。

（1）监控活动进展：密切关注微博的转发量、评论量、点赞量等指标，了解活动的受欢迎程度；及时回复用户的评论和私信，解答用户的疑问和投诉。

（2）调整活动策略：根据活动进展和用户反馈，及时调整活动策略，以提高活动效果。如果发现活动存在问题或不足，应及时采取措施进行改进。

（3）总结活动经验：在活动结束后，对活动进行总结和评估，分析活动的成功经验和不足之处，将总结的经验教训应用到未来的微博活动策划中，不断提升活动效果。

知识链接

在微博抽奖活动中，提供的奖品要有实际价值，可以满足用户的基本需求或提升其生活品质。除了实际价值，奖品的感知价值也很重要，即用户对奖品的主观评价，包括品牌知名度、时尚度、稀缺性等。

微博活动要设置多种类型的奖品，以满足不同用户的喜好和需求。例如，可以设置实物奖品、优惠券、电子礼品卡、定制礼品等。当然，设置当前热门或受欢迎的产品作为奖品，更能吸引用户关注和参与。

奖品要与品牌形象和定位保持一致，这有助于提升品牌知名度和美誉度。策划人员可以选择品牌的产品或服务作为奖品的一部分，让用户亲身体验品牌产品或服务，使其增加对品牌的认知和好感。

7.2.2　在互动吧发布活动

互动吧是一个专业的活动发布与执行平台，为企业提供从线上、线下全渠道活动获客到私域沉淀、客户精细化运营、客户转化及复购的全链路营销增长解决方案，覆盖客户全生命周期，能够帮助企业打破营销困局。

互动吧可以为企业、商家、个人提供活动组织和参与机会，以多业态业务合作为基础，通过活动构建人与人、人与组织的和谐关系，持续提升平台的用户体验，创造社会价值，建设稳定、安全、有趣、可扩展的活动业态。

企业、商家、个人可以在互动吧发布报名活动、拼团活动、裂变活动、砍价活动、抽奖活动、填表活动等，如图 7-7 所示。其中，拼团活动和裂变活动只有会员才能使用。

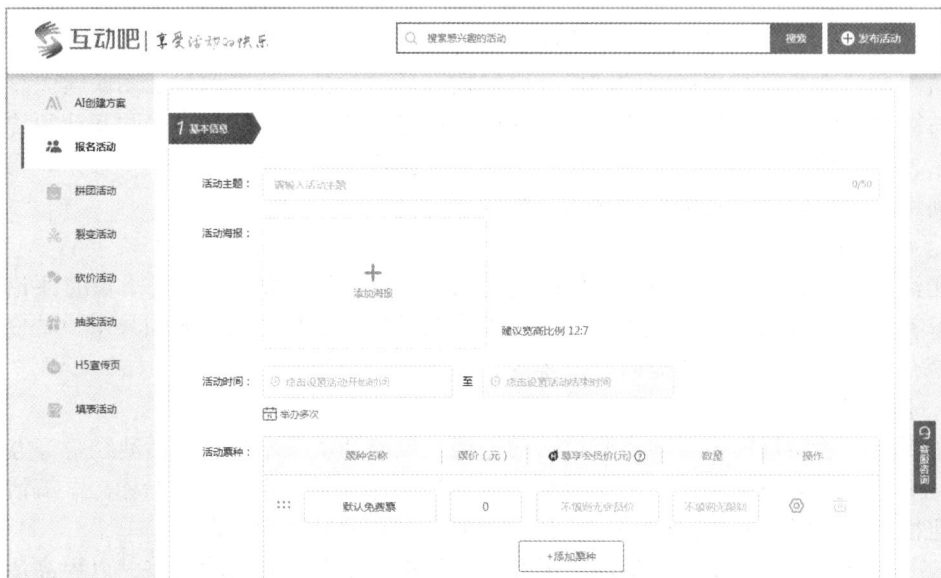

图 7-7　在互动吧发布活动

下面以报名活动为例，介绍如何在互动吧发布活动。

（1）活动主题：活动主题会以标题的形式出现在展示页面上，策划人员要起一个吸引人且能准确传达活动内容的标题，字数要限制在 50 字以内。

（2）添加海报：设置好活动主题后，策划人员应添加海报，因为制作精美的海报可以帮助活动获得更多的曝光，建议将其宽高比例设置为 12∶7。

（3）活动时间：活动的开始时间和结束时间设置要准确，精确到分钟。

（4）活动费用：活动费用是指报名费，涉及票种名称、票价、数量等。策划人员在编辑票种信息时，除了以上几点，还可以编辑售票时间、票种说明，明确退款规则。

（5）活动形式：活动形式分为线上活动和线下活动，选择线下活动时要在定位上选择具体的地点；选择线上活动时，要填写参与者报名后如何参与该活动，此内容将展示在参与者的电子票中，如"添加×××为好友，即可加入粉丝群参与活动"。

（6）活动嘉宾：策划人员要创建嘉宾库，填写活动嘉宾的名称、联系方式、头像、标签、嘉宾介绍等，然后从嘉宾库中选择参加本次活动的嘉宾，还可以拖动嘉宾头像进行排序。

（7）详情描述：类似于商品详情页设置，可以采用文字、图片、视频等形式，以多元化的内容形式描述活动详情，帮助参与者了解活动时间、活动规则，同时介绍企业的产品、品牌等。

（8）报名项设置：填写参与者的信息，包括姓名、联系方式、个人简介等，可长按参与者信息拖动排序。

（9）报名显示设置：策划人员可以设置是否显示报名信息，如果选择"显示"，所有人都可以在活动介绍页看到参与者填写的信息和报名人数。

（10）活动标签：选择活动标签后，本次活动将在选择的标签分类下展示，一个活动最多选择 3 个标签。标签一般分为亲子、互联网、创业、职业培训、兴趣培养、运动、丽人、交友、企业服务、展览、公益、行业活动等。

（11）客服活码：创建客服活码后，活动详情页会进行显示，引导参与者主动添加客服的企业微信，而且活码可以自动切换多个二维码，永久有效，可以将有意向的参与者转化为私域用户，增强其黏性。

（12）活动资质/许可：策划人员要上传资质照片，并保证资料和信息的真实性、合法性、准确性和有效性。一般演出活动要提交营业性演出许可证、当地公安局备案证明；食品销售要提供食品经营许可证；书籍销售要提供出版物经营许可证、互联网备案证明；个人发布的专业技能培训要提供相对应的资格证；主办方涉及品牌加盟要提供品牌方的授权委托书；线下活动要提供消防安全检查意见书等。

（13）如果开启"允许在互动吧平台曝光"，发布的活动即可免费获得互动吧平台的推广流量，带来更多的参与者。

互动吧还有 AI 创建方案的功能，如果策划人员还没有活动方案，不知道如何策划活动，可以利用互动吧的 AI 创建方案的功能智能生成专业的活动方案。

在互动吧微信公众号首页点击下方的 AI 创建方案，进入"活动方案 AI"微信小程序页面，系统将自动询问"您的品牌或机构名称是？"当填写名称后，系统会继续询问所在行业，填写行业后，系统将继续询问想举办什么样的活动等，最后根据策划人员提供的信息生成活动方案，如图 7-8 所示。

图 7-8　活动方案 AI 生成的活动方案

7.2.3　在社群发布活动

在社群发布活动，需要遵循一系列精心策划的步骤，以确保活动的成功。

1．明确活动目标

策划人员要明确活动目标，如增加销售额、提高社群成员活跃度、拓展新社群成员、增强社群成员黏性等。如果活动目标是增加销售额，就可以推出新品折扣活动。

2．策划活动内容

策划人员要先确定活动主题，主题应吸引社群成员的兴趣，并与社群或品牌调性相符。策划人员要清晰、明确地阐述活动的参与方式、时间限制、奖励机制等，以免用户产生疑惑。

在社群发布活动时，有几个关键步骤可以提高活动的参与度和效果。首先是选择合适的活动类型，根据社群的特点和成员的兴趣选择合适的活动类型，可以是信息性内容、娱乐性内容或共创性内容。例如，信息性内容可以是有价值的信息或知识，娱乐性内容用于活跃气氛，而共创性内容则鼓励成员参与，丰富社群内容生态。

其次是活跃社群气氛，策划人员要通过组织各种活动来活跃社群气氛，如红包接龙赛、超级红包雨、脑筋急转弯等，这些活动不仅能增加社群的互动性，还能吸引更多成员参与。

然后是刺激消费，当社群气氛变得活跃后，策划人员可以设计一些刺激消费的活动，如"点赞满××个立减××元"，这样的活动既能提升社群的活跃度，也能促进消费。

最后是增强社群成员黏性，以游戏化互动，如签到打卡、答题活动和社群专属促销等活动，增加社群的互动性。这些活动不仅趣味性强，还能给予社群成员一定的奖励，从而激励他们更频繁地参与社群活动。

3．准备活动物料

策划人员要设计具有吸引力的宣传海报和文案，用于在社群及外部渠道进行宣传；要准备好活动参与链接或二维码，便于社群成员快速参与；根据活动规则准备相应的奖品或礼品，确保数量充足且符合活动定位。

考虑到在社群内发布活动海报后，海报通常会被压缩变模糊，有的社群成员会懒于点击查看，海报上的二维码可能会出现无法识别的情况，甚至有的海报在社群成员没有来得及查看时过期，以致错失一些转化机会。策划人员可以使用"三维推"工具，将活动海报转化为微信卡片，既简洁、美观，又能传递关键信息，还可自由设置有效期，用于限时活动或日常产品推广，内页可以植入跳转链接与电话号码，引流转化一步到位。这个设计可以让社群成员在浏览完产品图或海报之后，自然而然地做出报名、下单等转化行为，避免成员受到群内其他消息的干扰。而且与识别海报上的二维码相比，直接点击链接的操作更加简单、高效。

要想让图片生成微信卡片，策划人员可以使用"三维推"的专项推广工具"图片推广"，如图7-9所示。

首先，上传图片，填写应用名称、图片名称、图片介绍、链接名称、链接地址、电话号码等信息，右侧可以预览页面样式，确认无误后单击"立即生成"按钮，可以看到生成了对应的短链接与二维码，短链接、二维码可以在一些无法使用微信卡片的渠道使用。

其次，单击"分享"按钮，上传封面图，填写标题与描述，单击"确定"按钮即可将刚才做好的图片推广页面以微信卡片的形式分享到社群、朋友圈。

最后，如果图片、跳转地址、电话等信息需要修改，策划人员可以直接在"我的生成"中搜索"图片推广"，然后单击"应用编辑"按钮去操作，修改后原微信卡片不影响使用，社群成员单击后页面内容会自动更新。

图 7-9　"三维推"的"图片推广"工具

4．活动预热与宣传

活动预热与宣传分为社群内预热与外部渠道宣传。策划人员可以在社群内发布活动预告，通过多轮群公告、红包雨、话题讨论等方式提升成员的期待。外部渠道宣传主要是利用朋友圈、微博、抖音等外部社交媒体平台扩大宣传范围，吸引更多潜在用户关注。

策划人员在宣传和预热时，要善于制造悬念与话题，可以通过倒计时、提问互动等方式使用户形成期待，引导社群成员持续关注活动动态。

5．活动执行与监控

策划人员要按照预定时间在社群内正式发布活动信息，确保成员能够及时参与，并实时关注活动进展，解答成员疑问，处理突发情况，确保活动顺利进行；做好数据分析，记录活动参与人数、转化率、活动反馈等数据，为后续活动优化提供参考。

6．活动总结与反馈

活动结束后，策划人员要进行复盘总结，分析活动的成功与不足之处，可以通过问卷调查、成员评论等方式收集活动反馈，了解社群成员的需求与期望，对参与活动的社群成员进行后续跟进，提供必要的售后服务或优惠活动信息，以增强社群成员黏性。

7.2.4　在抖音发布活动

策划人员使用抖音平台发布活动的步骤如下。

1．做好前期准备

在抖音平台发布活动的前期准备工作主要包括以下几个方面。

（1）明确活动目标：首先要明确活动目标，如提高品牌知名度、增加产品销量、提升用户参与度等。

（2）了解目标用户：深入分析用户的兴趣、需求和行为习惯，以便有针对性地策划营销内容和形式。

（3）制订营销计划：包括活动主题、形式、时间、流程等，确保计划详细且具有可操作性。

2．内容创作

策划人员要结合品牌特性和用户喜好，策划具有创意和吸引力的营销活动，内容形式包括短视频、直播、话题挑战等；要做好内容审核，确保活动内容符合抖音平台的规定，避免涉及敏感话题或违规内容。

3．发布与推广

在抖音平台发布活动时，策划人员要根据目标用户的活跃时间选择合适的发布时间。例如，晚上和周末通常是用户活跃度较高的时间段。同时，策划人员可以利用抖音的数据分析工具查看历史发布数据，进一步优化发布时间。

除了直接在抖音平台上发布活动，策划人员还可以使用易媒助手发布活动。易媒助手是一款支持自媒体矩阵管理的工具（具体操作可参考8.1.4节内容），能够实现图文、视频、动态的一键批量发布。它不仅支持抖音，还覆盖快手、小红书、头条号、百家号、微博等多个平台，帮助策划人员触达更多的用户。此外，易媒助手还具备高效账号管理、数据统计、评论自动回复等功能，能够全面提升运营效率。易媒助手适用于新媒体运营、品牌宣传、推广引流、活动营销等多种场景。

发布活动后，策划人员要进行推广，除了抖音平台，还可以通过社交媒体、官方网站等渠道进行预热和宣传，或者与其他抖音账号或品牌进行合作，共同推广活动，通过互推、合拍等方式提高活动的曝光度和影响力。如果预算允许，策划人员可以考虑在抖音平台投放广告，如开屏广告、信息流广告等，以快速提升品牌曝光度和用户关注度。

4．互动与反馈

策划人员要积极互动，及时回复用户的评论和私信，解答用户疑问，提高用户满意度。如果是直播活动，策划人员可以设置互动环节或问答游戏来增强用户黏性。

策划人员要做好数据分析与优化，利用抖音平台提供的数据分析工具对活动的表现进行实时监控和分析，并根据数据反馈及时调整和优化营销策略。

除了分析抖音平台的数据，策划人员还要收集用户反馈，可以通过问卷调查、在线投票等方式收集用户反馈，了解用户对活动的看法和建议，为后续的营销活动提供参考。

5．评估活动效果与总结

在活动结束后，策划人员要利用抖音的数据分析工具评估活动的曝光量、点击率、转化率等关键指标，对比活动前后的品牌知名度、产品销量等数据变化，以评估活动效果。

策划人员还要善于总结经验教训，对活动进行全面总结，提炼成功经验和不足之处，将总结结果应用于后续的活动中，以不断提升营销效果；还应当做好后续跟进工作，对参与活动的用户进行感谢和回访，建立良好的客户关系，为后续的活动打下基础；根据活动效果和用户反馈，对优质内容进行持续推广，提高活动的影响力。

知识链接

常见的抖音活动类型有以下几种。

（1）挑战赛

品牌发起具有创意和趣味性的挑战赛，如"舞蹈挑战""创意美食挑战"等，鼓励用户参与创作并上传相关视频。用户可以通过参与挑战展示自己的才华和创意，同时传播品牌信息。

（2）抽奖活动

品牌在抖音上发布视频，告知用户只要完成特定的任务，如点赞、评论、分享或关注账号，就有机会参与抽奖。

（3）互动游戏

设计简单、有趣的互动游戏，如答题、拼图、猜谜等，用户参与游戏就有机会获得奖励。例如，某旅游品牌推出"猜旅游目的地"游戏，猜对的用户可以获得景点门票优惠券。

（4）新品首发活动

在抖音上举办新品首发活动，提前预热，直播发布过程，吸引用户关注和购买。例如，某手机品牌在抖音上直播新品发布会，展示新品的特色和优势。

（5）征集用户原创内容

鼓励用户创作与品牌相关的内容，如摄影作品、创意文案等，然后从中筛选优秀作品进行展示和奖励。例如，某服装品牌发起"我的时尚穿搭"作品征集活动，展示用户的穿搭创意。

7.3 活动项目协同工具的运用

活动项目协同工具在现代工作中扮演着至关重要的角色，它们能够显著提升团队协作效率，确保项目按时完成。其中，Teambition 和滴答清单作为两款备受欢迎的工具，各自具备独特的功能和优势，可满足于不同类型的活动项目管理需求。

7.3.1 Teambition

Teambition 是阿里巴巴旗下的工作学习套件，包含网盘、待办、文档、日历、项目等丰富的应用，为团队协作提供了全面的解决方案。Teambition 适用于各种规模的企业和团队，特别是需要高度协同和频繁沟通的活动项目，如软件开发、市场营销、产品设计等。

Teambition 在活动项目协同方面提供了非常多的功能，不仅能够帮助团队高效地完成项目任务，还能促进团队成员之间的沟通和协作，提升整体协作效率。

1. 项目管理

（1）任务创建与分配：允许用户轻松创建任务，并灵活地将任务分配给指定的团队成员。用户可以设置任务的优先级、截止日期、责任人等关键信息，以确保任务得到妥善处理。

（2）任务进度追踪：提供多种视图（如看板、列表、日历、甘特图等）来展示项目任务和进度。用户可以根据团队的偏好选择合适的视图，实时了解任务的进展和状态。

（3）多级任务分解：支持将大项目拆分成多个小任务，并进一步细分为子任务。这种多级任务分解有助于实现更精细化的项目管理，确保每个子任务都能得到关注和跟进。

2. 任务协作

（1）实时讨论与沟通：在任务详情页中，团队成员可以进行实时讨论和沟通，这有助于解决任务执行过程中遇到的问题，确保任务顺利推进。

（2）@提及功能：通过@提及功能，可以确保信息准确传达给相关人员，这有助于减少沟通中的误解和遗漏，提升团队协作的效率。

（3）任务评论与反馈：支持对任务进行评论与反馈。团队成员可以在任务下方发表自己的见解和建议，促进信息的透明和共享。

3．文档协作

（1）在线编辑与共享：支持多人同时在线编辑文档，并实时查看他人的修改内容。团队成员可以在文档中插入图片、表格、思维导图等多种元素，丰富文档的内容。

（2）版本控制：自动保存文档的历史版本，方便用户随时回滚到之前的版本，避免因误操作导致数据丢失，并保留项目的历史记录。

4．日程安排与提醒

（1）个人与团队日程：支持创建个人和团队的日程安排。用户可以将重要的会议、任务截止日期等添加到日程中，以便更好地管理时间。

（2）提醒功能：通过邮件、短信或应用内通知等方式，提醒用户即将到来的日程安排，这有助于确保用户不会错过任何重要事件和截止日期。

5．知识管理与沉淀

（1）团队知识库：允许团队搭建专属的知识库，将项目文档、会议纪要、培训资料等内容整理归档，这有助于团队成员随时查阅相关信息，提高协作效率。

（2）沉淀企业隐性资产：无论是过程资产、知识资产还是流程资产、数据资产（这些可算作隐性资产），都可以在 Teambition 中永久留存，这有助于企业积累和沉淀宝贵的经验和知识。

6．定制化与集成性

（1）高度定制化：提供丰富的自定义选项，如自定义字段、任务工作流等。用户可以根据团队的实际需求进行灵活配置，以满足个性化的协作需求。

（2）第三方应用集成：支持与钉钉、企业微信等第三方应用集成，这有助于实现信息同步、日程安排等功能的互联互通，提高团队协作的便捷性。

案例在线

使用 Teambition 进行项目协同

使用 Teambition 进行项目协同的具体操作方法如下。

（1）在 PC 端打开"钉钉"程序，在左侧单击"项目"按钮，进入 Teambition 界面，单击"空白项目"按钮，如图 7-10 所示。

慕课视频

使用 Teambition 进行项目协同

图 7-10　单击"空白项目"按钮

（2）此时，即可创建空白项目。单击项目左上方的"项目信息"按钮○，在弹出的界面中编辑项目名称。在上方单击"邀请"按钮，在弹出的界面中选择邀请方式和成员，如图7-11所示。

图7-11 邀请加入项目

（3）在上方单击已邀请的成员，弹出"全部成员"窗口，在此可以根据需要对成员角色进行设置并配置项目权限，如图7-12所示。

（4）在上方单击"看板列"按钮，在弹出的列表中选择"自定义"选项，如图7-13所示。

图7-12 "全部成员"窗格

图7-13 选择"自定义"选项

（5）单击"新建任务列表"按钮，在弹出的界面中输入列表名称，然后单击"创建"按钮，如图7-14所示。

（6）单击任务列表中的"+"按钮新建任务，输入任务名称，然后单击"创建"按钮，如图7-15所示。

图7-14 新建任务列表

图7-15 新建任务

（7）采用同样的方法，根据需要新建其他任务列表和相应的任务。在每个任务列表中，任务以卡片的形式显示。在界面上方单击"排序"按钮，选择"手动排序"选项，然后使用鼠标指针拖动任务进行排序，如图7-16所示。

图 7-16　新建任务并排序

（8）单击"确定项目目标和预算"任务，打开任务详情页，其分为左右两个区域，在左侧区域设置任务的标题、状态、执行者、时间、项目、备注、优先级、标签等，在右侧区域设置任务的参与者，并呈现动态和评论信息，如图7-17所示。

图 7-17　编辑任务详情页

（9）在项目界面上方的应用导航栏中单击"+"按钮进入应用市场，选择要添加的应用，在此单击"文档"应用中的"+"按钮安装该应用，如图7-18所示。

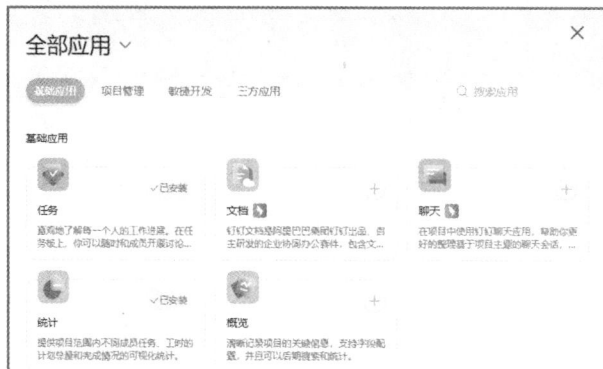

图 7-18　安装应用

（10）添加"文档"应用后，根据需要新建知识库或绑定已有知识库。例如，在此创建"宣传片制作相关文件"，然后对知识库进行编辑，如新建文档、表格、演示文稿、脑图等文件，上传与项目相关的本地文件或文件夹，如图 7-19 所示。

图 7-19　编辑知识库

（11）打开"视频粗剪"任务的详情页，在界面下方的"关联内容"选项下单击"从资源添加"按钮，选择"文档"|"文档"选项，如图 7-20 所示。

（12）在弹出的界面中选中要添加的文档，单击"确定"按钮，即可在该任务下关联该资源，如图 7-21 所示。

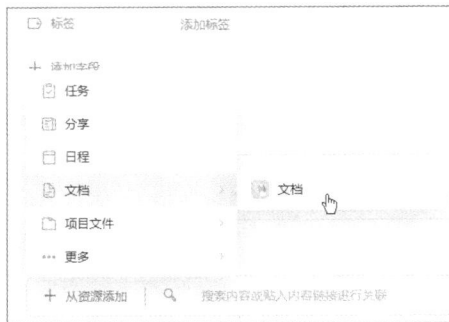

图 7-20　设置关联内容

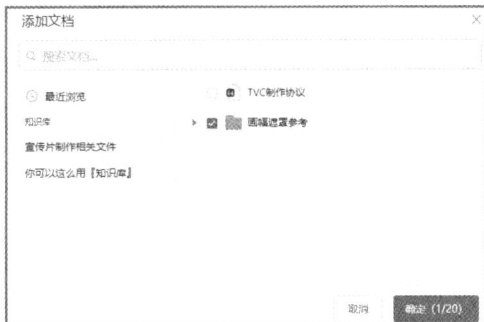

图 7-21　添加文档

7.3.2　滴答清单

滴答清单是一款管理任务、规划时间的效率工具，它以简洁的界面和强大的功能赢得了众多用户的喜爱。滴答清单适用于个人用户和小型团队，特别是需要高效管理时间和任务的场景，如日常生活管理、学习计划制订、工作任务分配等。

滴答清单主要具有以下功能。

（1）任务清单：支持任务的收集、整理和组织，通过文件夹、清单、任务、子任务等层级结构，帮助用户构建清晰的任务体系。

（2）日历视图：提供日、周、月等多种日历视图，方便用户制订长期和短期的计划。

（3）番茄专注：内置番茄工作法，帮助用户优化工作节奏，提高专注力。

（4）四象限：支持四象限任务管理，帮助用户厘清任务的轻重缓急，优先处理重要紧急的任务。

（5）共享与协作：支持将清单中的任务指派给各负责人，跟进清单或任务动态，实时了解任务完成的程度。

案例在线

使用滴答清单规划事务

慕课视频

使用滴答清单规划
事务

使用滴答清单规划事务的具体操作方法如下。

（1）打开滴答清单 App，点击左上方的"菜单"按钮☰，如图 7-22 所示。

（2）此时即可显示侧边栏，点击左下方的"添加"按钮，在弹出的界面中选择"清单"选项，如图 7-23 所示。

图 7-22　点击"菜单"按钮　　　　图 7-23　选择"清单"选项

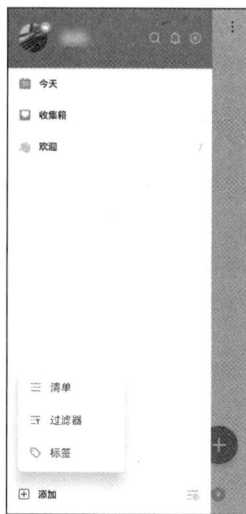

（3）在弹出的界面中输入清单名称，选择颜色和视图，点击✓按钮即可创建清单，如图 7-24 所示。

（4）进入创建的清单，点击右下方的⊕按钮，在弹出的界面中添加任务，输入任务名称，然后点击▶按钮，如图 7-25 所示。

图 7-24　创建清单　　　　　　　图 7-25　添加任务

（5）点击添加的任务，在弹出的面板中点击右上方的"更多选项"按钮⋮，如图 7-26 所示。

（6）在弹出的界面中选择"添加子任务"选项，如图 7-27 所示。

图 7-26　点击"更多选项"按钮　　　图 7-27　选择"添加子任务"选项

（7）根据需要添加多个子任务，然后点击界面左上方的←按钮返回清单，如图 7-28 所示。

（8）根据需要添加其他任务及相应的子任务，如图 7-29 所示。

图 7-28　添加子任务　　　　　图 7-29　添加其他任务

（9）点击任务并左划显示相关操作选项，点击"日期"按钮▣，如图 7-30 所示。

（10）在弹出的界面中点击"选择日期"按钮，在弹出的界面中设置日期、时间、提醒、重复等选项，然后点击"确定"按钮，如图7-31所示。

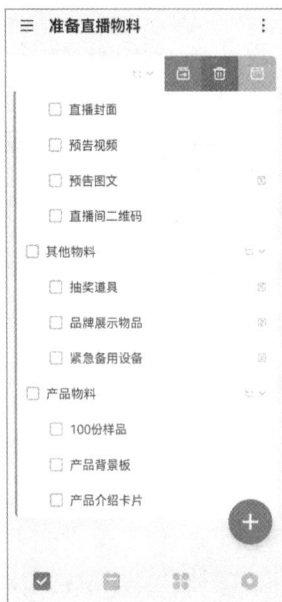

图7-30 点击"日期"按钮

图7-31 设置日期

（11）返回清单，点击清单右上方的"更多选项"按钮⋮，在弹出的列表中选择"编辑清单"选项，如图7-32所示。

（12）进入"编辑清单"界面，点击清单名称左侧的≡按钮，为清单选择一个图标。点击"文件夹"选项，在弹出的界面中添加文件夹并输入名称，即可使用文件夹来组织整理清单，如图7-33所示，点击主界面左上方的"菜单"按钮≡，即可看到清单已放入该文件夹。

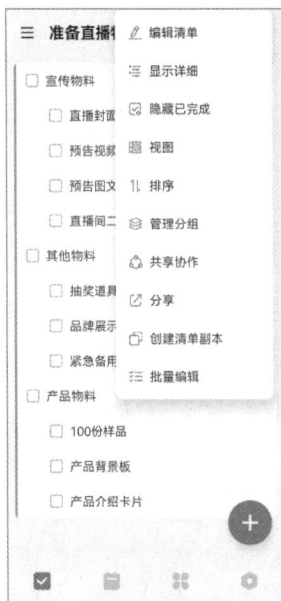

图7-32 选择"编辑清单"选项

图7-33 添加文件夹

（13）点击清单右上方的"更多选项"按钮⋮，选择"共享协作"选项，在弹出的界面中点击"添加新成员"按钮添加成员，然后根据需要选择使用微信二维码、链接等方式来邀请成员，在此已经邀请了一名成员，如图 7-34 所示。

（14）返回清单，点击任务或子任务，在弹出的界面中点击"分配"按钮⛭，如图 7-35 所示。

（15）在弹出的界面中选择成员即可，如图 7-36 所示。用户也可以在创建任务时输入"@"来选择被指派人。此时成员的"滴答清单"应用会出现提醒，打开应用侧边栏，点击"通知"按钮📧可以查看通知。成员也可以打开任务的"更多选项"菜单，使用"评论"功能添加备注说明，或和其他团队成员交流自己的想法。

| 图 7-34　添加新成员 | 图 7-35　点击"分配"按钮 | 图 7-36　选择成员 |

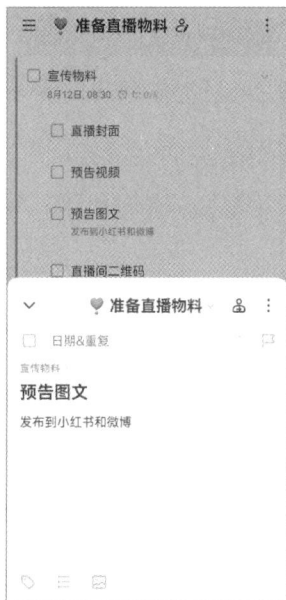

课堂实训：百雀羚创新营销活动分析

1. 实训背景

2021 年 11 月 5 日，巨量引擎和新华网联手发起"新国潮·DOU 出彩"项目——提供"品效销"整合营销的行业首个竖屏系列品牌 IP。这是巨量引擎与新华网首次正式合作，原创短视频内容平台二更提供独家内容支持，旨在通过新华网权威发布、巨量引擎平台优势、二更优质内容，助力有实力的国货品牌被更多的消费者知晓。

这一项目的主阵地在抖音，活动以深挖国货品牌故事为核心，通过八大玩法——S级发布会官宣启动、人气红人助力"打 Call"、品牌专属短片打造、深度探访企业直播、名人做客品牌直播、全民参与话题互动、达人深度"种草"、"国潮优选"证书颁发，以多元化的形式广泛触达年轻用户群体，助力国货品牌"品效合一"，焕新升级。

作为国货品牌的代表，百雀羚受邀全程参与了项目第一期的线上活动。该项目第一期圆满收官，官方数据显示，本次活动期间，"百雀羚品牌超品日"总销售额达到 3300万元。

巨量引擎与百雀羚的这次合作带给国货品牌的启示并不仅仅停留在如何提升总销售额上，更是品牌实现长足发展的一次有益尝试，本次合作为国货品牌如何做营销提供了一个可参考的范本。

2．实训要求

分析百雀羚的营销活动策略，使用 AIGC 工具为百雀羚的营销活动写作一篇活动方案并发布活动。

3．实训思路

（1）分析百雀羚的营销活动策略

请根据案例提供的信息，结合在网络上搜集到的资料，分析百雀羚品牌在这次营销活动中使用的策略。

（2）为百雀羚的营销活动写作活动方案

请根据在网络上搜集到的资料，自拟主题，使用文心一言为百雀羚的营销活动写作一篇活动方案。

（3）在微博上发布百雀羚的营销活动

设置活动规则，编辑微博活动文案，添加合理的话题和标签，选择合适的时间发布活动。

课后练习

1. 简述企业策划公益活动的步骤。

2. 企业进行营销活动策划时可以设计哪些互动形式？

3. 瑞幸咖啡的生椰拿铁于 2021 年 4 月上市，截至 2023 年 5 月，其销量已突破 3 亿杯，在该产品面世 2 周年之际，瑞幸咖啡的官方微博发起有奖互动，将抽取 66 位用户免费喝生椰拿铁。请在网络上搜索相关信息，然后分析瑞幸咖啡的微博抽奖活动策略，并使用 AIGC 工具为该活动写作一篇营销活动方案。

第 8 章　其他新媒体运营工具与 AIGC 工具的运用

学习目标

➢ 掌握讯飞语记、夸克扫描王、石墨文档等工具的使用方法。
➢ 了解常用的 AI 翻译工具。
➢ 掌握有道翻译和 AiPPT 的使用方法。

本章概述

在新媒体运营中，合理运用各类新媒体运营工具和 AIGC 工具是提高工作效率的重要手段。这些工具的运用不仅有助于减轻人工负担，加速决策过程，简化工作流程，促进团队协作，还有助于生成个性化的内容，提高营销精准度。本章主要介绍几款辅助新媒体运营的工具及其使用方法。

本章关键词

文字编辑工具　多人在线协作工具　AI 翻译工具

案例导入

能听善记会议工具，开启高效会议时代

在人工智能时代，智能化办公是现代企业办公的一个重要发展趋势。传统会议模式通常需要准备各种设备，还容易出现人工手写记录速度慢、错误多的问题，大大影响了会议的效率。广州台喜信息科技有限公司（以下简称"台喜公司"）是一家专注为企业提供高效率会议记录支持的科技公司，在百度 AI 语音识别技术的支持下，该公司推出了能够进行长语音识别的会议设备。

台喜会议平板电脑的主界面与会议管家应用设有"语音转写"应用入口，会议发起者打开此功能即可将会议发言实时转写成文本，会议结束后，会议发起者可以将文本内容与语音保存到本地，参会者也可以使用手机扫描二维码将会议记录直接带走。台喜会议平板电脑和会议管家应用有效提高了会议效率，让会议更智能、更高效。

案例思考：与人工手写记录内容相比，语音识别记录内容有什么优缺点？使用语音识别记录内容时应注意哪些问题？

8.1 其他新媒体运营工具的运用

"工欲善其事，必先利其器"，新媒体运营人员需要了解各种新媒体运营工具，并懂得有效运用。这有利于提高自身的工作效率，帮助自己更好地完成新媒体运营工作。

8.1.1 文字编辑工具

文字是新媒体内容的呈现方式之一，公众号文章、直播脚本、短视频脚本等都需要文字，作为新媒体运营人员，有效地利用文字编辑工具，有利于提高处理文字的效率。

1. 讯飞语记

讯飞语记是一款语音输入综合类云笔记 App，主要具有以下功能。

● 说话变文字输入：直接将所说的话转变成文字呈现出来，支持普通话、闽南语、粤语等。

● 录音转文字：支持将手机中保存的录音转为文字。

● 随声翻译：可以实时将语音转为文字内容，支持中、英、日、韩等多国语言。

● 图片文字识别：能够识别图片中的文字，快速将图片中的文字转为文档，支持识别手写体、印刷体等字体。

● 文字变声音：将文字以人声朗读出来，帮助新媒体运营人员制作广播、配音、听力学习资料等。

● 图文排版：支持插入图片，设置文字加粗、删除线、下划线、斜体、段落大小、文字底色标注、字体颜色等多种样式。

● 同步编辑：支持 PC 端和移动端同步编辑，便于整理笔记。

新媒体运营人员在写文章、做采访、做会议记录等场景下都可以使用讯飞语记。

📓 案例在线

使用讯飞语记编辑文字

使用讯飞语记来进行文字编辑的具体操作方法如下。

（1）在移动端注册并登录讯飞语记账号，根据页面提示轻触页面中的话筒🎙说话即可创建笔记，也可以点击➕按钮，如图 8-1 所示。

（2）进入新建笔记页面，根据场景需要选择创建笔记的方式。例如，点击"语音输入"按钮，如图 8-2 所示。

（3）进入语音输入页面，新媒体运营人员用手指按着页面中的话筒按钮🎙并说话，在此过程中语音输入页面会出现一条运动着的声波，如图 8-3 所示。

慕课视频

使用讯飞语记编辑文字

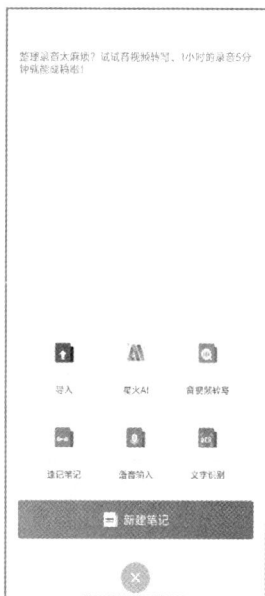

图 8-1　点击❶按钮　　图 8-2　点击"语音输入"　　图 8-3　语音输入
选项卡

（4）说话结束，语音输入内容会变成文字并呈现在屏幕上，文字段落末尾将自动
生成句号，如图 8-4 所示。

（5）系统输出文字内容后，点击"星火 AI"按钮，即可使用星火 AI 对输入的
文字内容进行辅助修改和灵感生成。在"辅助修改"中点击"名词解释"选项，如
图 8-5 所示。

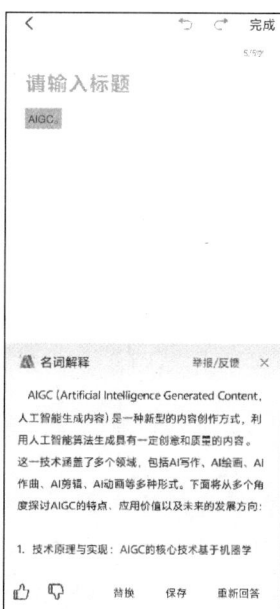

（6）此时，系统会自动生成名词解释，如图 8-6 所示。点击"保存"按钮可以保
存这些内容，点击"重新回答"按钮可以要求系统重新生成内容。

图 8-4　输出文字　　图 8-5　点击"名词解释"选项　图 8-6　自动生成名词解释

2. 夸克扫描王

夸克扫描王是阿里巴巴推出的一款极速扫描 App，它具有扫描识字、文字提取、格式转化（如 PDF 转 Word、PDF 转 Excel、PDF 转长图）、去除手写笔记、自拍证件照、PDF 编辑等多项功能，能够帮助新媒体运营人员提升工作与学习效率。

> 📋 **案例在线**
>
> ### 使用夸克扫描王图片转文档
>
> 使用夸克扫描王图片转文档功能编辑文字的具体操作方法如下。
>
> （1）在移动端注册并登录夸克扫描王账号，进入夸克扫描王首页，点击"工具"按钮，如图 8-7 所示。
>
> （2）进入"全部工具"页面，根据需要选择相应的工具。在此选择"图片转 Word"工具，如图 8-8 所示。
>
> （3）进入拍摄页面，选择拍摄目标，然后点击拍摄按钮，如图 8-9 所示。新媒体运营人员也可以从手机相册中导入图片。
>
> 慕课视频
>
> 使用夸克扫描王
> 图片转文档

图 8-7　点击"工具"按钮　　图 8-8　选择"图片转 Word"工具　　图 8-9　点击拍摄按钮

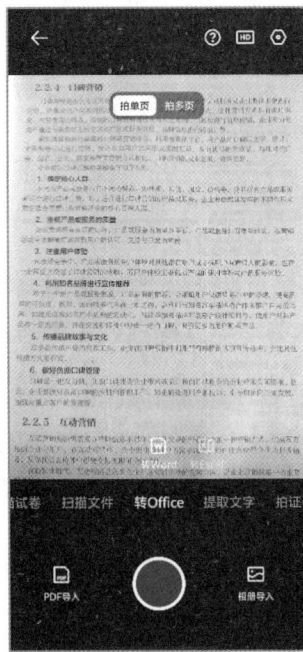

（4）进入识别范围设置页面，拖动方框调整识别范围，然后点击"确定"按钮，如图 8-10 所示。

（5）系统将自动识别图片中的文字，并将其转换为 Word 文档，如图 8-11 所示。新媒体运营人员可以对 Word 文档进行简单的编辑，如设置排版布局、字体效果。所有设置完成后，点击 ✓ 按钮。

图 8-10　选择识别范围　　　图 8-11　转换为 Word 文档

8.1.2　多人在线协作工具

在工作中，有时候会遇到多人协同处理同一个项目的情况。例如，在策划一场直播带货活动时，员工 A 负责撰写整场直播活动脚本，员工 B 负责撰写单款商品的讲解话术，员工 C 负责设计直播中互动活动方案。如果每个人都在自己的工作文档中进行操作，容易出现沟通不足，各个工作之间衔接不及时、工作效率低下的问题。而多人在线协作工具能够帮助新媒体运营人员及时地分享信息，更好地与他人实时沟通。

目前，常用的多人在线协作工具有石墨文档、金山文档、腾讯文档、钉钉、飞书等。以石墨文档为例，它是一款方便、易用的支持多人在线协作的办公工具，支持多人在线编辑文档，新媒体运营人员无须通过邮件、即时通信工具多次传输文件；支持实时多端同步文件，新媒体运营人员可以随时随地开展工作；支持在文档中插入各类附件，并支持附件预览。新媒体运营人员可以在 PC 端使用石墨文档，也可以下载石墨文档App。

📋 案例在线

使用石墨文档处理文档

以石墨文档 PC 端个人版为例，使用它处理文档的具体操作方法如下。

（1）在 PC 端搜索引擎中搜索关键词"石墨文档"，进入其官方网站，按照提示注册账号并登录。登录成功后，即可进入石墨文档的操作页面，单击"创建"按钮，如图 8-12 所示。

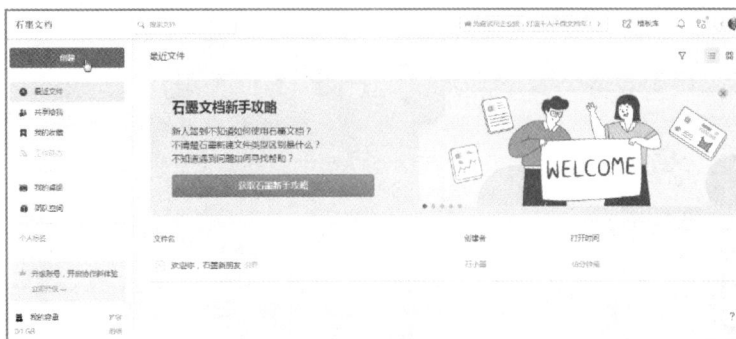

图 8-12　单击"创建"按钮

慕课视频

使用石墨文档处理
文档

（2）石墨文档支持新建文档、表格、幻灯片、表单、白板、思维导图、文件夹等
多种类型的内容，在此单击"创建"按钮，在弹出的列表中选择"文档"选项，如
图 8-13 所示。

图 8-13　选择"文档"选项

（3）弹出"模板库"对话框，新媒体运营人员可以创建空白文档，也可从模板库
中选择合适的模板使用，在此选择使用模板。在模板库中将鼠标指针移至要使用的模
板上，单击"预览"按钮，如图 8-14 所示。

图 8-14　单击"预览"按钮

（4）进入模板预览页面，确认该模板符合自己的需求后，单击"使用此模板"按
钮，如图 8-15 所示。

图 8-15　单击"使用此模板"按钮

（5）进入文档编辑页面，其菜单栏与 Word 文档菜单栏的功能类似，有标题、字体、加粗、斜体、颜色、列表、对齐、表格、插入等功能选项，如图 8-16 所示。新媒体运营人员可以根据自身需求对模板中的内容进行调整和修改。

图 8-16　文档编辑页面

（6）新媒体运营人员可以添加其他协作者共同编辑此文档，在此单击文档编辑页面右上方的"协作"按钮，如图 8-17 所示。

图 8-17　单击"协作"按钮

（7）在弹出的页面中单击"添加协作者"按钮，如图 8-18 所示。

图 8-18　单击"添加协作者"按钮

（8）在"添加协作者"对话框的搜索框内输入想要添加为协作者的用户名、邮箱或手机号，或者直接从协作者列表中选定协作者，然后单击该协作者信息右侧的"添加权限"下拉按钮，选择"可以编辑"选项，如图 8-19 所示。

图 8-19　选择"可以编辑"选项

（9）返回"添加协作者"对话框，已添加编辑权限的协作者信息右侧的"添加权限"下拉按钮变为"可以编辑"下拉按钮，如图 8-20 所示。被邀请的协作者收到邀请链接并同意后，即可进行文档编辑。

图 8-20　成功添加编辑权限

8.1.3 大纲设计与思维导图工具

优质的大纲和思维导图能够帮助新媒体运营人员梳理思路，更高效地开展工作。常用的大纲设计与思维导图工具有幕布、Xmind。

1. 幕布

幕布是一款实用的笔记工具，能够帮助新媒体运营人员以更高效的方式和更清晰的思路开展工作。幕布主要有以下功能。

- 整理笔记：通过树形结构组织笔记，让笔记更有条理性，内容更加清晰。
- 思维管理：整理思路，形成思维导图。
- 整理大纲：整理内容大纲，使内容结构更加清晰。
- 管理任务：以简单、直观的任务描述和管理方法梳理与拆分任务，新媒体运营人员可以使用标签功能记录任务执行信息，了解任务的进展情况。

📋 **案例在线**

使用幕布制作文案大纲和思维导图

新媒体运营人员可以在 PC 端安装幕布客户端，或者在移动端安装幕布 App。下面以幕布 App 为例，介绍如何使用幕布制作文案大纲和思维导图，具体操作方法如下。

（1）注册并登录幕布账号，进入首页，点击➕按钮，如图 8-21 所示。

（2）弹出"新建"页面，点击"新建文档"按钮，如图 8-22 所示。也可以选择使用模板。

慕课视频

使用幕布制作文案大纲和思维导图

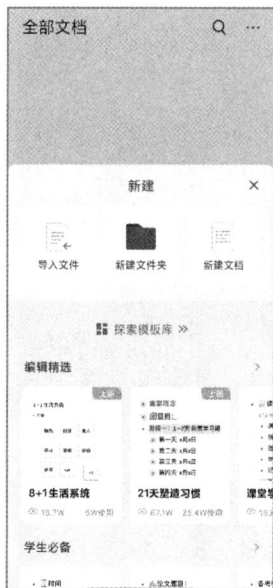

图 8-21　点击➕按钮　　　　图 8-22　点击"新建文档"按钮

（3）输入主题，如图 8-23 所示。

（4）将光标定位在某个主题上，点击|←、→|按钮调整主题层级，如图 8-24 所示。

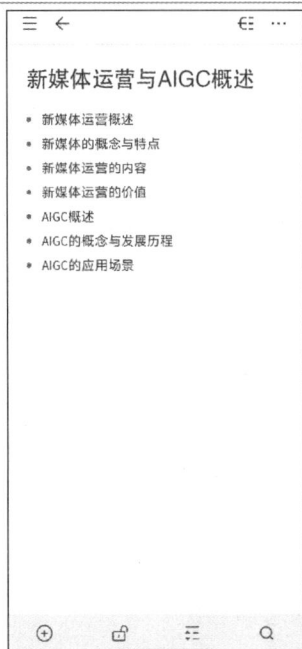

图 8-23　输入主题

图 8-24　调整主题层级

（5）点击页面右上角的"思维导图"按钮 ⊟，即可生成思维导图，如图 8-25 所示。

（6）点击 按钮，弹出"风格选择"页面，根据需要选择结构和主题，如图 8-26 所示。点击 、 按钮，可以在思维导图中添加或删减内容。

图 8-25　生成思维导图

图 8-26　选择风格

2. Xmind

Xmind 是一款功能强大的思维导图制作工具，为新媒体运营人员提供了多种专业的思维导图结构，配有丰富的模板和配色、精美的贴纸和插画，还支持将思维导图转换为演说模式、大纲模式等。Xmind 有 Mac、Windows、iOS、Android、Linux 等不同版本，适配各种设备使用。

📝 **案例在线**

使用 Xmind 制作思维导图

慕课视频

使用 Xmind 制作
思维导图

使用 Xmind 制作思维导图的具体操作方法如下。

（1）安装并运行 Xmind 程序（Windows 版），单击"文件"|"新建"命令，进入新建页面，如图 8-27 所示。新媒体运营人员可以从"空白图"选项卡中选择思维导图的样式，也可从"模板"选项卡中选择要使用的模板。

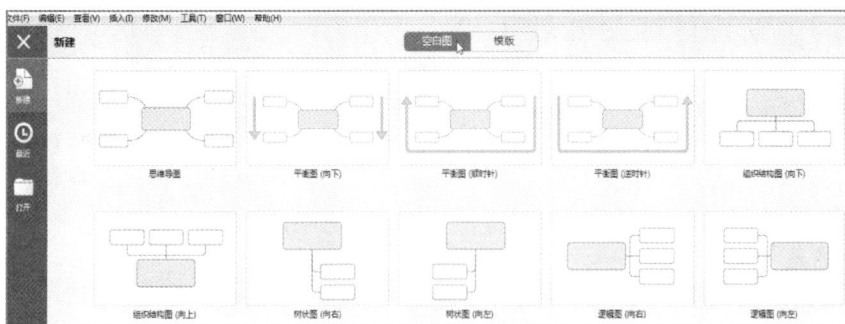

图 8-27　新建页面

（2）在此单击"模板"选项卡，在模板库中选择符合自己需求的模板，如图 8-28 所示。

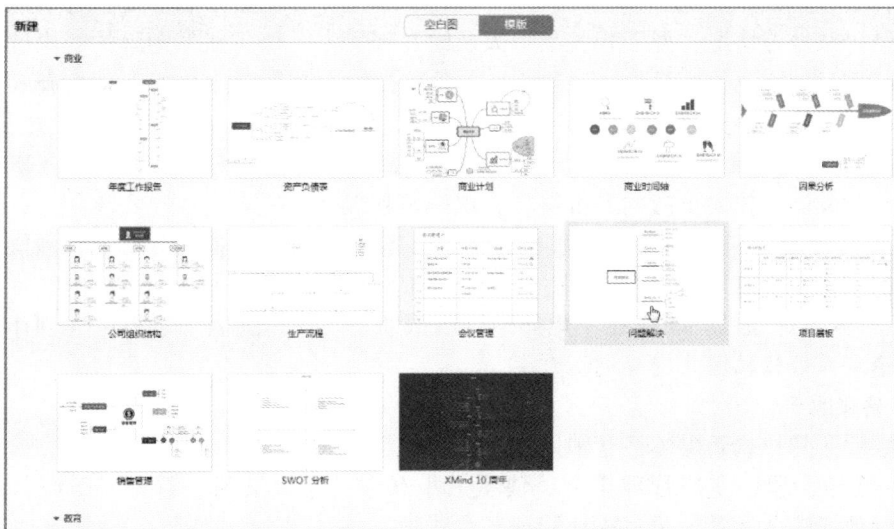

图 8-28　选择模板

（3）此时，即可生成一个思维导图，单击画布右侧的图标，可以根据需要编辑思维导图，如设置思维导图的风格、调整思维导图的格式、插入图片等，如图 8-29 所示。

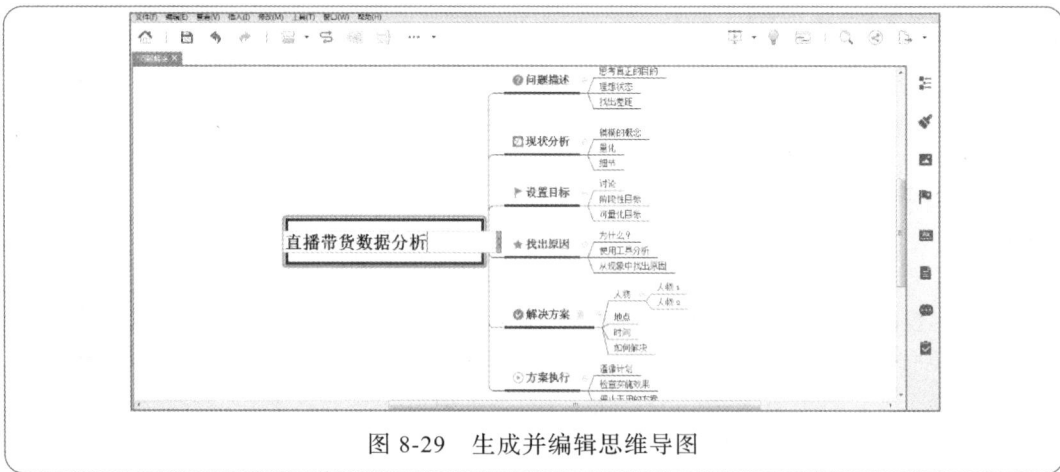

图 8-29　生成并编辑思维导图

8.1.4　新媒体账号管理工具

在新媒体运营中，新媒体运营人员可能需要同时管理多个平台的新媒体账号。分散的多个新媒体账号会增加新媒体运营人员管理账号的难度，一个个平台轮流发布内容也会降低新媒体运营人员的工作效率，而新媒体账号管理工具则能帮助新媒体运营人员解决这些问题。

1．矩阵通

矩阵通是新榜旗下的多平台新媒体矩阵管理工具，其核心功能如下。

● 跨平台管理：接入抖音、快手、微信公众号、微信视频号、微博、小红书和哔哩哔哩等主要媒体平台，让新媒体运营人员在统一中台管理各主要媒体平台的账号。支持多层级分组和成员权限管理，新媒体运营人员可以基于组织架构为每个账号分配所属团队及负责人，并基于用户角色设置操作权限和数据查看权限，以确保重要数据的安全。

● 风险检测：自动检测矩阵中的账号状态是否异常、账号名称是否含敏感词、是否存在僵尸账号等情况，便于相关负责人及时发现异常，保障账号矩阵的健康度。

● 竞品监测：监测竞品的动态，并在关键指标上进行对比分析，帮助新媒体运营人员发现竞品的竞争优势。

● 舆情分析：帮助新媒体运营人员获取正面与负面信息，并通知相关负责人，及时处置负面舆情，放大正向内容价值，实现舆情管控。

● 内容创作：支持自主上传素材、爆款内容复制、AI 智能创作等，让新媒体运营人员更加简单、快速地创作内容。

● 接入 AI：通过 AI 赋能，矩阵通可以帮助新媒体运营人员进行内容创作，智能分析评论、弹幕和私信，提高运营效率。

2．易媒助手

易媒助手是一款新媒体运营辅助工具，其核心功能如下。

● 账号管理：支持管理抖音、快手、小红书、今日头条、百家号等媒体平台账号，可以让新媒体运营人员轻松地管理多个账号。

● 一键分发：支持将文章、视频、微动态等内容一键发布至不同的媒体平台。

● 数据统计：支持不同媒体平台的各类数据统计、分析、筛选和导出。

● 评论、私信管理：支持评论、私信统一管理，并能自动回复抖音平台的评论和私信。

此外，易媒助手还具有敏感词检测、原创度检测、视频文案提取、视频剪辑、水印处理等特色功能，能够帮助新媒体运营人员进行新媒体账号统一管理、高效创作内容、一键发布内容、高效数据统计与分析等。

📋 案例在线

使用易媒助手管理新媒体账号

使用易媒助手管理新媒体账号的具体操作方法如下。

（1）安装易媒助手，注册并登录账号后，进入首页，在页面上方单击"账号"按钮，如图 8-30 所示。也可单击"功能大全"板块中的"账号管理"选项。

图 8-30　单击"账号"按钮

慕课视频

使用易媒助手管理
新媒体账号

（2）进入账号管理页面，单击"添加账号"按钮，如图 8-31 所示。

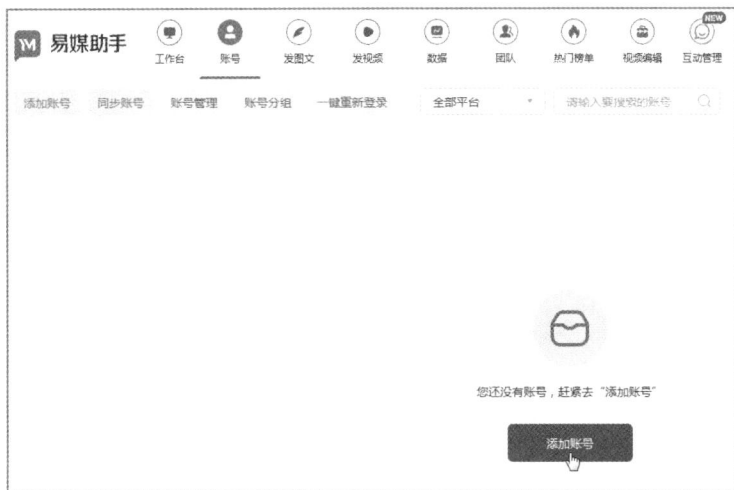

图 8-31　单击"添加账号"按钮

（3）在"添加账号"对话框中选择媒体平台，单击"抖音"平台标志，如图 8-32所示。按照页面提示登录抖音账号，登录成功后系统会自动添加账号。

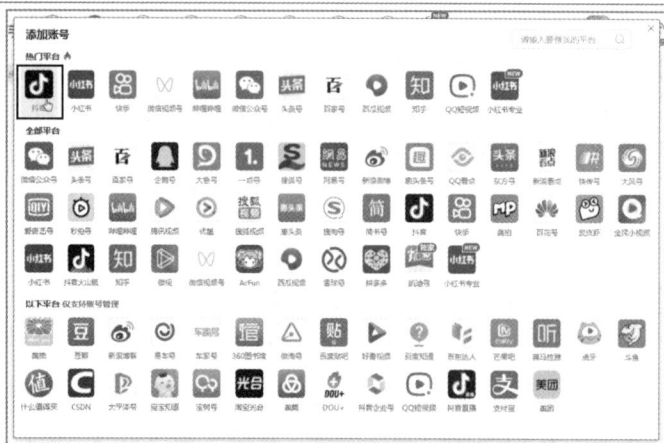

图 8-32　单击"抖音"平台标志

（4）账号添加成功，如图 8-33 所示。新媒体运营人员可以对添加的账号进行管理、分组等操作。

图 8-33　账号添加成功

（5）在页面上方单击"发图文"按钮，进入"发图文/动态"页面，如图 8-34 所示。在页面中间"单条动态发布"板块设置动态内容，在页面右侧可以选择不同的平台并针对该平台进行相关设置。设置完成后，单击"发布"按钮，即可实现一键多平台发布。

图 8-34　"发图文/动态"页面

8.2 其他 AIGC 工具的运用

随着 AIGC 的不断进步和普及，其应用场景不断拓展，各种 AIGC 工具也不断涌现。下面介绍几款对新媒体运营人员日常工作和学习比较有用的 AIGC 工具。

8.2.1 AI 翻译工具

新媒体运营人员可以使用有道翻译、百度翻译、网易有道词典 App、有道翻译官 App、腾讯翻译君 App 等工具开展一些翻译工作。

以有道翻译为例，它支持翻译词汇（词汇互译）、翻译文本（长短句实时翻译）、翻译文档（支持翻译 DOC、DOCX、PDF、PPT、XLSX、EPUB 等格式的文档）、翻译图片（提取图片中的文字并翻译）、翻译网页（输入网址翻译网页内容）、翻译音频（音频转录—翻译—整理成文本）、翻译视频（提取视频内原字幕—翻译—生成新字幕）等多种功能。有道翻译分为桌面版、网页版、企业版等版本，下面以有道翻译网页版为例进行介绍。

📝 **案例在线**

使用有道翻译进行文本/文档翻译

使用有道翻译进行文本/文档翻译的具体操作方法如下。

（1）在浏览器中搜索有道翻译，在搜索结果中单击"有道翻译"超链接，注册账号并登录后，进入有道翻译网页版首页。在左侧选择"文本翻译"选项，选择"AI 翻译"选项卡，在文本框中输入想要翻译的内容，然后单击✈按钮。此时，AI 会自动翻译内容。根据翻译结果，新媒体运营人员可以继续让 AI 对翻译结果进行润色或修改。

慕课视频

使用有道翻译进行
文本/文档翻译

（2）选择"翻译"选项卡，然后单击"AI 文档翻译·问答"按钮 +（见图 8-35），可以上传 DOC、DOCX、PDF、PPT、XLSX、EPUB 等格式的文档并翻译。

图 8-35 单击"AI 文档翻译·问答"按钮

（3）在左侧选择"AI 写作"选项，进入 AI 写作页面，输入标题"自我介绍"，如图 8-36 所示。

图 8-36　输入标题"自我介绍"

（4）选择生成的内容类型，在此选择"自我介绍"选项，在文本框中输入内容主题，单击▼按钮，如图 8-37 所示。此时，AI 将自动生成内容，新媒体运营人员可以在页面上方单击"翻译-中文"下拉按钮，选择将生成的内容翻译成相应的外语。

图 8-37　输入邮件主题

8.2.2　AI 生成 PPT 工具

PPT 以其直观、生动的展示方式，被广泛应用于工作汇报、策划方案展示、新品发布等各种场合，制作 PPT 已经成为职场人士不可或缺的一项技能。AIGC 工具可以让新媒体运营人员输入标题后，一键自动生成 PPT。

案例在线

使用 AiPPT 自动生成 PPT

AiPPT 是一款智能生成 PPT 的工具，支持 AI 自动生成 PPT 大纲、导入文本生成 PPT、直接导入 PPT 等操作。使用 AiPPT 自动生成 PPT 的具体操作方法如下。

（1）在浏览器中搜索 AiPPT，在搜索结果中单击 AiPPT 超链接，进入 AiPPT 首页，注册账号并登录，单击"开始智能生成"按钮，如图 8-38 所示。

慕课视频

使用 AiPPT 自动生成 PPT

图 8-38　单击"开始智能生成"按钮

（2）进入导航页，选择 PPT 生成方式，选择"AI 智能生成"选项，如图 8-39 所示。也可选择通过导入本地大纲、导入 PPT 生成的方式生成 PPT。选择"导入本地大纲"生成 PPT，支持将 DOC、PDF、TXT 格式的文件生成 PPT，新媒体运营人员可以上传文档，AiPPT 收到文档后会自动读取文本并生成 PPT 大纲，新媒体运营人员可以在大纲窗口调整文案。导入的文件需要是纯文本，目前 AiPPT 无法识别文档中的图片、形状、表格、图表等非文字元素。

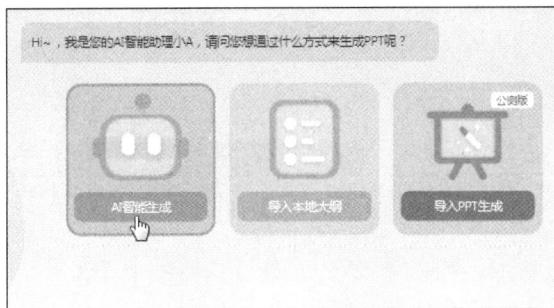

图 8-39　选择"AI 智能生成"选项

（3）在文本框中输入 PPT 的主题，单击 ◢ 按钮，如图 8-40 所示。

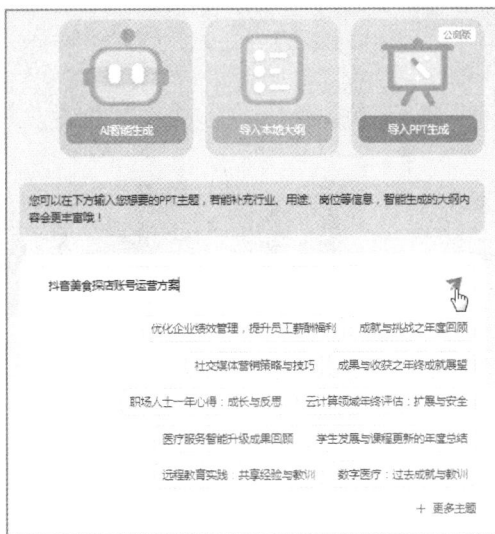

图 8-40　输入 PPT 的主题

（4）此时，AiPPT 会自动生成内容大纲。新媒体运营人员需要先浏览大纲，确认大纲符合自身需求后单击"挑选 PPT 模板"按钮，如图 8-41 所示。若对大纲不满意，新媒体运营人员可以单击"换个大纲"按钮，让 AiPPT 重新生成大纲。

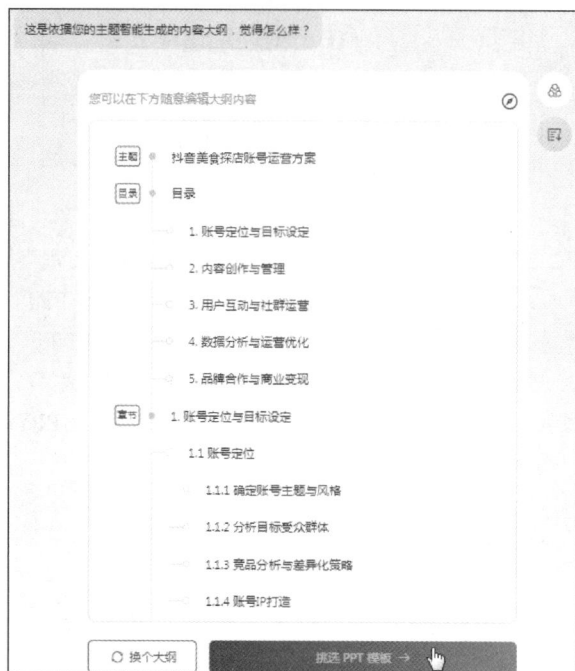

图 8-41　单击"挑选 PPT 模板"按钮

（5）从模板库中选择符合自己需求的模板，然后单击"生成 PPT"按钮，如图 8-42 所示。新媒体运营人员也可以自定义模板。

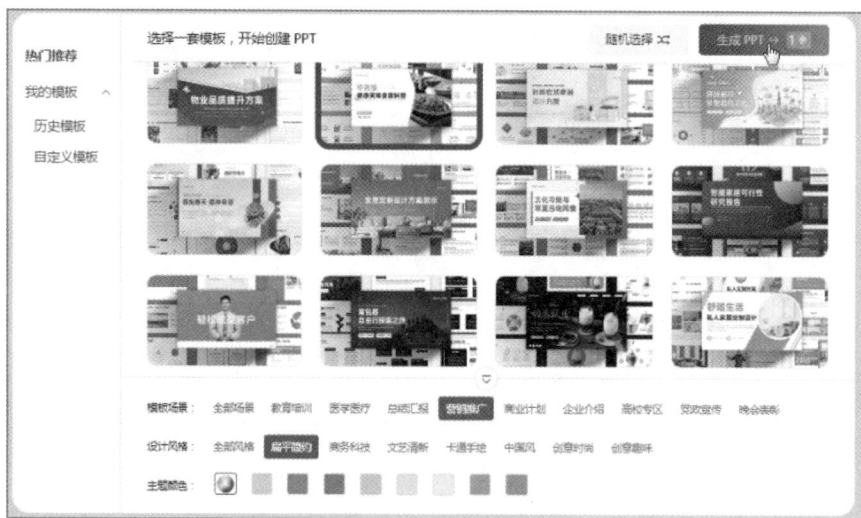

图 8-42　选择模板

（6）此时，AiPPT 开始生成 PPT，在生成过程中切勿关闭页面。完成后，即可查看生成的 PPT，如图 8-43 所示。单击"去编辑"按钮，可以进入 PPT 编辑页面，对 PPT 进行修改与调整。

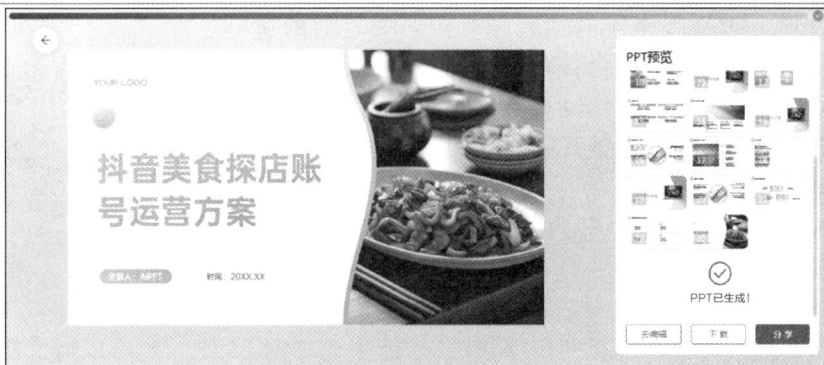

图 8-43　查看生成的 PPT

知识链接

除了本章介绍的几款工具，还有一些比较实用的新媒体运营工具与 AIGC 工具，如表 8-1 所示。

表 8-1　其他新媒体运营工具与 AIGC 工具

工具类型	工具名称
小程序设计工具	微信小程序、凡科轻站
营销广告平台	巨量引擎、腾讯广告、百度营销
短网址生成工具	爱短链
内容安全检测工具	网易易盾
问卷调研与数据表单工具	腾讯兔小巢、腾讯问卷、金数据、问卷星
制作 PPT 工具	秒出 PPT、讯飞智文
音乐生成工具	网易天音、Suno AI、X Studio

素养课堂

我们要培养工具意识，保持对新技术、新工具的好奇心与学习热情，不断更新自己的知识库，掌握最新的工具使用技巧。在实际操作中发挥创新思维，能够根据具体情况灵活调整工具的使用策略，发挥工具的最大效用。

课堂实训：使用 AiPPT 制作"双 11"直播活动方案 PPT

1．实训背景

每年的"6·18""双 11"大促都是每个品牌必须要关注的重要营销节点，尤其是

"双 11"大促，对品牌全年的销售额有着至关重要的影响，在"双 11"期间通过直播进行营销已经成为众多品牌吸引用户、提升销售业绩的关键策略之一。在直播活动开始前做好活动方案，有助于新媒体运营人员把握直播节奏，保证直播流程的顺利进行。

慕课视频

使用 AiPPT 制作
"双 11"直播活动
方案 PPT

2．实训要求

使用 AiPPT 制作一份"双 11"直播活动方案 PPT。

3．实训思路

（1）制作 PPT 大纲

新媒体运营人员可以选择使用 AiPPT 智能生成 PPT 大纲，也可以自己制作大纲，导入 AiPPT。

（2）选择模板生成 PPT

从模板库中选择 PPT 模板，该 PPT 的页面设计需秉承简洁、时尚的原则。

课后练习

1. 使用夸克扫描王的"图片转 Word"功能，将图片转换为文字。

2. 图 8-44 所示为石墨文档模板库中的"电商活动策划"模板，3 人为一组，使用此模板共同制作一份"双 11"大促活动策划方案。

图 8-44 "电商活动策划"模板

3. 使用幕布制作本书的内容大纲和思维导图。